YR HEN DDYDDIADAU

Yr Hen Ddyddiadau

John Pierce Jones

Dymunaf ddiolch i
Wasg Carreg Gwalch am ei gofal ac amynedd, ac yn enwedig felly i'r golygydd, Nia Roberts am ei gwaith caled a'i hamynedd Job.
Diolch i bawb a fu'n cyd-deithio â mi, yn enwedig Inge fy ngwraig ac Iwan Prys, fy mab.

Argraffiad cyntaf: 2015

Llun o'r rhaglen *Codi Hwyl* drwy garedigrwydd Dafydd Morgan

Cyhoeddir gan Wasg Carreg Gwalch,
12 Iard yr Orsaf, Llanrwst, Conwy, LL26 0EH.
Ffôn: 01492 642031 Ffacs: 01492 641502
e-bost: llyfrau@carreg-gwalch.com
lle ar y we: www.carreg-gwalch.com

Rhif rhyngwladol: 978–1–84527–348–4

Mae'r cyhoeddwr yn cydnabod cefnogaeth ariannol
Cyngor Llyfrau Cymru

Cynllun clawr: Eleri Owen

I Inge ac Iwan,
am gwblhau'r daith.

Pwt agoriadol

Un nos Sul go dywyll o Hydref rai blynyddoedd yn ôl, oherwydd bod fy ngwraig Inge i ffwrdd yn gweithio, roedd Iwan ein mab, oedd yn bedair oed ar y pryd, wedi cael penrhyddid i ddod i gysgu i'r gwely ata i, a finna wedi manteisio ar y cyfle i noswylio'n gynnar. Wrth swatio o dan y cwrlid efo'r bychan, estynnais am lyfr Rala Rwdins, yn barod i ddarllen anturiaethau'r arwres honno iddo.

'Na, na, na!' protestiodd. 'Dwi'm isio stori Rala Rwdins heno, Dad, dwi isio i chdi ddeud stori wrtha i amdana chdi pan oedda chdi'n ifanc yn yr hen ddyddiadau, maith, maith yn ôl.'

Tan y funud honno, ro'n i'n dal i feddwl amdanaf fy hun fel rhyw lencyn bytholwyrdd, ond gwnaeth geiriau Iwan i mi wynebu'r gwirionedd. Roedd fy ieuenctid wedi hen orffen. Oedd, roedd fy ieuenctid i yn gyfnod 'maith, maith yn ôl.' Wrth ystyried geiriau Iwan penderfynais, os byth y byddwn yn mentro rhoi dipyn o'm hanesion ar bapur, na fyddai gwell enw arnynt na *Yr Hen Ddyddiadau* – a dyma chi.

Mae fy siwrnai hyd yn hyn wedi bod yn hir a dweud y lleia, a tydi hi ddim wedi bod heb ei thrafferthion, ond gobeithio ei bod yn siwrnai ddigon diddorol. Mi gewch chi farnu. Am y rhan helaethaf o f'oes rydw i wedi gwneud bywoliaeth yn bennaf fel actor, ond hefyd wedi ysgrifennu ambell sgript a chynhyrchu ambell raglen deledu ar hyd y daith. Mae hi'n siwrnai sydd yn dal, dwi'n gobeithio beth bynnag, heb gyrraedd ei therfyn. Wrth edrych yn ôl mi alla i weld rhyw batrwm neu gynllun yn fy arwain at fy newis alwedigaeth – ffawd neu ragluniaeth neu, efallai, dim ond hap a damwain. Yn sicr, mae llawer o ddigwyddiadau, pobol, sefyllfaoedd a llefydd wedi fy llunio a fy llywio, a'm sianelu i fod yr hyn ydw i heddiw.

Cefais fy ngeni rhwng dau gyfnod – y cyfnod modern cyflym a thechnolegol a'r cyfnod mwy traddodiadol, araf, hen ffasiwn ac – yn fy nhyb i, beth bynnag – diniwed. Ella 'mod i'n hen ramantydd, gewch chi benderfynu hynny. Roedd o'n gyfnod pan oedd gwerthoedd cymdeithas yn newid, yn enwedig yn y Gymru wledig y cefais fy ngeni iddi. Mi ydw i'n ddiolchgar iawn, iawn fy mod wedi cael y fraint o dreulio fy mhlentyndod mewn cymdeithas felly, ymysg pobl oedd yn dal i fod i raddau helaeth yn ddibynnol ar ei gilydd ac yn fodlon helpu'r naill a'r llall; lle roedd cymwynasgarwch, cymdogaeth a chymuned yn bwysig iawn a phawb yn fodlon a hyderus eu byd, er mor anodd oedd bywyd i amryw. Cyfnod pan oedd y boblogaeth i raddau helaeth heb golli ei diniweidrwydd a phan oedd cof ardal yn bwysig ac yn hyddysg i bawb, bron. Yn ystod fy mhlentyndod ro'n i'n teimlo mai felly y byddai hi am byth. Ychydig a wyddwn i fod y cyfan am droi ben uchaf yn isaf, fod popeth am newid; y byddai difaterwch a hunanoldeb yn cael blaenoriaeth ac y byddai cof bro a chymuned wedi diflannu bron yn llwyr. Roedd gen innau, mae'n ddrwg gen i ddweud, fy rhan yn y newid hwnnw.

PENNOD I

Y Dechrau Cyntaf Un

Ganwyd fi flwyddyn union ar ôl diwedd yr Ail Ryfel Byd, yn ne-orllewin Môn. Mi ges i fy magu ar ffarm o'r enw Cefn Mawr Uchaf ym mhlwy Niwbwrch, rhyw filltir o'r pentref i gyfeiriad Llangaffo, a John Cefn Mawr mae llawer o'r ardal yn fy ngalw hyd heddiw. Ond nid yng Nghefn Mawr Uchaf mae'r siwrnai'n dechrau mewn gwirionedd. Rhyw filltir i ffwrdd ym mhentre Llangaffo, ar y degfed o Fai 1946 y'm ganwyd i, ac yno y bûm yn byw gyda fy rhieni nes fy mod yn ddwyflwydd oed. Roedd fy rhieni wedi priodi'n ifanc ar ddiwedd y rhyfel, fel y gwnaeth llawer o gyplau eraill, ond yn fuan ar ôl i mi gael fy ngeni sylweddolwyd nad oedd y briodas yn gweithio. Penderfynodd y ddau ysgaru – rhywbeth anarferol iawn yn y cyfnod. Does gen i ddim cof go iawn o 'mywyd am y ddwy flynedd gyntaf rheini yn Llangaffo, heblaw rhyw frith gof o fynd a dŵad i'r drws nesa, lle roedd chwaer Mam, Anti Alice, yn byw gyda'i gŵr, Yncl Dic. Datblygodd Anti Alice yn un o'r dylanwadau mawr yn fy mywyd, fel y cewch glywed yn nes ymlaen. Cof arall sydd gen i o'r cyfnod ydi bod yng nghae lôn Cefn

Fi a Mam ym Mangor

Mawr ar ddiwrnod cario gwair; Taid yn fy ngollwng a finna'n cymryd fy nghamau cyntaf cyn disgyn ar fy mhen i gocyn gwair, a phawb yn y cae yn cymeradwyo'r fath orchest. Does gen i ddim cof o Nhad o gwbwl, dim ond y sylweddoliad ei fod o'n bresennol yn y tŷ.

Merch Cefn Mawr Uchaf oedd Mam, ac yn ffodus, gan fod dau o'i brodyr wedi gadael y cartref i ddilyn eu gyrfaoedd, roedd digon o le yn y ffermdy i ni'n dau wedi'r ysgariad. Mae gen i gof clir o Taid yn dod i Langaffo i nôl Mam a fi er mwyn mynd â ni i fyw i Gefn Mawr; ac yn ei gofio'n fy nghodi yn ei freichiau, fy nghario i'r car a gyrru adra i'r ffarm. Welais i mo Nhad, a ches i ddim cysylltiad efo fo wedi'r diwrnod hwnnw. Dwi'n cofio'r car yn cyrraedd cowt Cefn Mawr a bod Nain wedi dod allan i groesawu Mam a finna, a dyna ddechrau'r plentyndod hapusaf a fu erioed.

Enw bedydd Mam oedd Annie Hughes, ac roedd hi'n un o bump o blant Taid a Nain, John ac Ellen (Nellie) Hughes: Alice, John, Owen, William a Mam. Erbyn i mi gyrraedd Cefn Mawr roedd Alice, fel y soniais, wedi priodi ac yn byw yn Llangaffo, a John ac Owen wedi gadael i ddilyn gyrfaoedd yn yr heddlu, a dim ond William (Wil) oedd adra yn ffarmio efo Taid. Felly cefais fy magu efo Mam, Taid, Nain a Wil, ac er bod Wil yn ewythr i mi ro'n i'n ei gyfri fel brawd mawr. 'Chi' ro'n i'n galw pawb o'r teulu oedd

Fy hen daid, John Pierce, efo Anti Jane (chwith) a Nain (dde) ar fwrdd ei long yn Iwerddon ar droad y ganrif ddiwethaf

yn hŷn na fi, ond 'chdi' oedd Wil, yn arwydd o'r agosatrwydd oedd rhyngon ni. Ro'n i'n meddwl y byd ohono fo, ac ynta ohona innau, ac felly y bu'r berthynas ar hyd ei oes. Rhaid i mi gyfaddef fy mod i'n cael trafferth efo'r busnes 'chi' a 'chdi' 'ma. Cefais fy magu, fel pawb yn y cyfnod, i alw 'chi' ar bawb hŷn na fi fel arwydd o barch, a phan glywaf rai o ieuenctid heddiw yn galw 'chdi' neu 'ti' ar bawb waeth be neu pwy ydyn nhw, mae'r peth yn mynd drwydda i. Dwi'n cofio, rai blynyddoedd yn ôl bellach, cymryd rhan mewn drama gydag Ellen Roger Jones a Charles Williams, ac roedd gen i gywilydd o glywed rhai llawer fengach na fi yn galw 'chdi' arnyn nhw. Ro'n i'n teimlo fod hynny'n beth hyll ac yn dangos diffyg parch, ond dyna fo – fi sy'n hen ffasiwn a cheidwadol ma' siŵr. Rhaid i mi gyfaddef 'mod i'n cael trafferth cael Iwan fy mab i wahaniaethu, ac ar ôl ymdrechu ymdrech deg, methu ydw i mae arna i ofn.

Doedd dulliau amaethu yn y gornel yma o Fôn yn niwedd pedwar degau'r ugeinfed ganrif wedi newid bron ddim ers oes Fictoria – yn wir, roedd hi'n dal felly hyd ddiwedd y pum degau. Roedd ceffylau i'w gweld yn amlach na thractors ar y tir – doedd Cefn Mawr Uchaf ddim yn eithriad – a'r mwyafrif o'r cymdogion, y rhai hynaf yn sicr, bron yn uniaith Gymraeg. Iaith gref, goeth ydi un o arfau cryfaf actor, ac yn sicr sgriptiwr, ac iaith felly y ces i'r fraint o'i chlywed o 'nghwmpas yn ystod fy mhlentyndod; iaith yn llawn troeon ymadrodd a chymariaethau gwreiddiol Cymreig. Gobeithio i minnau etifeddu peth o'r cyfoeth hwnnw.

Mae Niwbwrch, sef ffurf Gymreig ar yr enw Saesneg Newborough, yn fwrdeistref a greodd Edward I bron yn syth ar ôl y goncwest, ac yn bentref sydd â hanes difyr iddo. Wrth godi castell Biwmares sylweddolodd fod deiliaid Cymreig pwerus gerllaw yn Llan-faes, ac y gallai'r rhain beryglu ei sefydliad Seisnig, yn enwedig felly ar ôl gwrthryfel Madog ap Llywelyn yn 1294/5. Symudwyd poblogaeth Llan-faes yn ei chyfanrwydd a'i hailsefydlu ger treflan Rhosyr. Ychydig flynyddoedd yn ôl cloddiwyd y safle a dadorchuddiwyd olion un o lysoedd y Tywysogion Cymreig, yr unig olion o'u bath. Saif olion Llys Rhosyr ar y ffordd o'r pentref tuag at Landdwyn, yn terfynu ag eglwys hynafol Sant Pedr. Yn yr eglwys hon mae Capel Mair, capel personol Llywelyn Fawr. Yn 1303 rhoddodd Edward siarter i drigolion Llan-faes a oedd yn Rhosyr, siarter oedd yn rhoi iddyn nhw hawliau bwrdeistref – dyna ddechrau'r 'new borough', a Chymreigiwyd yr enw i Niwbwrch. Bu'r fwrdeistref hon am gyfnod yn brif dref Môn, efo'i Haelod Seneddol ei hun, ond byrhoedlog fu'r mawredd hwnnw, a dirywio fu hanes y pentref. Roedd y tywod yn dwyn llawer o dir amaethu'r ardal, a gwnaed ymgais i atal hyn yn oes Elisabeth I drwy blannu moresg i atal y tywod rhag lluwchio. Bu'r moresg yma'n ffon fara i'r mwyafrif o deuluoedd y pentref, y merched yn ei gynaeafu a'i blethu'n fatiau a'u gwerthu i'w rhoi dros deisi gwair neu ar loriau tai. Byddai merched ifanc yn cael eu dysgu i blethu moresg yn ysgol y pentref pan agorwyd hi gyntaf, fy nain yn eu mysg, ac roedd fy hen nain a dwy o'i merched yn 'gweithio matia'. Er y diwydiant plethu moresg tlodi enbyd oedd ffawd

Fi wrth giât Cae Domen

trigolion Niwbwrch am ganrifoedd, gyda'u tai gwael yn feithrinfa i afiechydon megis y diciâu neu'r ddarfodedigaeth. Daeth rhyw fath o achubiaeth i'r pentref pan brynodd un neu ddau o ffermwyr long fechan i gario nwyddau ar hyd arfordir y gogledd. Cyflogwyd bechgyn o'r pentref i'w hwylio, a dyma ddechrau'r berthynas rhwng dynion y pentref a'r môr. Ymhen ychydig daeth bonheddwr o'r enw Humphrey Owen i ffarmio Rhyddgaer gerllaw'r pentref. Roedd yn berchen ar longau mawr megis yr *Hindoo* a'r *Meinwen*, a rhoddodd gyfle i hogia Niwbwrch fynd ar y môr o ddifrif – cafodd rhai eu prentisio a'u hyfforddi i sefyll arholiadau'r Bwrdd Masnach i fynd yn swyddogion a chapteiniaid. Daeth morwriaeth â gobaith i ddianc rhag tlodi a'r gallu i wneud gyrfa lwyddiannus heb orfod talu am addysg ffurfiol. Fel y rhan fwyaf o bentrefi morwrol Cymru roedd Niwbwrch yn brolio fod yno, ar un cyfnod, fwy o gapteiniaid llongau nag yn unrhyw bentref arall yn y gogledd – ac roedd fy nheulu i yn rhan o'r traddodiad.

PENNOD II

Taid a Nain

Cafodd Taid a Nain eu geni yn niwedd oes Fictoria, a'r ddau'n coleddu athroniaeth a moesau'r oes honno, felly magwraeth led Fictorianaidd ges inna. Pierce oedd enw Nain cyn priodi, a dyna sut daeth y Pierce i f'enw i. Hen deulu morwrol oedd teulu Nain – roedd fy hen daid John Pierce yn fosyn ar longau cludo pobol o Gaergybi i'r Iwerddon. Gofynnodd hen ŵr o Gaergybi i mi flynyddoedd lawer yn ôl a o'n i'n perthyn rwbath i'r hen John Pierce o Niwbwrch. Atebais inna ei fod yn hen daid i mi, ond ei fod wedi marw ddegawdau cyn fy ngeni i. 'Wyddoch chi, 'machgan i,' meddai'r hen ŵr, 'ych hen daid ddoth â'r gramoffon cynta i Gaergybi 'ma.' Dwi'n cofio teimlo rhyw falchder glaslancaidd fod arloeswr yn fy llinach. Efallai fod hyn yn esbonio fy hoffter o betheuach electronig, er nad ydw i'n dallt y rhan fwya ohonyn nhw, ond dydw i ddim yn yr un gynghrair hel gajets â 'nghefnder, Dafydd Huws. Gan ein hen daid yr ydan ni'n dau wedi etifeddu'r 'gwendid'! Roedd John Pierce yn mynd i'w waith o Niwbwrch i Gaergybi, tua deunaw milltir o siwrnai, ar gefn beic peni-

Nain a Taid

ffardding. Dyn byr iawn oedd o, felly er mwyn llwyddo i fynd ar ei gefn roedd yn rhaid iddo ddringo i ben wal gardd Margiad ei chwaer, oedd yn byw yn Tŷ Capel, union dros y ffordd i'w gartref. Unwaith yr oedd o ar gefn y beic fedrai o ddim dod i lawr hyd nes y cyrhaeddai wal y porthladd yng Nghaergybi.

Rydan ni yng Nghymru yn hen gyfarwydd â hanesion am drychinebau erchyll yn y pyllau glo a'r chwareli llechi. Ym mynwentydd ein pentrefi arfordirol mi welwn fod yr un peth yn wir am ein diwydiant morwrol hefyd. Yn ddieithriad bron, pe suddai llong a'i chapten yn dod o bentref neilltuol, byddai'r rhan helaethaf o'r criw hefyd yn fechgyn ifanc o'r un pentref. Bu colledion fel hyn yn nheulu Nain – collodd fy hen nain ei gŵr a dau o'i meibion rhwng 1902 a 1906. Roedd John Pierce, brawd Nain (mae'r enw John yn boblogaidd iawn yn y teulu), yn Brif Swyddog ar y llong *Moel Tryfan* ac yntau ond yn ŵr ifanc. Pan oedd yn teithio o Hamburg i Gaerdydd yn cario dim ond balast, symudodd y balast mewn storm, a suddodd y llong. Achubwyd fy ewythr a dau arall o'r criw gan bysgotwyr o Lydaw wedi iddynt lochesu o dan un o fadau achub y llong a oedd wedi troi ben ucha'n isaf. Collodd John ei bapurau a'r tystysgrifau oedd yn profi ei gymwysterau ar y *Moel Tryfan*, a daeth adref i Niwbwrch i orffwyso. Bu'n rhaid iddo fynd yn ôl i'r môr cyn i gopïau o'i dystysgrifau gyrraedd, a derbyniodd swydd fel Ail Swyddog ar y *Cambrian King* oedd yn mynd â glo o Newcastle i Dde Affrica ar ddiwedd Rhyfel y Böer.

Teulu Cefn Mawr: Wil, Anti Alice a Linda ar ei braich, Anti Betty, Nain, Mam, Taid, fi a Jim y ci

Cychwynnodd y llong ar ei mordaith ond oherwydd y tywydd garw penderfynodd y capten fynd o amgylch gogledd Prydain (*North abound*). Collwyd y *Cambrian King* a'i chriw i gyd ger Ynysoedd Erch.

Roedd dyfodol disglair o flaen Thomas Pierce, un o frodyr ieuengaf Nain – roedd yntau, yn ddeunaw oed, yn Ail Swyddog ar y *Pengwern*, un o longau Robert Owen, Cricieth. Roedd y *Pengwern* yn dychwelyd ar ôl mordaith hir o Chile i Hamburg, ond pan oedd bron â chyrraedd adref tarodd y llong greigiau yng ngheg afon Elbe. Collwyd y criw i gyd. Gŵr ifanc o Niwbwrch, mab Tŷ Gwyn, oedd y capten, ac roedd llawer o'r criw hefyd yn hogia o'r pentref. Yn ôl y sôn, bu'r pentref i gyd yn ddistaw mewn galar am wythnos. Oherwydd hyn gwnaeth Nain i mi addo nad awn ar y môr. Dwi'n dal i gofio'i chlywed hi'n dweud: 'Paid â chymryd dy hudo gin ryw ganeuon am gapia pig gloyw a sanau sidan. Bywyd ofnadwy ydi bywyd ar fwrdd llong y rhan fwya o'r amsar.' Eto i gyd, pe byddai'n rhaid i mi ddewis unrhyw alwedigaeth arall ar wahân i'r hyn yr ydw i yn 'i wneud, rhaid i mi gyfaddef 'mod i'n teimlo rhyw dynfa tuag at y môr – efallai am fod enwau llefydd hudol fel Valparaiso, Montevideo, Boston, Ffrisco a Hamburg yr un mor gyfarwydd i mi pan o'n i'n blentyn ag a oedd Llangefni neu Walchmai.

Cafodd brawd arall i Nain, Owen Pierce, yrfa ddisglair ar y môr a dyrchafwyd o'n gapten. Roedd o a dwy chwaer i

Nain, Kate a Jane, yn byw yn yr hen gartref ar waelod y pentref, Chapel View – a oedd, wrth reswm, gyferbyn â'r capel. Ond mwy am y fan honno eto.

Un o blant twyni tywod Niwbwrch oedd Taid. Magwyd o yn yr Hendre Fawr, ar gyrion twyn Niwbwrch, gyferbyn ag Eglwys Sant Pedr a Llys Rhosyr, ac mae rhai o deulu ei chwaer yn dal i fyw yno. John Hughes oedd ei enw, yr un fath â'i dad a'i daid o'i flaen. O ystyried y diffyg dychymyg mewn enwau ar ddwy ochr fy nheulu, be arall fedrwn i gael fy ngalw ond John! Amaethwr oedd Taid, amaethwr wrth reddf fel ei dad o'i flaen, ond roedd ganddo yntau gysylltiadau morwrol – roedd ei frawd, William, yn gapten llong a aeth i'r môr fel prentis efo'i ewythr, Capten William Jones, Bryn Menai, Niwbwrch, brawd fy hen nain. Gyda'i draed yn solet ar y tir roedd Taid hapusaf, er bod ei dad ar un cyfnod yn un o griw bad achub Llanddwyn.

Roedd Taid yn adnabod erwau maith twyni Niwbwrch fel cefn ei law. Yno roedd ei nefoedd, meddai Nain, a dwi'n ei glywed o rŵan yn canu parodi ar emyn angladdol enwog David Charles, 'O Fryniau Caersalem': 'O greigiau Maesgeirchdir ceir gweled Holl dywod twyn Niwbwrch i gyd ...' Cafodd ei fagu yn y twyni gan fod ei dad yn dal y rhan fwyaf o dir y twyni i gadw defaid, a 'Nhaid, er ei fod yn ifanc, yn eu bugeilio ar gefn ceffyl. Bu fy hen hen daid hefyd yn dal yr un tir ac yn cadw'r Pandy yng ngwaelodion y twyni rhwng Cob Malltraeth a Gwddw Llanddwyn.

Daeth fy hynafiaid i dwyn Niwbwrch gyntaf yn hanner cyntaf y bedwaredd ganrif ar bymtheg. Daeth fy hen hen hen daid, y Parchedig Robert Hughes, yn weinidog i'r ardal a sefydlu ffatri wlân yn y twyni i ychwanegu at ei incwm fel gweinidog. Mab Pen-bryn Bach, Uwchmynydd, Aberdaron oedd Robert Hughes. Huw Jones oedd enw ei dad a bu iddo, yn ôl arferiad yr oes, gymryd enw cyntaf ei dad fel

Fi a Mam ar drip ysgol Sul i'r Rhyl

cyfenw, hwnnw'n datblygu'n Hughes, a dyna ddechrau'r Hughesiaid. Mae Robert Hughes wedi ei gladdu yng nghefn mynwent Eglwys Sant Pedr, Niwbwrch, ac ar ei garreg fedd nodir ei fod wedi bod yn 'weinidog hir a llafurus gyda'r Methodistiaid Calfinaidd am ddeugain a chwech o flynyddoedd'. Wedi i mi ddarllen teyrnged iddo yn *Y Goleuad* yn 1863, deuthum i ddeall y gallai'r 'hir a llafurus' olygu un o ddau beth: oes o wasanaeth i'r achos, neu gyfeiriad at ei bregethau!

Roedd Taid yn byw i amaethu – dyna oedd popeth iddo. Yn syth wedi'i ychydig addysg yn Ysgol Niwbwrch aeth i weithio at ei dad, oedd yn ffarmio'r Hendre ac yn rhentu rhannau helaeth o'r twyn a thiroedd eraill, felly roedd digon o waith i gadw'r ddau. Ymhen rhai blynyddoedd mi briododd Nain a sefydlu cartref yn y pentref, tra oedd o'n dal i weithio efo'i dad. Yn 1916 ganwyd merch iddynt, Alice. Roedd hyn yng nghanol y Rhyfel Mawr – doedd dim rhaid i Taid fynd i ryfel gan ei fod yn gweithio adra ar y tir. Roedd yn digwydd bod yn Llangefni un diwrnod, a chlywodd y Parchedig Gadfridog John Williams, Brynsiencyn, yn traddodi ei bregeth enwog yn annog llanciau Môn i ymuno yn y rhyfel: 'Chwi fechgyn gwritgoch Môn ...' Parodd geiriau John Williams i Taid listio yn y fyddin, heb gysylltu efo'i rieni na'i wraig. Roedd y naill fel y llall yn wallgof efo fo – yn enwedig Nain gan ei bod yn feichiog efo Yncl John. Doedd dim tynnu'n ôl a bu'n rhaid iddo fynd i Wrecsam i ymuno â'r fyddin efo hogia eraill o'r pentref. Roedd llawer o fechgyn gogledd Cymru'n cael eu gyrru i Limerick yn Iwerddon i'w paratoi ar gyfer ffosydd Ffrainc, a dyna ddigwyddodd i Taid. Dywedodd Wili Roberts, rheolwr siop y Co-op yn Niwbwrch, a oedd yn Limerick yr un adeg â fo, wrtha i na allai ddioddef clywed canu emynau gan ei fod wedi cael ei syrffedu wedi gorfod gwrando ar oriau o ganu emynau bob nos am fisoedd yn y gwersyll yn Limerick: 'a dy daid yn 'u mysg nhw'. Yn ffodus iawn i Taid, yr wythnos cyn ei fod o i fod i hwylio am Ffrainc, daeth y rhyfel enbyd i ben. Gadawodd y cyfnod yn Limerick argraff ddofn ar Taid, gan na welodd y fath dlodi na chynt na chwedyn. Un o'i gas bethau oedd gwastraffu bwyd, gan ei fod yn cofio am blant bach, heb fawr ddim amdanynt, yn crafu am fwyd yn nhomenni sbwriel dinas Limerick.

Fi ac Enid Lloyd Jones yn Llangaffo, cyn i Mam a Dad wahanu

Ar ôl i Taid ddychwelyd adref roedd ei deulu yn prysur gynyddu. Ei uchelgais, fel pob llencyn o amaethwr arall yn y cyfnod, oedd cael ei le ei hun i'w ffarmio. Ymhen sbel daeth tenantiaeth ffarm yn wag, ffarm a oedd ryw filltir o'r pentref i gyfeiriad Llangaffo – Cefn Mawr Uchaf. Ceisiodd fy nhaid am y denantiaeth a bu'n llwyddiannus; gyda'r ychydig arian a oedd ganddo a'r ychydig y bu i Nain ei etifeddu gan deulu a oedd wedi hanner ei magu – teulu Tŷ Lawr,

Niwbwrch – llwyddasant i symud i mewn. Doedd fy hen daid ddim yn hapus iawn. Yn wir, bu'r peth yn destun rhyw fath o rwyg rhwng Taid a'i dad am flynyddoedd.

Roedd y blynyddoedd ar ôl y Rhyfel Mawr yn rhai anodd iawn a dweud y lleiaf i ffermwyr, ond daliodd Taid a Nain ati trwy'r gwaethaf a ganed iddynt drydydd plentyn, fy Yncl Owen. Fodd bynnag, daeth newyddion fel bollten i amharu ar ddedwyddwch y teulu bach. Cyhoeddodd perchnogion y ffarm eu bod am ei rhoi ar y farchnad. Dyna'r diwedd ym marn Taid – doedd ganddo 'run geiniog wrth gefn i feddwl prynu. Gadael fyddai raid, i chwilio am waith. Yn llawn anobaith cyrhaeddodd Sefydliad Pritchard Jones yng nghanol y pentref, lleoliad yr arwerthiant. Yn cyd-ddringo'r grisiau efo fo roedd ei gefnder, William David Evans, Pen Bonc, Niwbwrch; ffarmwr llwyddiannus iawn yn enwedig yn y byd porthmona.

'Pryna hi,' meddai wrth Taid. 'Godith neb yn d'erbyn di.'

'Efo be?' atebodd Taid, 'cregyn cocos?'

'Setlian ni rwbath wedyn,' meddai W. D. 'Pryna hi!'

Ac felly y bu. Mi gododd Taid ar y ffarm, ac yn wir, roedd ei gefnder yn llygad ei le. Chododd yr un ffarmwr arall yn ei erbyn. Prynodd Taid Gefn Mawr Uchaf, a daeth i delerau i dalu'r arian yn ôl i'w gefnder dros gyfnod o flynyddoedd. Cynyddodd y teulu i gynnwys pump o blant – ganwyd Wil a Mam yn nau ddegau'r ganrif ddiwethaf.

Cyfyng iawn oedd hi arnyn nhw, fel pob teulu arall o ffermwyr drwy ddau a thri degau'r ganrif, ond ni fu drwg i neb nad oedd yn dda i rywun. Dechreuodd rhyfel enbyd arall a chynyddodd y galw am fwyd, a thrwy hynny, ynghyd â dyfodiad y Bwrdd Marchnata Llaeth, daeth newid byd ar amryw yn y diwydiant amaethu. Doedd fy ewythrod Owen a John ddim am ddilyn ôl troed eu tad a mynd i ffarmio; yn hytrach, mi agoron nhw eu cwys eu hunain ym myd cyfraith a threfn. Chafodd Wil druan fawr o ddewis wedyn

– roedd yn rhaid iddo aros adra i ffarmio yn syth ar ôl gadael Ysgol Ramadeg Llangefni. Felly yn 1949, pan gyrhaeddodd Mam a finna aelwyd Cefn Mawr Uchaf, dim ond Wil oedd yn byw yno efo Taid a Nain.

PENNOD III

Coleg Drama

Roedd y dyddiau cynnar rheini yng Nghefn Mawr, yn ôl fy nghof i heddiw beth bynnag, yn ddyddiau o ddiddanwch pur. Mae Cefn Mawr mewn safle bendigedig ar lecyn uchel, a gallwch weld bae Malltraeth i gyd o'r buarth yng nghefn y tŷ, a draw wedyn heibio i Langristiolus, bron at Langefni. Ond o ffrynt y tŷ, gallwch weld Eryri ysblennydd, o Benmaen-mawr i Ben Llŷn, ac Abermenai a bae Caernarfon oddi tanoch bron. Mae hi'n olygfa fendigedig, yn enwedig o ffenest fy hen lofft i, lle gwelwn, wrth fynd i 'ngwely bob nos, olau melyn tref Caernarfon gydag un golau coch, hudolus yn perlio trwy'r cwbwl – pictiwrs y Majestic. Ro'n i'n meddwl bod y lle hwnnw y tu ôl i'r golau coch yn rhywle arbennig iawn ac yn llawn hud a lledrith – oedd yn wir i ryw raddau mae'n siŵr. Roedd rhesaid o goed mawr uchel yng nghefn y tŷ, yn amgylchynu'r ardd wair a rhai o'r beudai.

Nefoedd oedd cael fy nhraed yn rhydd i grwydro'r ffarm, neu yn hytrach yr ardd o flaen y tŷ, a oedd fel parc anferth i blentyn teirblwydd. Ychydig fyddwn ni'n cael chwarae ar gowt y ffarm oherwydd peryglon amlwg y buarth, ond roedd yno bwll chwiaid, a oedd i mi yn fwy nag unrhyw lyn yng Nghymru. Roedd gan Nain, efo'i chefndir morwrol, barchus ofn unrhyw ddŵr, felly roedd y gwaharddiad yn ddiamod: 'O, dwn i ddim be 'nawn i tasa John bach yn boddi yn yr hen bwll 'na.' Oedd, roedd gen i awydd anhygoel i fynd i chwarae ar ei lan, ond bu'n rhaid i mi ddisgwyl am rai blynyddoedd cyn y cawn i wneud hynny, a chael fy siomi'n ddirfawr o weld mor fas oedd y pwll mewn gwirionedd! Byddai'n sychu ambell haf a byddwn yn medru cerdded i'w fannau mwyaf dirgel; weithiau yn y gaeaf byddai'n rhewi'n gorn, a mentrwn sglefrio ar ei wyneb – yn enwedig pan fyddai Nain yn cael ei phrynhawnol gyntun ar ôl cinio! Mi allwch fentro rhoi'r darlun rhamantaidd o fachgen bochgoch efo cap, menig a sgarff weu yn hedfan yn y gwynt, ac yn gwisgo sgidiau sglefrio arian, o'r naill du – picsi hwd fyddai gen i am fy mhen, hen gôt fawr llynedd a oedd yn rhy fychan i mi a welingtons am fy nhraed.

Er mor ifanc o'n i, dwi'n cofio rhyddid y dyddiau diflino o ddilyn Taid drwy'r dydd, haf a gaeaf yr un fath, yn ei wylio wrth ei waith ar y ffarm. Ffarm gymysg oedd hi yn null amaethu Môn yn y cyfnod – gwartheg godro, lloeau a dyniewaid, gwerthu wyau a magu ffowls at y Nadolig, ynghyd â gwerthu llysiau megis tatws, moron, ffa a phys i'w dosbarthu i siopau lleol. Byddai lorri Owen Jones, Ty'n Llidiart (Tyddyn wedyn), yn galw acw ddwywaith yr wythnos yn y gwanwyn a'r haf i nôl cynnyrch i'w ddosbarthu ledled y sir. Y fath anrhydedd deimlwn, ar ôl i mi dyfu ychydig yn hŷn, o gael mynd efo Owen Jones yn ei lorri i ddosbarthu'r tatws a'r moron; nid yn unig i Fôn ond i lechweddau Arfon hefyd. Roedd hynny'n antur a hanner. Teimlwn yn ddyn yn eistedd wrth ochor Owen Jones, ei bibell yn ei geg, yng nghab y lorri. Ar y ffordd adra mewn lorri wag, a'r cynnyrch i gyd wedi ei werthu, byddai Owen Jones yn dod â'r peiriant i orffwys o flaen ambell sefydliad na wyddwn i ddim be oeddan nhw. Trueni na fuaswn i 'run mor anwybodus yn hwyrach yn f'oes. Yr un peth fyddai Owen Jones yn ei ddweud wrtha i bob tro: 'Aros di yn fan'ma, 'ngwas i, fydda i ddim yn hir. Ma' gin i fatri ar *charge* yma, yli.' Mi fydda fo'n hir ofnadwy, i blentyn beth bynnag, a deuai'n ôl i'r lorri heb olwg o fatri, ond mi fyddai 'na ryw oglau melys ar ei wynt. Byddai'n mynd i olrhain hynt batri arall cyn cyrraedd yn ôl i Niwbwrch.

Yn ystod y cyfnod hwnnw, ro'n i hapusaf pan o'n i'n dilyn Taid, yn enwedig pan fyddai'n canlyn y wedd, yn llyfnu caeau i fyny ac i lawr yn ddiflino, neu'n trin tir coch. Rhamantu mae o rŵan, mi glywa i ambell un ohonach chi'n dweud; mae o'n rhy ifanc i gofio ceffylau yn gweithio'r tir. Wel nac'dw! Fel y soniais eisoes, yn ystod fy mhlentyndod roedd ceffylau yn dal i fod yn amlwg iawn ar ffermydd Môn, a'r tractor ond yn dechrau ennill ei blwy. Y drefn acw fyddai llogi contractwyr i wneud gwaith trwm pan fyddai angen tractor – i aredig, hau, lladd gwair ac ŷd – ond ceffyl a ddefnyddid i bob dim arall. Daliodd y ceffyl yn hirach yng Nghefn Mawr nag mewn amryw o ffermydd eraill, a'r prif reswm oedd Taid. Doedd ganddo 'run syniad am beiriant modur, doeddan nhw ddim yn bod pan anwyd o ac felly doedd o ddim wedi cael unrhyw brofiad ohonyn nhw wrth dyfu i fyny. Roedd acw gar cyn fy ngeni i, a rhyw hen Forris dwi'n ei gofio gynta: AKD 321. Rhoddodd Wil wers yrru i Taid un tro. Trodd y goriad a thynnu'r nobyn i danio'r car, ond unwaith y clywodd Taid y peiriant yn rhoi tro, neidiodd o'r car a rhedodd o'r cwt moto, fel yr oedd o'n galw'r garej, gan weiddi: 'Brenin Mawr! Ma' hi 'di tanio!' Aeth o byth y tu ôl i lyw car na thractor wedyn. Roedd hi'n ffrae reolaidd acw rhwng Taid a Wil – Wil isio prynu tractor er mwyn hwyluso gwaith y ffarm, a 'Nhaid yn gwrthwynebu'n styfnig. Gwyddai'n iawn, unwaith y deuai tractor acw, y byddai ei ddull o o amaethu ar ben, a byddai'n colli ei afael ar y ffarm. Dwinna'n falch iawn fy mod wedi cael cip ar oes arall, oes pan oedd enwau Cymraeg ar bob dim bron. Gallaf hyd heddiw enwi gêr y ceffylau, y troliau a'r offer i gyd: y strodur, mwnci, cefndras, tindras, tordras a gwrodan. Cefais filoedd o bleser a chwmni melys Taid, ac fel fynta, rydw inna wrth fy modd yn gweld pethau'n glasu a dechrau tyfu yn y gwanwyn; ac yn teimlo mor lwcus bod gen inna fy mhwt o ardd lysiau, dafliad carreg o ble byddai rhesi syth Taid.

Fy newis i o alwedigaeth ydi actio, er 'mod i'n troi fy llaw at ambell beth arall fel ysgrifennu a chynhyrchu i gadw deupen llinyn ynghyd, pethau nad ydyn nhw'n bell iawn o fyd y llwyfan a'r ddrama. Rydw i am ddatgan rwbath rŵan, rwbath fasa'n codi beil arna i, chwadal Wil Sam, taswn i'n ei ddarllen o mewn llyfr gan rywun arall. Dwi'n credu 'mod i, wrth edrych yn ôl, wedi cael fy arwain i'r swydd yma heb yn wybod i mi – galwch o'n ffawd neu ragluniaeth, chi pia'r dewis. Rhaid i mi gyfaddef 'mod i'n ei chael hi'n anodd iawn ysgrifennu f'atgofion fel hyn. Mae'r holl beth yn swnio fel tawn i'n brolio fy hun, un o 'nghas bethau i. Dwi'n dechra rhyw ddifaru rŵan 'mod i wedi poitsio, ond dwi 'di gaddo, felly ymlaen mae Canaan, gan obeithio y rho i fymryn o'r gwych yn ogystal â'r gwachul i chi.

Beth bynnag, yn ôl i'r syniad yma 'mod i wedi cael fy arwain i'r busnes actio yn gynnar iawn, a bod pobl a lleoliadau arbennig wedi fy nhylino i ar gyfer y pobiad.

Credaf fy mod wedi cael fy magu mewn coleg drama, sef Niwbwrch. Fel y soniais ynghynt, y peth mwyaf hanfodol i actor ydi iaith goeth a chyhyrog, a chefndir a thraddodiadau i allu tynnu oddi arnyn nhw. Mae hynny hefyd yn wir am ysgrifennu. Swyddogaeth actor ydi dehongli llenyddiaeth, sef creadigaeth yr awdur, ar bob lefel; a chyn gwneud hynny mae'n rhaid cael gafael gref ar yr iaith mae'r awdur yn ysgrifennu ynddi. Clywais sôn fod yn rhaid i Picasso allu paentio golygfa'n berffaith cyn y gallai chwarae efo'r llun a chreu darlun *abstract*. Dwi'n meddwl bod hynny'n wir hefyd am yr actor – cyn y gallwn chwarae â iaith mae'n rhaid cael sylfaen gref a chadarn ynddi. Ychydig flynyddoedd yn ôl cefais yr anrhydedd o chwarae rhan Shamreav yng nghlasur Chehkov, *Yr Wylan*, yn yr Old Vic ym Mryste. Deuai'r rhan fwya o'r cast o Loegr, rhai ohonynt yn actorion a oedd wedi bod yn actio'n rheolaidd mewn amryw gyfresi teledu megis *Waterloo Road*, *Shameless*, *The Bill*, *Peak Practice* ac yn y blaen. Roeddan nhw i gyd yn feistri ar Saesneg ac wedi eu trwytho yn y diwylliant Seisnig. Ewch chi i'r rhan fwya o ystafelloedd ymarfer cynyrchiadau Cymraeg, a dydi'r un peth ddim yn wir – rhyw fastardiaith o Gymraeg a Saesneg glywch chi, yn enwedig ymysg y to iau. Tydi iaith gref yn llawn troadau ymadrodd ddim yn cŵl bellach. Mae eithriadau, wrth reswm, a thra o'n i'n ysgrifennu'r llyfr yma ro'n i'n actio mewn cyfres o'r enw *Gwaith Cartref*. Pan gyrhaeddais yr ystafell ymarfer am y tro cyntaf ychydig iawn o'r cast ro'n i'n eu hadnabod (mae'r dyddiau pan oedd rhywun yn nabod pawb wedi hen fynd), ond cefais fy siomi ar yr ochor orau gan griw o actorion arbennig a oedd o ddifrif ynglŷn â'u crefft ac yn hen gwmni ardderchog.

Felly, yn ddiarwybod i mi, mi ges i sylfaen gref yn fy nghymdogaeth. Prin iawn oedd Saesneg Taid. Roedd gan Nain dipyn mwy o grebwyll ond Cymry uniaith bron oedd eu ffrindiau a'u teulu, gan gynnwys Harri Jones ac Ann Jane ei chwaer yng Nghaeau Gwynion, neu Cefn Mawr Racs fel yr oedd pawb yn galw'r lle. Well i mi esbonio – ac mi ddo i'n ôl at Harri Jones ac Ann Jane eto. Roedd tair o ffermydd yn terfynu, a'r tai i gyd o fewn rhyw led cae i'w gilydd ar y

Fi yn fachgen ar ddiwrnod dyrnu, efo Taid, Yncl Dic a Wil

gefnen o dir sy'n rhedeg ar draws gwaelod Môn. Ar hon, gyda llaw, saif pentre Penmynydd, un o fannau uchaf yr ynys. Er mai Cefn Mawr Uchaf oedd enw'n ffarm ni, Cefn Mawr roedd pawb yn ei galw.

Dipyn yn is i lawr na ni i'r dwyrain, i gyfeiriad Llangaffo, roedd ffermdy anferth Cefn Mawr Isaf, rhyw fath o blasty a dweud y gwir, a choed mawr trwchus yn amgylchynu'r gerddi hardd a'r tai gwydr. Roedd dau ganon mawr o flaen y drws, a blannodd ryw syniad yn fy nychymyg fod yn rhaid bod perchnogion y tŷ yn meddu ar ryw gyfoeth aruthrol i fod angen gynnau mor fawr o boptu'r drws ffrynt. Y teulu Lloyd-Hughes oedd yn byw yno; teulu H. O. Hughes y dramodydd. Dwy hen chwaer dwi'n eu cofio yno gynta, Miss Dora a Miss Hughes, India. Dwn i ddim pam 'India' – wedi bod yno yng nghyfnod y Raj am wn i. Roedd gan Miss Dora ryw anhwylder o basio gwynt yn ddi-baid – byddai'n rhechan yn groch, ond doedd neb byth yn cymryd sylw o'r peth. Roedd hyn yn hynod ddigri i mi fel plentyn, i'r fath raddau bod y teulu'n ceisio fy nghadw i oddi wrthi. Chwarddais yn uchel unwaith pan wyrodd hi i fy nghyfarch: 'Wel sut *brrrrrr* mae John *brrrrrr* bach heddiw *brrrrrr*?' Roedd ganddyn nhw *chauffeur*, Joseff Evans, Hen Dŷ, oedd yn gyrru eu hen gar du anferth, a byddai'n mynd o'n blaenau ni bob dydd Sul i'r capel. Mi ges i reid ynddo unwaith, wn i ddim pam, ac eistedd yn y tu ôl rhwng y ddwy hen ledi (wedi i Nain fy siarsio i anwybyddu'r rhechan). Un arall a weithiai yng Nghefn Mawr Isaf oedd Mr William Hugh Owen o Niwbwrch, ac ar ei ffordd adra o'i waith ar noswyl Nadolig byddai yn galw acw i ganu carol i Nain yn ei lais ardderchog; hitha'n morol y byddai mins pei a phanad yn ei ddisgwyl.

Roedd yng Nghefn Mawr Isaf dractor, Fordson Major mawr glas, a byddai Joseff Evans yn gadael i mi ei yrru weithiau, yn enwedig pan fyddai'n gwneud gwaith diflas fel llyfnu. Tra byddwn i'n gyrru byddai Joseff Evans ar adegau yn hepian cysgu ar gefn y tractor, cyn deffro'n sydyn i 'ngweld i'n gyrru'r Fordson yn syth am y clawdd. 'Stata hi! Stata hi!' gwaeddai, nes y byddwn yn gwastatáu'r peiriant ac anelu ei drwyn i'r cyfeiriad iawn.

Miss Magi Lewis, Bryn Sinc oedd gofalwraig y tŷ, ac iddi hi y byddwn yn mynd â llefrith bob dydd Sadwrn. Byddwn yn cael tâl yn ôl ganddi am lefrith gweddill yr wythnos, ac wrth dalu'r arian byddai Magi Lewis yn rhoi swllt i mi am fy nhrafferth. Dwi'n amau mai o bwrs Magi Lewis ei hun y byddai'r arian yn dod yn hytrach na gan y ddwy Miss Hughes, a choeliwch fi, roedd swllt yn werth ei gael yr adeg honno. Beth bynnag, enw pawb ar y tŷ yma oedd Cefn Mawr Neis.

Ond yn ôl â ni i Gaeau Gwynion ac at Harri Jones a'i chwaer, Ann Jane. Fel yr esboniais, roedd y tri lle'n agos at ei gilydd a gelwid Caeau Gwynion yn Gefn Mawr Racs, er nad oedd Caeau Gwynion ddim yn racs o bell ffordd pan o'n i'n blentyn, felly roedd yno Gefn Mawr, Cefn Mawr Neis a Chefn Mawr Racs. Roedd Ann Jane yn cadw tarw, un mawr coch o'r enw Jac os cofia i'n iawn, a byddai ffermwyr a thyddynwyr yr ardal yn mynd â'u gwartheg yno ato. Dyma fyddai'r drefn: erbyn i'r ffarmwr a'i fuwch gyrraedd y cowt byddai Ann Jane wedi dod â Jac at y tŷ.

Cyflwynai Ann Jane y fuwch i Jac, gan arwain y tarw'n ddiseremoni at ei phart ôl, i godi awydd fel petai. Unwaith y gwelai Ann Jane fod pethau'n dechra poethi byddai'n troi pig ei chap fflat at ei gwar, estyn ei phastwn a tharo ochor Jac yn ffyrnig gan weiddi: 'Wp boi!' Rhoddai Jac floedd annaearol a chodi fel bwystfil ar ei ddwy goes ôl a mowntio'r fuwch druan yn ddidrugaredd. Clywais sôn am ieuo'r anghymarus, a dwi'n meddwl mai'r enghraifft orau o hyn oedd trafod hanes Jac o flaen Tŷ'r Cyffredin ar lannau Tafwys ar noswaith braf o haf yn y saith degau. Ro'n i yno yn cymdeithasu efo Dafydd Elis Thomas a Dafydd Wigley ymysg amryw o Aelodau Seneddol eraill Cymraeg eu hiaith, a toc daeth Wyn Roberts, yr Arglwydd Roberts o Gonwy bellach, i ymuno â ni. Wrth sgwrsio, darganfu fy mod yn dod o Niwbwrch – cafodd ei fam yntau ei magu yn Nhan Lan nid nepell o Gefn Mawr, a byddai'n dod i dreulio peth o'i wyliau pan oedd yn blentyn at ei ewythrod, David a John Owen Jones. Wrth i'r sgwrs fynd yn ei blaen gofynnodd Wyn i mi: 'Deudwch i mi, dach chi'm yn cofio mynd â buwch at darw Ann Jane, Cefn Mawr Racs?' Yn ysblander y Senedd adroddwyd hanesion antics Jac, a byth ers hynny mae i'r Arglwydd Roberts le cynnes iawn yn fy nghalon.

Mae gen i gof da o angladd Ann Jane. Roedd ganddi gi defaid fyddai efo hi ym mhob man, a phan oedd yr hers yn gadael y ffarm i fynd â hi ar ei thaith olaf, dechreuodd y ci udo, a bu'n udo ddydd a nos nes i rywun ei roi i gysgu. Aeth Harri Jones i fyw i'r Stryd, fel y bydden ni'n galw pentre Niwbwrch, a bu fyw am flynyddoedd lawer wedyn. Ces inna'r fraint o gario'i arch i Eglwys Sant Pedr, Niwbwrch.

I lawr lôn gul o Gaeau Gwynion roedd Bryniau, neu'r Byrna fel y byddan ni'n galw'r lle. David Jones dwi'n ei gofio fwya yno; Defi Tan Lan fel y gelwid ef, ffarmwr oedd wedi gweithio'i hun nes ei fod yn hollol wargam ac yn cerdded â'i wyneb tua'r llawr. Ar feic y bydda fo'n teithio, ond oherwydd ei fod wedi'i blygu fel cryman wnâi unrhyw feic mo'r tro iddo – roedd ganddo feic rasio a'r handlbar wedi ei droi at i lawr. Welwyd erioed feic o'i fath yn y pentre o'r blaen, ac ro'n i'n genfigennus iawn ohono. Rhyw ychydig yr ochr arall i'r bryn o'r Byrna i gyfeiriad Malltraeth, roedd Tan Lan, sef cartref Defi Jones, ac yno roedd ei frawd, John Owen Jones, yn byw; y ddau fel y soniais i eisoes yn ewythrod i'r Arglwydd Roberts o Gonwy. Dyma ddau frawd cwbwl wahanol i'w gilydd, heb air o Gymraeg rhyngddynt o ganlyniad i ryw lid ryw dro. Dywedodd Defi Jones wrtha i unwaith mai fo oedd yn cael ei alw'n ddafad ddu'r teulu, wna i ddim esbonio mwy.

Roedd John Owen yn ŵr bonheddig, yn soffistigedig iawn yn ei wedd a'i ymddygiad er mai un fraich oedd ganddo wedi iddo golli'r llall yn y Rhyfel Byd Cyntaf. Roedd gwedd ddinesig yn perthyn i John Owen a oedd yn ei wneud o'n wahanol i bawb arall o'i gyfoedion. Gwisgai het galed bob amser i fynd i unrhyw gyfarfod yn y pentre neu i'r capel ar y Sul, a chodai gantal yr het wrth gwrdd ag unrhyw ddynes, waeth pwy fyddai hi. Roedd y dillad a'r ymddygiad bonheddig yma yn reit anghyffredin o gofio ei fod o'n byw mewn lle mor anghysbell a gwledig â Than Lan, ond cyn y Rhyfel Mawr bu John Owen yn brentis o ddrepar yn siop fawr Dickins & Jones, Regent Street, Llundain. Y 'Jones' oedd John Pritchard-Jones, mab Ty'n Coed, Niwbwrch, a wnaeth ffortiwn iddo'i hun yn Llundain, ac felly cafodd amryw o feibion Niwbwrch gyfle i fynd yn brentisiaid yn ei siop enfawr yn Llundain. Yn amlwg, gadawodd bywyd y ddinas ei farc ar John Owen. Roedd gan y bonheddwr ddawn fawr arall – roedd o'n gogydd heb ei ail. Ar ddiwrnodau dyrnu byddai gwragedd y ffermydd am y gorau yn gwneud bwyd i'r sawl a ddôi yno i ganlyn y dyrnwr, ond doedd neb yn yr un maes â John Owen. Câi'r dynion sawsiau a seigiau na welsant erioed o'r blaen, ac o ganlyniad doedd Tan Lan byth yn brin o ddynion oedd yn cynnig mynd yno i helpu.

I fyny'r bryn ac ychydig i gyfeiriad Llangaffo roedd lle bychan a oedd yn nefoedd i mi, sef Tyddyn Fawd. Dau frawd, dau hen lanc, oedd yn byw yno: John ac Owen Jones, eu dau yn agos at oed fy nhaid. Da y cofiai Taid Owen Tyddyn Fawd yn yr ysgol yn Niwbwrch, joi o faco yn ei geg drwy'r dydd a phwll du o sudd baco ar lawr yr ysgol o dan ei ddesg. Roedd yn dal i gnoi pan o'n i'n ei nabod, ac ôl baco yn felyn ar gorneli ei fwstash mawr gwyn. Doedd dim rhaid i chi ofyn ddwywaith i mi fynd i Dyddyn Fawd. Ro'n i wrth fy modd yno, yn gwrando yn astud ar y ddau uniaith Gymraeg yn mynd drwy'u petha. Roedd gan y ddau ddawn efo plentyn, ac weithiau ro'n i'n rowlio chwerthin wrth glywed y ddau'n bwrw trwyddi yn eu Cymraeg clasurol, llawn delweddau (rhai yn ddelweddau digon amrwd, yn enwedig gan John).

Roedd tir agored o flaen y tŷ a elwid yn Barc Tyddyn Fawd, a dwi'n cofio unwaith y ddau yn mynd i saethu cwningod i'r parc hwnnw. Gofynnwyd i mi fyswn i'n hoffi gwn – dim ond rhyw wyth oed o'n i! Aethpwyd i nôl gwn un faril o'r llofftydd, ac wrth gerdded i lawr y lôn fach tuag at y parc agorodd John y gwn a rhoi hen glwt trwyddo i lanhau'r faril. Daeth pryfaid cop a pheth wmbredd o faw allan o'r gwn, ond ar ôl tynnu'r clwt drwy'r gwn ddwywaith neu dair datganwyd ei fod yn 'sbic an sban'. Rhoddwyd cetran yn y gwn, a chyda brawd bob ochor i mi yn fy hyfforddi, anelais a thaniais y gwn. O, y fath glec! A chiciwyd fi am yn ôl rai troedfeddi. Mi ges i ddeall sut brofiad oedd gweld sêr, ac roedd sŵn mawr lond fy mhen i. Mi gymerodd hi flynyddoedd lawer cyn i mi fedru tanio gwn wedyn (dwi ddim yn rhy hapus yn gwneud hynny hyd heddiw), ac roedd ergydion a sŵn tân gwyllt yn codi ofn arna i am amser maith. Ar ôl iddyn nhw fy nghodi'n ôl ar fy nhraed, dywedodd Owen Jones, 'Dewadd, wst ti be? To's 'na neb wedi tanio'r gwn yna ers William 'y mrawd.' Ategodd John; 'Diawl, ti'n iawn Owan.' Es adra a chwyno wrth Mam a Nain fod gen i gur yn fy mhen, a phan esboniais beth ro'n i wedi bod yn 'i wneud, aeth y ddwy yn benwan, a'm siarsio na chawn i fynd i Dyddyn Fawd am hir, os o gwbwl, eto. Roedd hon yn gosb lem iawn. Pan ddaeth fy nhaid i'r tŷ ar ôl godro, roedd o eisoes wedi cael yr hanes ac yn flin iawn efo hogia Tyddyn Fawd (ond nid efo fi, diolch byth). I geisio lleddfu pethau mentrais ddweud wrth Taid: 'O'dd y gwn yn iawn ychi, o'dd William 'u brawd nhw 'di bod yn 'i saethu o.' 'Be gythral o'dd ar 'u penna nhw,' bytheiriodd Taid, 'mi laddwyd William druan yn y Somme!'

Cafodd John anaf i'w goes pan oedd mewn oed a'i gwnaeth yn gloff a braidd yn llesg. Roedd hi'n gynhaeaf gwair yng Nglyn Teg, ffarm gyfagos, ac roedd Owen yn brysur yn helpu i stycio bêls. Roedd tractor a belar wrthi'n ddygyn ym mhen pella'r cae, a daeth John Hugh Williams, y ffarmwr, at John Tyddyn Fawd a oedd yn eistedd ar felan o wair yn mân sgwrsio efo mi, a gofyn fasan ni mor garedig â mynd i Glyn Teg i wneud brechdan wy i yrrwr y tractor, a oedd yno ar log. Herciodd John a finna i'w ganlyn at y tŷ – hen lanc oedd John Hugh, felly doedd yno neb i wneud y bwyd ond ni'n dau. Glanhaodd John y badell ffrio efo papur newydd a rhoi lwmpyn go lew o saim ynddi o gwpan a oedd ger y lle tân. Rhoddwyd y badell ar y tân, estynnais inna'r dorth a'r menyn i John Jones, a roddodd y dorth ar ei frest a thorri tafell dew o fara, ar ôl rhoi menyn arni gyntaf, gan dorri at ei wasgod waith. Ffriwyd dau wy nobl, a'u rhoi gyda sos brown rhwng y ddwy dafell dew o fara menyn. Cariais inna fygiad o de i'r cae. Eisteddom ar y felan unwaith yn rhagor i ddisgwyl i yrrwr y tractor ddod rownd aton ni. Roedd yng Nglyn Teg gi o'r enw Toss, a oedd yn rhyw chwarae o gwmpas ein traed, a manteisiodd ar ei gyfle a dwyn yr wyau o'r frechdan. Cythrodd John Jones iddo, agor ei safn a chymryd yr wyau (doeddan nhw ddim gwaeth, gyda llaw) a'u rhoi'n ôl rhwng y frechdan. Trodd ata i a winciodd, gan ddweud: 'Fydd gin ddreifar y belar 'ma fin fel coes mwrthwl pan eith o adra at y wraig heno ar ôl byta'r wya 'na.' Dyna i chi ddelwedd.

Mae un stori, sydd yn ymwneud ag Owen Jones, yn dangos y newid oedd ar ddechrau yn iaith yr ardal. Roedd yn arferiad gan fy modryb Alice a'i gŵr Richard – neu Anti Alice ac Yncl Dic i mi – fynd draw i Fangor bron pob pnawn Sadwrn i wneud ychydig o siopa, ond yn bennaf i gerdded y stryd a chael sgwrs efo hwn a'r llall. Rhyw ddwywaith y flwyddyn byddai Owen Jones yn mynd efo nhw, i brynu iddo fo a'i frawd yr ychydig bethau prin rheini na chaent yn lleol. Doedd dim llawer o geir ar y ffordd yr adeg honno, ac felly roedd digon o le i barcio ar ochor y lôn fawr. Wrth y cloc ym Mangor, o flaen siop Woolworth, y parciai Anti Alice ac Yncl Dic eu car fel arfer, ac felly y bu y tro yma. Wedi gwneud trefniadau ynglŷn â phryd i gychwyn yn ôl aeth Owen ar ei ben i Woolworth. Roedd fy modryb hefyd, fel yr oedd yn digwydd bod, isio rhywbeth o'r siop honno. Y drefn bryd hynny oedd bod gweinyddwraig y tu ôl i gownteri gwahanol ym mhob un o'r adrannau, ac yn y fan honno hefyd y byddai'r cwsmeriaid yn talu. Pan aeth Anti Alice i'r siop, clywodd lais Owen Jones yn taranu uwch ben pawb (roedd tueddiad ynddo i weiddi wrth siarad). Sylweddolodd fod llais yr hen Owen yn dod o gyfeiriad y cowntar dafadd ac edau, a chlosiodd fy modryb ychydig at y cownter heb i Owen Jones ei gweld, dim ond i fusnesu. Clywodd Owen yn gofyn i'r weinyddwraig: 'Eda wen, 'y ngenath i ... un gre, gre.' Trodd y ferch ifanc at y silffoedd gerllaw a dod yn ôl efo eda lwyd i'r hen Owen. Roedd Cymraeg Owen Jones wrth gwrs yn hollol iawn, ond yr unig 'gre' a wyddai'r ferch tu ôl i'r cownter oedd 'grey'. Dwi'n cofio dweud y stori hon wrth fy nghyfaill Wil Sam, ac roedd o'n ei gweld hi'n stori drist iawn. Roedd hi'n darogan yr hyn oedd i ddod, ac yn fy ngwneud i'n hynod falch fy mod wedi cael yr anrhydedd o gael fy magu ymysg y bobol yma.

Ar ben y bryn, uwchlaw Tyddyn Fawd i'n cyfeiriad ni, roedd Glyn Teg. Gallwn weld Glyn Teg yn glir o gefn ein tŷ ni. Roedd y teulu'n perthyn i ni, a threuliais oriau a dyddiau lawer yn chwarae ym mhoncia Glyn Teg yn ystod fy mhlentyndod – ond mwy am hynny yn y man. Y cof cynta sydd gen i o Glyn Teg oedd mynd yno efo Taid i weld Gruffydd Ifans, oedd hefyd yn byw yno. Hen ŵr tawel a bonheddig o'r un anian yn union â Taid; y ddau wedi gwirioni ar geffylau. Byddai Gruffydd Ifans yn eu harddangos mewn sioeau ar hyd a lled y sir, efo het galed am ei ben bob tro y byddai'n arwain ei geffyl gwedd mawr llwydlas (o barch i'r ceffylau, dwi'n meddwl, yn hytrach na'r beirniaid). Dwi'n cofio ein bod ni bryd hynny wedi cael haf gwlypach na'r arfer, a'r ŷd i gyd wedi gorwedd gormod i feindar ei dorri, felly roedd yn rhaid cael Gruffydd Ifans acw i ladd yr ŷd efo'i wedd o geffylau, a phawb yn ei ddilyn yn gwneud ysgubau efo llaw, a finna yn eu plith. Dwi'n falch 'mod i wedi cael cip ar y grefft honno, a oedd i fod wedi hen ddiflannu cyn fy nyddiau i. Beth bynnag, pan ddeuai'r alwad, a'r hen ŵr isio mynd i droi clos, mi fydda fo'n dweud wrth Taid: 'Ma' raid i mi gael ryw hoe fach, Johnny, dwi isio rhoid y drol ar 'i brân.' Dyna i chi ddelwedd: rhoi'r drol ar ei brân fydda rhywun yn 'i wneud wrth deilo cae – codi'r trwmbal at yn ôl, a byddai darn o haearn yn codi efo'r trwmbal, sef y frân. Delid hi yn ei lle drwy roi pegyn haearn drwy'r rhesi o dyllau oedd yn y frân. Nid yn unig ei bod hi'n ddelwedd o deilo, ond dychmygwch

W. H. Roberts a'i wraig, Margaret; Mam, Bill, fi a Mona y ci yn Aberffraw yn y 1950au

y darlun o drwmbal y drol yn mowntio at yn ôl, yn union fel rhywun ar ei gwrcwd yn nhin y clawdd.

Felly dyna i chi gip ar rai o'r bobol a ffurfiodd ac a siapiodd fy iaith ym more fy oes – mi allwn enwi llawer mwy wrth gwrs; pobol fel William Roberts Ty'n Coed efo'i fwstash mawr gwyn, a ofynnai i mi bob tro y gwelwn o faswn i'n lecio cael gwreiddyn mwstash i'w blannu. Roedd o a'i frawd, Richard Roberts Tir Bodfael, yn gantorion da iawn, efo stôr o hen ganeuon ar eu cof na chlywais i nhw na chynt na chwedyn. Trueni mawr na fuasai rhywun wedi eu cofnodi nhw. Roedd brawd arall iddyn nhw'n byw yn agos iawn hefyd: Sam Roberts, Cefn Bychan, yntau fel y lleill yn uniaith bron, fel fy nhaid. Chlywais i erioed mohono'n dweud y gair 'box', dim ond 'blwch' bob amser, a hynny'n gwbwl naturiol. Braint yn wir oedd cael bod yn eu plith.

PENNOD IV

Dyddiau Dedwydd

Fel yr ydw i wedi sôn (ac mae'n siŵr eich bod chi wedi dyfalu erbyn hyn) mae fy ngwreiddiau yn bwysig iawn i mi. Pan o'n i'n ifanc, ro'n i'n meddwl mai felly y byddai hi, mai dyddiau gwych fel dyddiau fy mhlentyndod fyddai'r drefn am byth, ond ysywaeth daeth newid a daeth addysg – er gwell meddai llawer, ond wn i ddim. Galwch fi'n hen ramantydd os mynnwch chi, wna i ddim dadlau, ond petawn i'n cael dewis cyfnod i fyw ynddo am byth y pum degau fyswn i'n ei ddewis, a diwedd y bedwaredd ganrif ar bymtheg yn ail clòs iawn. Dyna oes aur 'ers talwm' i mi.

Cyn i mi ddod yn ymwybodol o'r byd actio, ro'n i wedi cymryd yn ganiataol mai ffarmwr fyddwn i, yn dilyn ôl troed Taid a Wil. Doedd gen i ddim uchelgais arall am wn i. Roedd gan bobol o 'nghwmpas i syniadau gwahanol, ond ro'n i'n bendant fy ngweledigaeth a finna ond plentyn bychan iawn – er y byddai Nain yn fy rhybuddio rhag mynd yn ffarmwr hefyd, gan ddweud yn feunyddiol bron, 'Ma' llathan o gowntar yn well nag acar o dir.' Wnaeth bod yn siopwr erioed apelio 'run iot ata i er i mi weithio mewn siop wlân ym Mhorthaethwy am fis neu ddau. Dyna i chi beth oedd uffern ar y ddaear.

Dilynwn Taid am oriau yn rowlio neu lyfnu neu beth bynnag oedd ganddo i'w wneud. Mi fyddai Wil gerllaw bob amser, ond yr adeg honno at Taid y closiwn, ac wrth edrych yn ôl mae'n rhaid bod ganddo amynedd Job i wrando ar barabl di-baid plentyn ifanc iawn. Dyn tawel iawn oedd Taid, ond weithiau mi ganai ryw gân i mi. Dwi'n cofio un neu ddwy ohonyn nhw – caneuon o'i ieuenctid o oeddan nhw am wn i, efo geiriau megis:

> Dau geiliog dwy chwadan yn nofio'r un llyn,
> Eu pig yn goch gochion a'u plu yn wyn wyn.

Pan oedd Iwan fy mab tua dwyflwydd oed, cyhoeddwyd cyfrol gynhwysfawr o hwiangerddi, a chefais bleser o weld bod y rhigymau a adroddai Taid, a llawer o rai tebyg, ynddi.

Byddai Taid yn adrodd straeon am ei ieuenctid yn marchogaeth ceffylau ar hyd twyni tywod Niwbwrch yn gofalu am ddefaid ei dad. Gwelwn hyn yn beth arwrol iawn, a dychmygwn Taid fel arwr straeon *Bandit yr Andes* a oedd yn cael eu darlledu ar y radio yn ystod *Awr y Plant.* Taid oedd â'r gair olaf yn y teulu, yn unol â'r hen ddelwedd o benteulu – roedd hyn cyn dyddiau Germaine Greer cofiwch! Pan oedd Taid yn dweud 'na', dyna ddiwedd arni, ac ro'n innau ers pan o'n i'n ddim o beth yn gwybod nad oedd gwerth i mi fynd ag unrhyw ddadl ymhellach. Roedd yr elfen o ddisgyblu yn weddol lym, heb fod yn frwnt heblaw'r achlysuron prin rheini pan awn i'n gyfan gwbwl dros ben llestri. Bryd hynny cawn chwip din fach, i ddod â fi'n ôl at fy nghoed, ond eithriadau prin oedd y rheini fel y dywedais a does gen i ddim cof am un achlysur penodol, dim ond 'mod i'n cofio cael rhai – felly mae'n rhaid na wnaeth o fawr o ddrwg emosiynol na seicolegol i mi naddo? Rhaid cofio mai cynnyrch oes Fictoria oedd Taid a Nain ac felly roedd cosbi plant yn beth oedd yn rhaid ei wneud, er lles y plentyn! Roedd 'spare the rod and spoil the child' yn ddywediad a glywn yn fynych. Mae gen i gof o un achlysur pan ddihangais o flaen y gosb eithaf, sef chwip din – does gen i ddim cof be o'n i wedi'i wneud, ond dwi'n cofio'r fan a'r lle: yr ardd wair, ac am ryw reswm sydd y tu hwnt i mi bellach, ro'n i'n droednoeth. Efallai fod a wnelo hyn â'r drosedd, dwn i ddim, ond roedd Taid wedi fy rhybuddio dair neu bedair o weithiau i beidio â gwneud beth bynnag ro'n i'n ei wneud. Collodd ei limpyn, rhuthrodd amdanaf yn wyllt a gwyddwn inna'n iawn mai coch a phoenus fyddai bochau 'nhin i os na fyswn i'n cymryd y goes. Dechreuais redeg o'i flaen yn droednoeth, ynta'n fy nilyn gydag arddeliad. Gwibiais y tu cefn i hen aradr a 'nelu i neidio hen nant fechan a oedd yr adeg honno ym mhen pellaf yr ardd wair. Neidiais i ganol dala' poethion a rhedais trwyddynt – yn droednoeth ac mewn trywsus byr. Cyrhaeddais giât Cae Bach a chefais y blaen arno; rhoddodd yntau'r gorau i fy nghwrsio. Wedi rhedeg ar hyd Cae Bach at giât Cae Canol a gweld nad oedd neb y tu ôl i mi, eisteddais i gymryd fy ngwynt, ac i ystyried beth fyddai'n fy wynebu pan ddychwelwn i'r tŷ. Pan o'n i'n gwibio drwy'r dala' poethion do'n i'n teimlo dim o'u llosg enbyd, ond unwaith yr arhosais yn fy unfan, o, y boen a'r fath artaith! Roedd gwrymiau cochion ciaidd ar hyd fy nghoesau i gyd. Dechreuais weiddi a sgrechian, a rhuthrodd Taid ataf gan hel dyrnaid o ddail tafol a'u rhwbio hyd fy nghoesau bychain. Roedd o wedi dychryn ac yn teimlo'r boen yn fwy na fi. Mi fysa'n well petawn i wedi aros a derbyn y chwip din na dioddef cosb erchyll y dala' poethion.

Mae cosb a ges i dro arall yn edrych yn llym iawn ar yr wyneb, ond o'i rhoi yn ei chyd-destun tydi hi ddim mor llym â hynny. Ar y Sabath y digwyddodd y peth; roedd Yncl Owen ac Anti Ruth, brawd Mam a'i wraig, a'u mab, fy nghefnder Dafydd, yn ymweld fel y bydden nhw'n gwneud yn aml ar y Sul. Ro'n i a Dafydd wedi bod yn yr ysgol Sul yng Nghapel Niwbwrch, ac wedi cael caniatâd i fynd allan i chwarae ar y buarth ein dau. Beth bynnag roeddan ni'n ei wneud doedd o ddim yn plesio'r oedolion, a daeth Mam allan ddwywaith i'n rhybuddio i beidio â gwneud pa ddrygioni bynnag yr oedd wedi ein gweld ni'n ei wneud. Yn ôl pob tebyg, parhau â'r weithred ysgeler wnaeth Dafydd a finnau, felly daeth Taid allan o'r tŷ – ac am mai fi oedd yr hynaf, fi oedd yn cael y bai am arwain fy nghefnder bychan diniwed i ddrygioni. Gafaelodd Taid yn fy sgrepan a'm llusgo i'r beudy bach a 'nghloi yno. Beudy i ddwy fuwch oedd hwn, lle bydden ni'n rhoi buwch drom o lo, er enghraifft. Clowyd y drws o'r tu allan, ond i mi doedd hyn ddim yn rhyw gosb drom iawn gan fy mod yn chwarae llawer iawn y tu ôl i ddrysau caeedig y beudy bach pan fyddai'n bwrw glaw neu'n oer tu allan. Ar ôl ychydig funudau clywais Dafydd yn cael ei alw i mewn am de, a gwyddwn o'r gorau y byddai gwledd arbennig yn ei ddisgwyl – yn fwy na gwledd te Sul arferol gan fod ganddon ni ymwelwyr. Yn nhywyllwch y beudy bach dychmygais y treiffl a'r llefrith Carnation, y bara brith a'r teisenni plât. Fyddai 'na ddim ar ôl i mi. Cefais syniad: petawn yn bloeddio a sgrechian yn groch ac uchel byddai rhywun yn siŵr o ddod allan i'm rhyddhau o fy ngharchar tywyll, du. Dyma ddechrau arni. Doedd dim ymateb am sbel, felly udais a sgrechiais yn uwch, ac o'r diwedd daeth Anti Ruth i fy rhyddhau. Sychais fy nagrau a mynd i gladdu'r treiffl a'r teisennau. Mae'n debyg bod Anti Ruth wedi cynhyrfu wrth glywed y fath sgrechiadau annynol yn dod o'r beudy, ac o ran trugaredd â'r bachgen bach gofynnodd i Taid a fyddai'n iawn iddi fy rhyddhau. Pan ddes i'r tŷ sibrydodd Taid yn fy nghlust: 'Paid â meddwl bod y tric yna'n mynd i weithio efo fi,' ond ches i mo 'ngharcharu yn y beudy bach byth wedyn.

Roedd y tymhorau'n bwysig iawn i fachgen bach a gafodd ei fagu ar ffarm, ac eiddgar fyddai'r disgwyl am binaclau'r gwahanol dymhorau: diwrnod dyrnu yn yr hydref, aredig a llafurio'r tir yn y gwanwyn, y cynhaeaf gwair yn yr haf ac ati. Byddai hefyd weithgareddau mwy hamddenol, megis miri'r Nadolig, clapio wyau adeg y Pasg, hel mwyar duon a mysharŵms yn eu tymor. Un peth y bydden ni i gyd yn ei wneud ar ddechrau'r gwanwyn fyddai hel wyau cornchwiglod, neu wyau cniglod fel y bydden ni'r plant yn eu galw. Rhaid i mi brysuro i ddweud bod hyn mewn oes cyn bod sôn am gadwraeth, pan oedd adar prin heddiw fel y gornchwiglen a rhagen yr ŷd i'w gweld yn britho ein meysydd a'n cloddiau. Er mor lluosog oedd y gornchwiglen, os na fyddai mwy na dau wy mewn nyth fydden ni ddim yn cymryd wy – nyth a thri wy ynddo fyddai'n ddelfrydol, i ni fedru cymryd y trydydd wy. Felly hefyd wyau ieir dŵr, a phryd arbennig fyddai salad efo'r wyau roeddan ni wedi eu casglu.

Roedd rhosydd yng ngwaelodion deheuol tir Cefn Mawr a oedd yn ardderchog i hel wyau cniglod. Byddai Taid yn eu cadw ym mhig ei gap rhag iddyn nhw dorri yn ei bocedi. Un tro, pan o'n i wedi cyflawni rhyw drosedd, anghofiodd Taid am yr wyau a chymerodd ei gap fel arf i'm cosbi. Cysylltodd y cap â 'mhen a throi'r wyau yn gwstard, ond yn waeth fyth, rhoddodd y cap yn ôl am ei ben nes bod melynwy'r helfa'n rhedeg yn afonydd i lawr ei wyneb. Chwarae teg, mi welodd ochor ddoniol y sefyllfa a dechreuodd chwerthin – ac roedd y teulu i gyd yn glana chwerthin y noson honno wrth i Taid ailadrodd y stori. Ymhen ychydig wythnosau galwodd Eirlys, gwraig ein

Fi yn bwydo'r ieir efo Taid a Nain

gweinidog (y nofelydd Islwyn Ffowc Elis) draw un prynhawn i weld Mam, ac wrth adrodd y stori wrthi defnyddiodd Nain hen derminoleg Môn am stid neu grasfa, sef golchi: 'Ac mi o'dd Johnny am 'i olchi o, ac mi gymrodd big 'i gap ato fo ...' Pan ddychwelodd Eirlys Ffowc Elis adra dywedodd wrth ei gŵr mewn penbleth: 'Maen nhw'n rhai rhyfedd tua Cefn Mawr yna. Pan fo John yn fachgen drwg, maen nhw'n rhoi bàth iddo fo!'

Dydw i ddim wedi clywed neb yn dweud y gair 'golchi' yn y cyswllt yma ers blynyddoedd. Rhag eich bod yn meddwl un ai fy mod i'n hogyn drwg iawn, neu fod fy nheulu'n fy nhrin yn greulon, ga i bwysleisio mai eithriadau prin iawn oedd y rhain!

PENNOD V

Yr Hen Gapten

Roedd gan Nain ddwy chwaer ac un brawd: Anti Jane, Anti Kate ac Yncl Owen, yn byw fel y soniais o'r blaen gyferbyn â'r capel yng ngwaelod pentre Niwbwrch. Capten llong wedi ymddeol oedd Yncl Owen, neu Capten Owen Pierce i roi iddo ei enw llawn, a fo oedd un o fy hoff ewythrod. Gallwn wrando am oriau arno'n adrodd straeon y môr, yn enwedig y rheini am ei ddyddiau cynnar fel prentis ar fwrdd y *Meinwen*, un o longau hwyliau Caernarfon. Byddwn yn cael fy nghyfareddu gan enwau porthladdoedd pellafion byd. Canai Yncl Owen ambell i gân i mi hefyd, er y byddai Nain weithiau yn wfftio at y cynnwys! Dyma enghraifft:

I went to Hong Kong, whitey man he came along
Stole a little girly from a poor Chinee,
I likey bow-wow, very good chow-chow,
I likey little girl, she likey me!

Cofiaf fod wrth fy modd yn ei gwmni, ac edrychwn ymlaen at ei ymweliadau cyson acw.

Roedd Yncl Owen yn dipyn o gymeriad – ac yn ŵr bonheddig y rhan fwyaf o'r amser, yn codi pig ei gap neu ei het wrth basio unrhyw ddynes waeth pwy oedd hi. Byddai hefyd yn gwisgo'n wahanol i ddynion eraill y teulu. Siwtiau llwyd neu las oedd gan bawb arall, ond roedd ganddo fo rai goleuach, efo rhyw hanner belt ar gefn ei siacedi, wedi eu prynu yn America. Melys iawn fyddai cael mynd am dro efo'r hen gapten i lawr i dwyni tywod Niwbwrch, lle y byddan ni'n ei alw'n Dwyn Pen-lôn, ac ymlaen at lannau afon Rhyddgaer neu afon Braint i roi ei henw iawn iddi. Yno yr eisteddai'r ddau ohonan ni, a thynnai fy ewythr oren o'i boced a thynnu'r croen yn daclus efo cyllell boced, fel rhyw fath o ddefod. Byddai wedi tynnu ei gap ac wedi rhoi hances boced am ei ben a chwlwm ym mhob cornel, a rhannai'r oren yn ofalus gan lafarganu mewn rhyw iaith ddieithr na chlywais ei bath na chynt na chwedyn. Mynnai bob tro fod hwn yn oren arbennig a bod yn rhaid cyflawni'r ddefod honno cyn ei fwyta – a wyddoch chi be? Chefais i erioed y fath flas ar oren, fel yr orennau rheini. Ar ôl i ni orffen mi gymerai groen a hadau'r ffrwyth a gwneud twll bychan ym môn llwyn o foresg ac yna, yn dal i wisgo'r hances am ei ben, mi godai ei ffon a dechrau dawnsio o amgylch y llecyn gan lafarganu eto. Dywedodd wrtha i fod arweinydd rhyw lwyth coll yn Affrica wedi dysgu'r ddawns a'r gân iddo, ac ymhen blynyddoedd y byddai coed orennau'n tyfu ar lan afon Rhyddgaer. Roedd hyn yn gyfareddol i fachgen bach

Yncl Owen

nad oedd wedi bod yn bellach na'r Rhyl! Ro'n i'n coelio pob gair, a phan oeddwn yn hŷn ac yn mynd gyda phlant eraill y pentre i nofio yn yr afon, byddwn yn cael cip bach slei ar y fan sanctaidd, rhag ofn y gwelwn goeden oren yn impio. Hyd heddiw wna i byth basio heb gael rhyw sbec, rhag ofn. Tric arall gan Yncl Owen fyddai rhoi ei fys allan a dweud: 'tynna 'mys i, 'ngwas i.' Ufuddhawn, a tharai yntau rech groch, gan beri cryn ddifyrrwch i dynnwr y bys! Wfftiai Anti Kate, ond lled-wenu fyddai Anti Jane – roedd hi'n llawer mwy goddefgar nag Anti Kate. Hen ferch oedd Anti Kate a oedd yn cymryd arni fantell Biwritanaidd. Torrodd gweinidog ifanc ei chalon unwaith a bu'n chwilio am un arall ar hyd ei hoes. Gan Anti Kate y ces i'r anrheg Nadolig gwaethaf yn fy nhyb i, ac yn sicr yr un mwyaf diwerth a fu erioed, sef gwersi piano. Watsh ges i gan Anti Jane a'r rheswm dros hynny, meddai: 'Kate berswadiodd fi i brynu watsh i ti, er mwyn i bawb gael 'i gweld hi ar dy arddwrn di pan fyddi di'n chwara'n capal.' A hynny cyn i mi gael yr un wers! Siom enfawr fu'r anrhegion i'r ddwy. Yr unig beth a ddaeth o'r gwersi oedd codi twrw a ffraeo gan na fyddwn i'n practeisio digon – yn un peth doedd gen i ddim arlliw o amynedd efo'r offeryn, ac roedd stafell biano Cefn Mawr yn gythreulig o oer yn y gaeaf. Wnaeth diffyg talent gerddorol ddim helpu petha chwaith.

Roedd Yncl Owen yn gwneud y pyllau pêl-droed, oedd yn atgas gan Anti Kate, yn enwedig pan fyddai'r hen gapten yn datgan yn uchel tua phump nos Sadwrn, pan fyddai'n mynd i wrando ar y canlyniadau ar y radio: 'Dwi'n o saff o'r *treble chance* wsnos yma; mi oedd rwbath yn fy nŵr i'n dweud wrth i mi biso gynna.' Gallwn weld ymateb Anti Kate i'r fath siarad – roedd wedi pechu ar ddwy lefel, sef siarad yn amharchus a gamblio ar y pyllau pêl-droed. Ymadrodd arall ganddo oedd yn creu cryn dwt-twtian yn y tŷ ac ymateb megis, 'Owan, be haru ti, 'sdim rhaid siarad yn fudur!' oedd:

'Faswn i'n ddyn cyfoethog 'blaw am dwll 'y nhin!' Mae'n well i mi egluro. Roedd yn dioddef o fod yn rhwym, a byddai'n gwario ffortiwn ar wahanol feddyginiaethau a phwrjys, gan yrru amdanynt i bedwar ban byd, ond doedd dim yn dod ag unrhyw ryddhad iddo. Ar un olwg roedd yn ŵr bonheddig urddasol, ond roedd ochor amharchus a thywyll i'w gymeriad, a dyna paham efallai ro'n i mor hoff ohono.

Bu Yncl Owen yn swyddog yn y Llynges Brydeinig yn ystod y Rhyfel Byd Cyntaf, a pheth lled anarferol i hogyn o deulu cyffredin oedd cael ei wneud yn swyddog mewn llynges a oedd yn enwog am ei snobyddiaeth. Ar y cyfan roedd yn rhaid i chi ddod o'r teulu iawn cyn cael eich comisiynu'n swyddog. Clywais gan hen forwyr Niwbwrch ar ôl iddo farw ei fod, pan oedd o ar ei orau, yn un o'r capteiniaid gorau a oedd yn hwylio'r moroedd yn ei ddydd; a gyda'r unig un bron a allai fynd i borthladd Rio de Janeiro heb gymorth peilot. Roedd o'n cael ei adnabod yn ôl y llysenw Sinbad gan ei gyfoedion morwrol. Gorffennodd ei yrfa forwrol yn ei gynefin fel peilot olaf Ynys Llanddwyn, a phan waharddwyd llongau rhag mynd i mewn i Gaernarfon dros gyfnod yr Ail Ryfel Byd, gofynnwyd iddo aros ar yr ynys fel cynrychiolydd y Bwrdd Porthladdoedd. Byddai Mam a'i chyfoedion yn cael hafau bendigedig, nefoedd ar y ddaear, yn aros efo fo ar yr ynys. Dywed Mr Owen Evans, cyn-gigydd y pentref ac un a gafodd y fraint o dreulio wythnos o wyliau ar yr ynys efo'r hen gapten, hyd heddiw y daw arogl cig moch yn ffrio yn gymysg â baco sigaréts fy ewythr i'w ffroenau bob tro yr â i Landdwyn.

Lle bydd camp bydd rhemp, ac mi oedd ochor reit ryfedd a dweud y lleia i'r hen gapten. Am tua dwyawr bob pnawn, byddai'n cerdded yn ôl a blaen yn ddiddiwedd ar hyd yr ystafell fyw. Byddai'n rhaid i ni symud i'r parlwr bryd hynny. Arferiad o'i gyfnod ar y môr oedd hyn – pan oedd yn cadw dyletswydd, y *watch*, dychmygwn y byddai wedi ei golli yng nghanol ei freuddwydion am anturiaethau enbyd ar y cefnforoedd.

Am gyfnod, bob dydd Sul ar ôl yr ysgol Sul byddwn yn mynd yn syth ar draws y lôn o'r capel atynt i Chapel View i gael te ac aros tan y cwrdd nos. Byddai'n arferiad gan Yncl Owen fynd i'w wely am gyntun bach yn syth ar ôl ei ginio Sul, a byddai'n deffro a dod i lawr grisiau yr union adeg y byddwn i'n cyrraedd y tŷ – a fyddai 'na ddim tymer rhy dda arno a dweud y lleiaf! Y peth cyntaf a wnâi oedd pwyntio un bys cam tuag ataf a dweud: 'Dim un blydi gair gin ti!' Gwaredai fy modrybedd wrth glywed y fath iaith, ond roedden ni'n dau'n dallt ein gilydd i'r dim, a heb yn wybod i neb rhoddai winc fach arnaf wrth eistedd wrth y bwrdd te. Fel pob pryd arall roedd ei le wrth y bwrdd wedi ei osod yn berffaith gyda chytleri arian a *serviette* claerwyn mewn cylch bach arian ger ei blât. Roedd o wedi arfer â'r math hwnnw o wasanaeth ar y môr, felly roedd o'n disgwyl ei gael o adra hefyd! Dwi'n siŵr nad oedd byw o dan yr un to ag o yn fêl i gyd, ond i mi roedd o, ac mae o o hyd, yn dipyn o arwr, er mai fo roddodd y siom a'r sioc fwyaf i mi yn fy mhlentyndod cynnar.

Roedd y pum degau mor wahanol i heddiw o ran agwedd a ffordd o fyw, ac erbyn hyn mae hi bron yn anodd dychmygu sut oedd hi. Ond yn fwy na hynny o'm safbwynt i, safonau oes Fictoria oedd ar yr aelwyd (oherwydd Taid a Nain, nid Mam a Wil wrth reswm) ac mi orbwysleisiwyd i mi beryglon a melltith y ddiod feddwol. Oherwydd y pregethu di-baid yn erbyn y diafol a oedd yn llechu tu mewn i botel gwrw neu wirod, crëwyd yn fy meddwl ryw swyn ofnus, swyn y bûm yn gyfan gwbwl o dan ei dylanwad yn ddiweddarach yn fy mywyd. Trodd y ddiod gadarn yn rhyw fath o afal yng ngardd Eden fy nychymyg, ac roedd pawb a oedd yn ymhél â hi yn ysgymun ac wedi eu dedfrydu i dân uffern ar eu pennau. Roedd o'n ddirgelwch mawr i mi pam y byddai neb mor wirion â'i hyfed gan wybod am y penydau a oedd yn eu hwynebu; eto ro'n i'n adnabod rhai teuluoedd yr oedd aelodau ohonynt yn ymhél, ac roedd y rheini i'w gweld yn bobol glên a llon iawn, tipyn llonnach na 'nheulu i a'u cydnabod nad oeddynt byth yn tywyllu tafarn. Y White Lion Hotel oedd (ac ydi) enw tŷ potas Niwbwrch, ac ro'n i'n llwyr gredu mai 'Hot Hell' oedd ystyr y gair olaf yn enw'r lle; ond eto i gyd, ar ambell noswaith dywyll o aeaf wrth gerdded heibio ar fy ffordd adre o ryw gyfarfod gweddi neu seiat a oedd ymhell uwch fy mhen i, byddai'r goleuni, y cynhesrwydd, y chwerthin ac weithiau'r canu a ddeuai o'r 'Weit' yn codi rhyw ysfa ynof i agor y drws a chael gweld i mewn. Daeth hyn yn rhyw fath o obsesiwn gennyf, a dyna am wn i ddechrau fy mherthynas i ag alcohol.

I fynd yn ôl at Yncl Owen, roedd yn arferiad gen i ar fore Sadwrn, gan wybod y cawn ryw chwe cheiniog i brynu pethau da yn siop Miss Smith, fynd i helpu Wil i nôl y neges wythnosol. Roedd hyn ymhell iawn cyn dyddiau'r archfarchnadoedd, a bryd hynny roedd pob dim i'w gael yn siopau Niwbwrch. Pan es i lawr i dŷ Yncl Owen un Sadwrn arbennig, cefais fy chwech gan Anti Kate fel arfer a daeth Yncl Owen o'r llofft yn llonnach nag arfer a sioncrwydd yn ei droed, gan ofyn yn llon: 'Fasat ti'n lecio dŵad efo mi i'r pictiwrs yn Borth pnawn 'ma?' Rhedais allan a 'ngwynt yn fy nwrn, ac ro'n i'n ysu am weld Wil yn troi trwyn y car am adra. Pan gyrhaeddais roedd Nain yn gwneud cinio. Rhuthrais i mewn a byrlymais fy stori gyda brwdfrydedd: 'Ma' Yncl Owen isio i mi fynd efo fo i'r pictiwrs i Borth!' Disgynnodd wyneb Nain. 'Y cythral iddo fo,' ceryddodd, 'cheith o ddim gwneud yr un peth i'r hogyn bach 'ma ag a wnaeth o i mi yn Lerpwl ers talwm.' Gadawyd y cinio ar hanner ei wneud, tynnodd Nain ei barclod, gwisgodd gôt a mynnodd fod Wil yn mynd â hi i'r Stryd. Mentrais ofyn be oedd Yncl Owen druan wedi'i neud iddi hi yn Lerpwl. 'Be na'th o? Mynd â fi yno yr holl ffordd, a'r cwbl wnes i oedd sefyll yn nrysa tai tafarnau drwy'r dydd.' 'Pam?' gofynnais inna'n ddiniwed. 'Iddo fo gael slochian tu fewn iddyn nhw 'te, cythral am ddiod ydi dy Yncl Owen.' Rhuthrodd allan. Dyna sioc a siom: Yncl Owen yn hel diod.

Cuddiais yn y cwt moto drwy'r dydd, gan deimlo piti garw bod Yncl Owen yn yfed, gan y byddai'n mynd yn syth i Uffern Dân. Ac wrth eistedd yn y cwt moto'n drist a siomedig dechreuais ystyried be oedd yn y ddiod honno. Roedd pawb oedd yn ei hyfed i'w weld yn hapus ac yn llon, ac os oedd Yncl Owen yn ymhél, ma' raid bod 'na rywbeth nad oedd fy nheulu yn ddweud wrtha i. Dechreuais amau pa mor ddrwg oedd alcohol mewn gwirionedd. Geiriau Nain ddaeth yn wir yn yr achos hwnnw – chlywais i ddim mwy am y peth ond roedd pawb yn sibrwd rhyw gyfrinachau na allwn ddeall, ac roedd Yncl Owen yn absennol o'r tŷ y pnawn canlynol pan es i yno o'r ysgol Sul. Chlywais i mo'r 'dim blydi gair gin ti' arferol, a doedd fawr o hwyl ar fy nwy fodryb; eu hwynebau'n hirion ac yn rhyw ysgwyd eu pennau'n anobeithiol ar bawb. Feddyliais i ddim mwy am y peth tan y pnawn Mercher canlynol pan ddaeth car John Evans, crydd y pentref, i fuarth Cefn Mawr. Doedd hyn ddim yn anarferol – roedd John Evans a'i deulu yn ffrindiau, a byddai'n dod acw'n aml i saethu cwningod neu, yn wir, unrhyw beth bwytadwy a ddeuai i olwg ei wn. Y tro yma roedd cryn brysurdeb yn ei gamau wrth groesi o'r car i'r tŷ ac roedd yn ei ddillad gwaith, yn dystiolaeth amlwg ei fod wedi dod yn syth o'i weithdy. Cyfarchodd fi'n glên fel arfer ond aeth yn syth trwodd at Nain. Clywais y ddau'n sibrwd yn isel a gofidus ac aeth Nain i'r beudy i nôl Taid; brysiodd hwnnw i 'molchi a tharo côt dros ei ddillad godro cyn mynd efo John Evans yn y car i Niwbwrch, gan adael Wil i orffen godro. Yr unig eglurhad ges i ar y pryd oedd bod Yncl Owen wedi bod ar ei 'holides' ac nad oedd

Fi a No.1, Dilwyn Morgan, ar un o fordeithiau Codi Hwyl

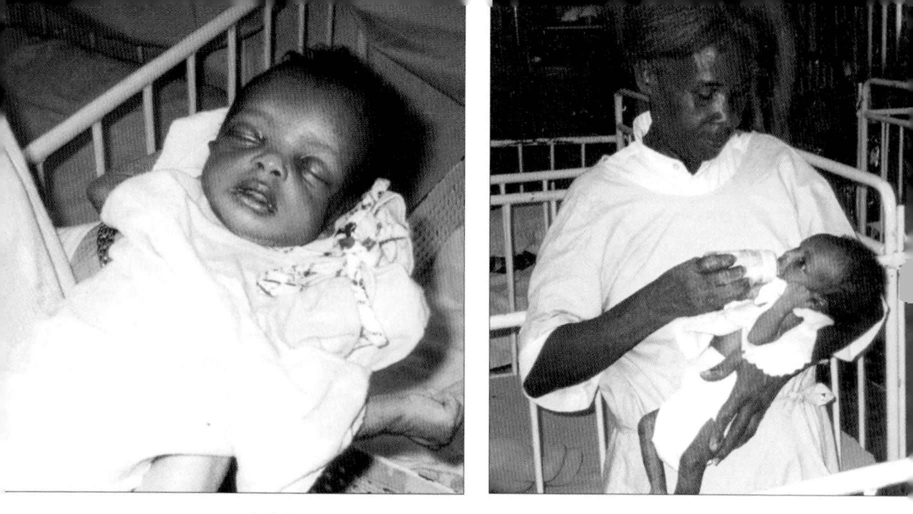

Inge yn cael dal Iwan am y tro cyntaf yn Haiti, ac un o'r nyrsys oedd yn gofalu amdano

Iwan adra o'r diwedd, ac Inge'n ei ffilmio ar gyfer y rhaglen Fy Mab yn Haiti; *Iwan efo'i nain a finna*

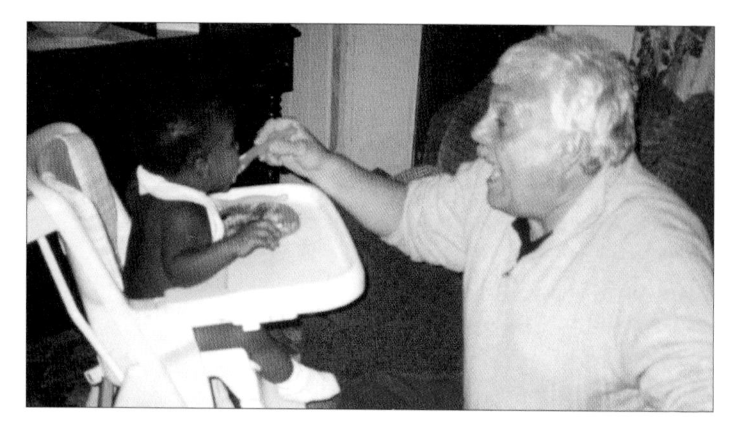

Fi'n bwydo Iwan

Stanley Lucas, y dyn a lwyddodd i sicrhau pasbort i Iwan

Iwan a'i ffrind, Mabon, yn chwarae o flaen seidbord Cefn Mawr Uchaf

Torri'r gacen yn neithior ein priodas yng nghartref rhieni Inge yn Long Island; Mam, Bryn Fôn a'i wraig, Anna

Karl Francis a finna yn Long Island (canol) a chartref rhieni Inge

Bryn Fôn, Sbardun a Gwenno, ei wraig.

Diwrnod ein priodas, 27 Chwefror, 1999, yng Nghapel Cymraeg Los Angeles

Anti Alice a'i bwji, Bili

Mam ac Einion yn treulio'r Nadolig efo fi yng Nghaerdydd yn 1992

Fi ac Inge ar Benrhyn Gŵyr

Dde: Fi efo Inge, ei brawd, Ivor, a'i rhieni yn Long Island.
Isod: fi ac Evelyn, fy ffrind

Mam yn coginio a finna'n busnesa

Mam ar wyliau yn Llydaw

Fi ac Einion yn Llydaw, 1993

Yn teithio mewn tacsi dŵr yn Kashmir, India

Fy ffrindiau, Bill ac Evelyn, a'u mab, Siôn Trystan (oedd, yn ddiweddarch, yn actio yn Porc Peis Bach*)*

Fy nheulu bach

Mici wedi llwyddo i osod ein pabell, o'r diwedd, yn ystod taith i Groeg

Mici Plwm a finna ar set Cysgodion Gdansk *(roeddan ni'n chwarae terfysgwyr)*

Ems, Mici Plwm a finna, yn rhywle ar ein taith i wersylla yn Groeg

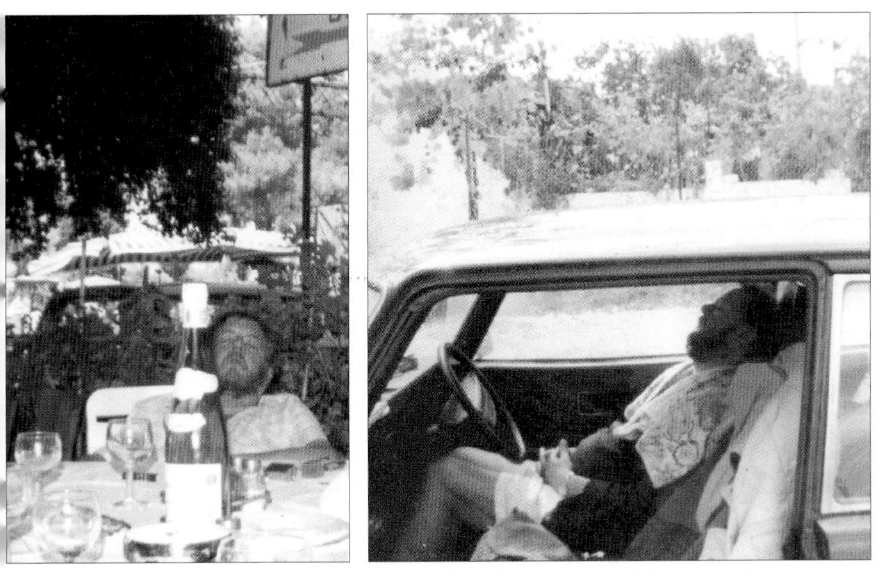

Rhydderch yn cysgu: ar ôl gwledd enfawr yn yr Eidal yn y saith degau, ac ar un o'n teithiau. Roedd o'n un effeithiol iawn am warchod y car gan ei fod yn chwyrnu mor uchel.

Emyr Huws Jones yn coginio yn fy nghegin i yng Nghaerdydd

Rhydd a fi: yr hogia drwg yn Steddfod Abergwaun

Fi a Mici yng Ngroeg yn 1978

John Ogwen a finna mewn parti

Treuliodd criw ohonom flwyddyn newydd wyllt mewn chateau yn Ffrainc. Gan fy mod i'n un o'r rhai cyntaf i gyrraedd, rhoddodd pawb arian i mi i brynu bwyd a diod ar gyfer y dathliadau. Pan archebais y darn paté yma, doeddwn i ddim wedi bargeinio y byddai'n costio £200!

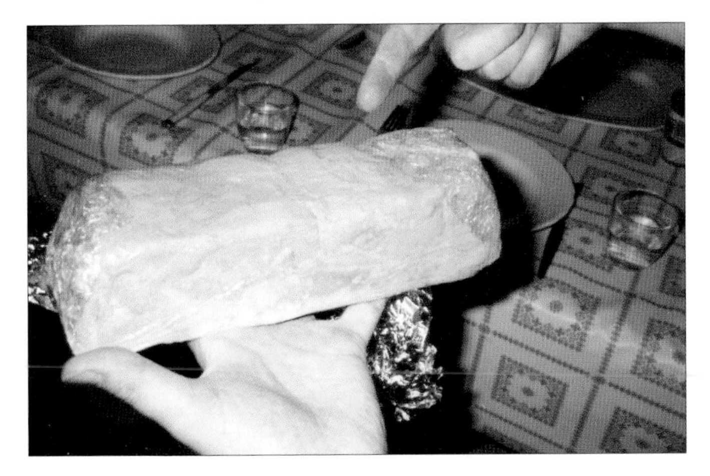

Ar set Owain Glyndŵr

Fi yn chwarae rhan Ruth Parry

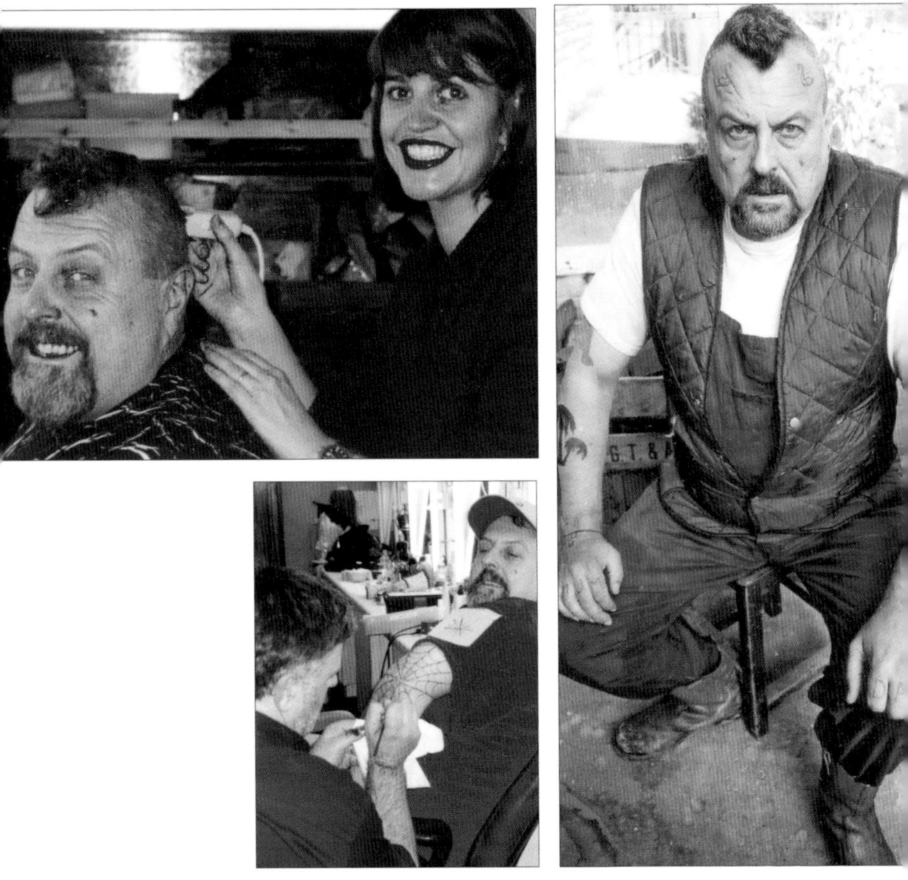

Cael torri fy ngwallt a pheintio tatŵs ar gyfer fy rhan yn y ffilm Lucky Break

Ar set Madam Wen. *Roeddwn yn ddiolchgar nad hwn oedd Fury, y ceffyl gwyllt.*

Ar set Charlotte Gray

Y fi efo Richard Burton, ei wraig, Susan Hunt, a'r actores Siân Owen, ei nith, yng ngwesty Coed y Mwstwr, Pen-y-bont, 1979

Yn nrama Chechov, Yr Wylan *yn yr Old Vic ym Mryste*

Yr Wylan, *Chechov*

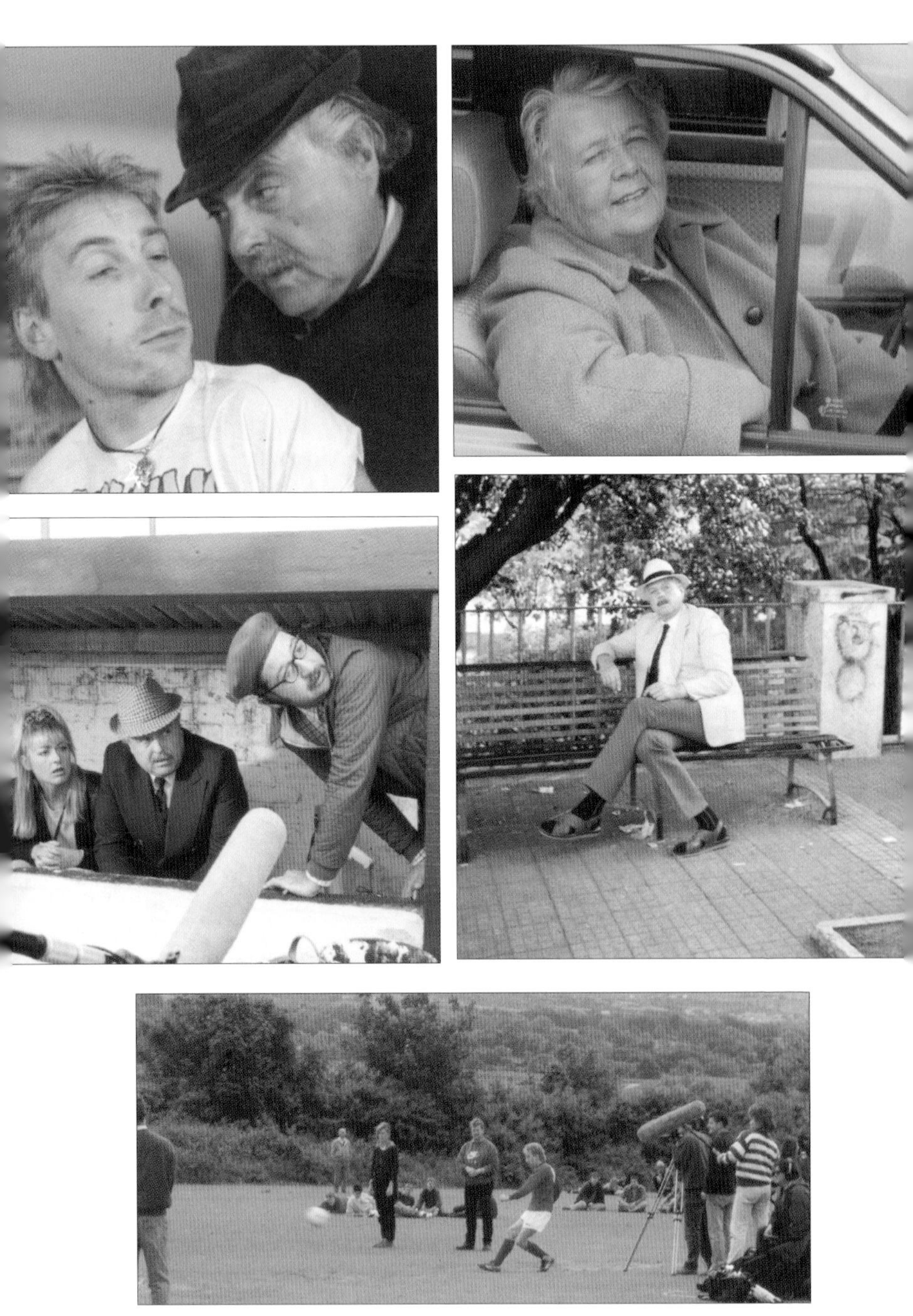

C'mon Midffîld: Arthur a George (Llion Williams); Catrin Dafydd; efo Sandra (Siân Wheldon) a Wali (Mei Jones); Picton yn yr Eidal; ffilmio un o'r golygfeydd pêl-droed yn Nyffryn Nantlle

yn teimlo'n dda. Gollyngodd Wil y gwartheg ac aeth yn syth i Niwbwrch i nôl Taid. Neidiais inna i'r car i fynd efo fo, ond cael fy hel allan ohono yn ddisymwth wnes i. Es i'r tŷ a mynnu cael eglurhad. Mam ddywedodd y gwir wrtha i yn y diwedd – byrdwn neges John Evans oedd bod Yncl Owen wedi cyrraedd adra'n chwil ulw ac yn bygwth ymladd efo hen gyn-forwr arall ar y stryd. Gwnaeth hyn argraff ddofn arna i, i'r fath raddau nes 'mod i'n cofio'r holl fanylion hyd heddiw. Am wythnosau edrychais yn amheus ar Yncl Owen ond buan iawn y daeth ein perthynas yn ôl i drefn. Cefais ryw fath o gyfiawnhad am ei fedd-dod gan Nain: 'Fel'na ma'r dynion môr 'ma, 'sti, ma' nhw i gyd yn hel diod.' Roedd y ffaith hon hefyd wrth gwrs yn arf arall yn erbyn i mi feddwl mynd yn forwr. Dyna, deuthum i sylweddoli, fyddai patrwm Yncl Owen: hollol sobor a bonheddig am fisoedd lawer, yna i ffwrdd â fo am wythnos o sbri yfed gydag arddeliad, rhywbeth y des i i wybod yn iawn amdano ymhen blynyddoedd. Aros yn y Royal yng Nghaernarfon fydda fo fel arfer, gan ddod adra weithiau mewn tacsi yr holl ffordd ym mherfeddion nos a deffro'r pentref ar ôl cyrraedd. Bron bob tro y byddai hyn yn digwydd cyrhaeddai car John Evans y buarth, ac o'r herwydd daliwn fy ngwynt pan welwn y car cyfarwydd yn nesáu acw gan gymryd yn ganiataol ei fod yn negesydd gwae. John Evans druan – mi o'n i'n hoff iawn ohono a rhoddodd gynghorion doeth i mi lawer gwaith, petawn i wedi cymryd sylw ohonynt.

Doedd marwolaeth ddim yn rhywbeth ro'n i'n cymryd llawer o sylw ohono bryd hynny; rhywbeth oedd yn digwydd i bobl eraill oedd marw, ac ro'n i'n ffyddiog fy mod i a'm teulu am fyw am byth. Anti Kate dwi'n ei chofio'n marw gyntaf yn y teulu, y cyntaf i wneud argraff arna i beth bynnag. Ei marwolaeth hi wnaeth i mi sylweddoli fod marwolaeth yn newid popeth, na fyddai pethau byth yr un fath eto. Mi gymerodd hi beth amser i mi sylweddoli hyn, ac mi gofia i'n iawn i'r cysyniad fy nharo yn sydyn – na welwn i fyth mo Anti Kate eto, ac y byddai yna le gwag yn y tŷ.

Pan glywais am ei marwolaeth gyntaf wnaeth o ddim effeithio rhyw lawer arna i. Noson tân gwyllt oedd hi pan ddaeth John Evans â'r newydd acw; ro'n i'n barod i roi matsien yn y goelcerth ac roedd y roced yn y botel yn anelu at y nefoedd. Ataliwyd pob rhialtwch Guto Ffowc, a finnau'n methu deall pam. Mi ddylai pawb fod yn llawen, meddyliais, mae Anti Kate yn mynd i'r nefoedd. Onid dyna oedd ein nod? Dyna oedden nhw'n ddweud yn yr ysgol Sul a'r Band of Hope. Dechreuais sylweddoli mor derfynol ydi angau ddiwrnod y cynhebrwng ym mynwent Rofft Wen pan aeth arch Anti Kate i'r pridd. Wrth gwrs, wnes i ddim athronyddu ynglŷn â'r peth ond sylweddolais na fyddai pethau byth yr un fath eto, a fyddai neb yno i dalu am fy ngwersi piano efo'r Parch. Iorwerth Parry. Efallai fod hynny'n fendith iddo fo a finnau.

Ymhen ychydig wedyn bu farw'r hen ffefryn annwyl Anti Jane, ac erbyn hyn ro'n i wedi deall ychydig am farwolaeth, a dod i ddeall beth oedd galaru a'r profiad o golli rhywun. Bu'r hen gapten fyw am rai blynyddoedd ar ôl ei chwiorydd – bu'n byw ei hun efo'i gath, cannwyll ei lygad, felly cefais ei gwmni o nes fy mod yn fy arddegau hwyr. Daeth ei oes i ben mewn cartref i'r henoed yn Llangefni, lle syrthiodd dros ei ben a'i glustiau mewn cariad efo hen wreigan o ochrau Amlwch. Melys, melys yw'r cof amdano. Byddaf yn cario llun ohono yn fy nyddiadur fel rhyw fath o warchodwr pan fyddaf yn teithio, gan ei fod wedi teithio'r byd lawer mwy na fi, a gweld llawer mwy hefyd. Ar wal fy nhŷ yn Niwbwrch mae llun anferth o'r *Meinwen*, y llong hwyliau yr aeth o i forio ynddi am y tro cyntaf yn dair ar ddeg oed.

PENNOD VI

Plentyndod

Gan fy mod yn byw ryw filltir o Niwbwrch, anaml iawn y byddwn yn cael mynd i'r pentre i chwarae efo 'nghyfoedion ar ôl yr ysgol nac ar y Sadyrnau. Doedd neb yn chwarae hyd y pentre ar y Suliau yn y cyfnod hwnnw. Oherwydd hyn teimlwn ryw bellter oddi wrth y plant eraill – yn wir, teimlwn fy mod yn wahanol i bawb arall, teimlad o fod ar gyrion pethau. Roedd plant y pentre'n creu timau pêl-droed a chriced yn eu tymhorau y tu allan i oriau ysgol ac oherwydd nad o'n i'n rhan o hynny, doeddwn i ddim yn cael fy nghynnwys mewn chwaraeon o'r fath ar iard yr ysgol chwaith. Cofiwch chi, doeddwn i ddim yn disgleirio yn y chwaraeon yma, ond doedd hynny ddim yn cyfrannu at fy nheimlad o ddieithrwch a diffyg hyder a oedd ar adegau yn fy llethu – teimlad sydd, coeliwch neu beidio, wedi fy nghanlyn ar hyd fy oes.

Ro'n i tua deg oed pan ges i fynd i chwarae yn y pentre ar y Sadyrnau a gwyliau'r ysgol. Bryd hynny cefais feic, a'm gwnaeth i ryw raddau yn hunangynhaliol. Recsyn o feic oedd o, yn beryg bywyd, wedi ei brynu efo pres ges i ar fy mhen-blwydd yn naw oed, am chweugain gan Joseph Evans, Hen Dŷ. Mi brynais i o yn ddiarwybod i bawb, a bu cryn stŵr pan ddes â'r beic, oedd ar ben pob dim yn digwydd bod yn un ar gyfer hogan, at y tŷ, a phawb yn gytûn na chawn fyth fynd â'r fath beth i ŵydd pobol. Chymerais i fawr o sylw – roedd o fel Rolls Royce i mi. Diwedd yr hen feic oedd codwm enbyd, yn union o flaen ffermdy Tŷ Main gerllaw. Ro'n i wedi sgriffio fy mhen-glin yn o arw nes bod gwaed yn llifo; a fedrwn i ddim bod wedi cael damwain mewn lle gwell 'swn i wedi bod yn ddigon ffôl i drio, oherwydd roedd nyrs ysgolion Môn, Nyrs Annie Williams, yn byw yn Nhŷ Main; modryb, gyda llaw, i'r gantores o Frynsiencyn, Margaret Williams. Roedd Nyrs Williams yn ddynes hynod o garedig, a bu ganddi ddiddordeb yndda i a fy ngyrfa ar hyd ei hoes. Mi geisiodd fy mherswadio i unwaith i fynd yn *male nurse* i Lerpwl – mi yrrodd am ffurflenni cais i mi hyd yn oed, ond mae'n rhyddhad i gleifion y wlad na ddilynais ei chyngor. Ta waeth, yn ôl at y ddamwain. Roedd Nyrs Williams yn yr ardd pan es i ar fy hyd ar y lôn fawr, ac aeth â fi i'r tŷ a threulio awr neu well yn tynnu gro mân o 'mhen-glin cyn gorchuddio'r briw efo eli melyn, digon i iro trol, a rhoi cadachau am fy nghoes o'r top i'r gwaelod bron. Bu'n rhaid i mi fynd i Dŷ Main bob nos i newid y dresin ar y briw hegar, ond theimlais i yr un boen o'r funud yr aeth Nyrs Williams i'r afael â'r briw. Doedd dim ôl o gwbl ar fy mhen-glin ar ôl rhyw gwta fis – diolch o galon am bopeth, Annie Williams. Aeth Taid i nôl y beic a welais i byth mohono fo wedyn.

Rhag i chi feddwl fy mod i fel rhyw adyn ar ben ei hun yng nghanol y caeau, roedd 'na ddyrnaid o blant eraill yn byw yn y cyffiniau, ac efo'r rheini y gwnes i'r rhan fwyaf o fy chwarae. Pan o'n i'n ifanc iawn daeth y teulu Madine i fyw i dŷ o'r enw Gwynfryn gerllaw. Roedd y mab hynaf, Bill, ryw flwyddyn yn ieuengach na fi a Phillip ei frawd ryw ychydig yn iau wedyn; roedd eu mam, Jane, yn gyfyrderes i Mam, ac yn chwaer i John Hugh Glyn Teg (rydach chi wedi clywed amdano fo eisoes). Felly efo Bill a Phillip y byddwn yn chwarae gan amlaf. Gwyddel oedd eu tad, Jim Madine, a byddwn yn cael croeso bob amser ar eu haelwyd. Mi fydda i'n dal i weld Bill o bryd i'w gilydd, ond mae Phillip yn ffyddlon iawn ac yn dal i gadw cysylltiad cyson. Ar ddiwedd ei hoes bu Anti Alice yn byw yn un o gartrefi henoed gorau Cymru, sef Rhos, Malltraeth. Bu yno am flynyddoedd lawer, a byddai Phillip a'i wraig, Susan, yn mynd i edrych amdani bob wythnos yn ddi-feth, yn llwythog â danteithion a blodau. Diolch o galon i ti, Phillip.

Yn fuan ar ôl i'r teulu Madine gyrraedd, symudodd y teulu Jones i Grianfryn, dim ond rhyw led cae o Gefn Mawr – Idwal a Jinnie Lloyd Jones a'u plant Enid a Harri – a datblygodd cyfeillgarwch arall a bery hyd heddiw. Ro'n i'n adnabod Enid ers pan oedden ni'n ddim o bethau ym mhentref Llangaffo, ac mi wna i gyfaddefiad (a dyma'r unig un o'i fath dwi am ei wneud) – Enid Lloyd oedd y ferch gyntaf i mi gysgu efo hi erioed! Roedden ni'n dau tua dwyflwydd oed a rhoddwyd ni i gysgu yn yr un goets. Hyd yn oed yr adeg honno ro'n i'n lwmpyn nobl ac mi droais yn fy nghwsg gan droi'r goets! Disgynnodd Enid a finnau ar lwybr yr ardd – fu erioed y fath weiddi a sgrechian yn Llangaffo. Ar ôl iddyn nhw gyrraedd Grianfryn daeth y lle fel ail gartref i mi, ac awn yno i chwarae pob dim o farblis i *Wagon Train* efo Harri ac Enid. Rhaid i mi ddweud bod eu mam, Jinnie, wedi bod yn hynod o garedig efo fi gan fy nghynnwys yn holl weithgareddau'r teulu. Adroddai straeon rif y gwlith, yn amlwg yn mwynhau stori ddigri, a'i chwerthin yn donic i'r isaf ei ysbryd. Roedd calon enfawr ganddi ac roedd yn meddwl y byd ohona i, a finna ohoni hithau.

Bu'n loes calon i mi fethu bod yn bresennol yn ei

chynhebrwng gan fy mod yn gweithio dramor, ond fe'i gwelais ryw hanner blwyddyn cyn iddi hi farw. Es i edrych amdani y diwrnod ar ôl i fy mam fy hun farw, ac ar ôl i'r dagrau ddiflannu o'n llygaid ni'n dau wrth gofio'r hen ddyddiau, dywedodd stori amdana i'n cyrraedd Grianfryn un noswaith yn y gaeaf, a hithau'n gofyn i mi be o'n i'n ei wneud yno ar y fath noson. 'Ydi dy fam yn gwbod bo' chdi 'di dŵad yma?' gofynnodd. Atebais inna nad oedd hi. 'Ond sut doist ti yma 'ta?' gofynnodd eto. 'O dan giât 'fath â hen gi,' oedd fy ateb! Dechreuodd y ddau ohonon ni chwerthin, a dyna'r cof olaf sydd gen i ohoni.

Yn ystod gwyliau'r haf byddwn yn mynd efo Bill a Phillip Madine a Harri i chwarae i Glyn Teg. Roeddan ni'n cael mwy o ryddid yn fanno, ac roedd yno greigiau a phonciau fel petaen nhw wedi eu gwneud i chwarae cowbois ac anturiaethau o'r fath. Dwi'n cofio un tro cael gafael ar hen faner fawr ddaeth Yncl Owen efo fo o'r môr, Royal Standard, dim llai – baner fawr goch a Jac yr Undeb yn ei chongl hi. Rhoesom hi ar bolyn nes ei bod yn cyhwfan dros bonciau Glyn Teg. Hen lanc oedd John Huw, perchennog y ffarm ac ewythr Bill a Phillip, a phan welodd pawb a âi heibio ar y lôn fawr y faner anferth o flaen y tŷ, a honno yno am rai dyddiau, aeth y si ar led fod John Huw wedi priodi. Dechreuodd pobl ei longyfarch, ac aeth adra yn ei dymer a rhwygo'r Royal Standard i lawr a'i llosgi. Wel, be well i'r fath beth?

Dwi'n cofio un waith hefyd cael mynd i chwarae yn Nhy'n Rallt efo Alun Pritchard, Gwyn Griffiths, David Owen a Richard Alun. Neidiais o ben y das wair gan frifo fy nghoes yn o arw. Rhuthrodd Mrs Pritchard, mam Alun, i ddweud wrth fy nheulu, ac ymhen ychydig daeth Wil efo'r Morris a mynd â fi i hen ysbyty C&A ym Mangor, lle deallais fy mod wedi torri fy nghoes. Cefais blaster arni a baglau i fynd adra. Ro'n i wrth fy modd – dim ysgol a chael dynwared Long John Silver drwy'r dydd! Ro'n i newydd ddarllen *Treasure Island* yn y comic *Topper*. Am ryw reswm rhyfedd mi ges i fynd i chwarae yn amlach i'r pentre wedyn, a melys yw'r cof am chwarae cowbois yng Nghae Person, chwarae cuddio ym Mhoncan Rhedyn, a holl ddirgelion Pwll Traeth Bach.

Anaml y bydden ni'n cael neb i aros yng Nghefn Mawr heblaw teulu. Doedd hi ddim yn arferiad bryd hynny i wahodd pobol draw am bryd ffurfiol chwaith, ond byddai llawer yn galw o bryd i'w gilydd ac yn cael swper i'n canlyn ni, ac mi fyddwn i'n gweld hynny fel rhyw achlysur arbennig. Byddai rhai yn aros am swper pan ddeuent â'u biliau, megis Tomi Gof, Llangaffo neu rywun fyddai wedi bod yn gweithio acw. Ar ôl setlo'r arian y byddai swper – ond os bysan nhw wedi cael bwyd cyn talu efallai na fyddai'r bil mor hegar! Rhai eraill a ddeuai ar eu hald fyddai gweinidogion, ond fyddai'r rheini ond yn cael yr un arlwy â ninnau, wy wedi ei ferwi ella. Byddwn yn edrych ymlaen am ymweliad dau yn arbennig am wahanol resymau – y cyntaf oedd gweinidog Llangaffo, y Parch. J. D. Jones. Un rheswm oedd y byddai'n aros acw'n hwyr a doedd dim rhaid i mi fynd i 'ngwely'n gynnar, gan mai efo Taid y byddwn yn mynd i 'ngwely bob nos. Yr ail reswm oedd y gallwn wrando arno fo a Taid yn hel atgofion am eu dyddiau yn y fyddin yn Limerick. Dydw i ddim yn cofio nemor ddim o'r straeon bellach, ond cofiaf eu bod yn felys iawn ar y pryd. Un arall fyddai cefnder Taid, yr un a fu'n gymorth iddo brynu'r ffarm yn y lle cyntaf, W. D. Evans, Pen Bonc. Roedd o'n un o gonglfeini'r sêt fawr yn y capel, ac roedd gen i ofn am fy mywyd pan fyddai'n traethu yno – yn dweud y drefn am ddiffyg arian yn y casgliad yn amlach na dim. Pan fyddai acw, roedd hi'n stori arall. Byddai'n cael ei yrru at y tŷ, ei gar mawr du yn llenwi'r buarth. Roedd gweld y car yn ddigon o sioe i mi, ond roedd yr hyn fyddai ganddo mewn cwdyn papur gwyn yn fwy gwerthfawr fyth: siocled neu bethau da moethus megis Roses neu Quality Street. Dyna beth oedd anrheg arbennig. Fydda fo byth yn mynd i'r ystafell ffrynt nac i'r parlwr bach efo Taid, dim ond eistedd yn y briws wrth y tân yn trafod prisiau gwartheg a'i hynt a'i helynt fel porthmon ar hyd a lled gogledd Cymru. Yn wir, byddai'n mynd draw i Fanceinion i borthmona hefyd. Cof plentyn sydd gen i ohono ond mi gariodd ei fab, Defi Evans, y traddodiad ymlaen – yn enwedig efo'r Roses a'r Quality Street.

Mi fyddai'r teulu agos, wrth gwrs, yn galw yn aml. Byddai Anti Kate yn dod acw bob dydd Iau i ginio efo bŷs Edward Pritchard Ty'n Pant a byddwn, mae'n debyg, pan fyddwn adref o'r ysgol, yn disgwyl amdani yn ffenest y gegin fach. Pan fyddai'n cyrraedd y cowt byddwn yn dechrau chwerthin, yn falch o'i gweld dwi'n meddwl, ond fyddai hi ddim yn ei gweld hi felly. Mi edrychai arnaf, yn gwgu, gan weiddi: 'Fasat ti'n lecio i mi dynnu amdanaf i ti gael sbort go iawn?'

Roedd rhai o hen arferion cefn gwlad Môn yn dal yn fyw yn ystod fy mhlentyndod i, arferion sydd wedi hen farw bellach, megis clapio wyau. Yn ystod y Pasg byddai plant Môn yn mynd o amgylch rhai tai, ond ffermydd a thyddynnod a oedd yn cadw ieir gan fwyaf, ar y perwyl yma. Byddai'r plant yn rhoi dau dwll ym mhennau dau ddarn fflat o bren a rhoi llinyn trwyddynt, fel y byddent, wrth eu hysgwyd i fyny ac i lawr, yn clapio yn ei gilydd. Byddent yn mynd at ddrysau wedyn gan wneud sŵn clapio efo'r pren a llafarganu:

Clap clap, gofyn wy,
Bachgen bach ar y plwy,
Plis ga i wy?

Roedd Nain wedi fy ngwahardd i rhag mynd i glapio am ddau reswm – yn y lle cynta roedd acw ddigon o wyau gan ein hieir ein hunain, ac yn ail doedd hi ddim am i mi ddweud fy mod i ar y plwy. Aeth perswâd Thomas y Dywades, Dafydd Caradog a Jac yn drech na fi un tro, a mynd i glapio efo nhw wnes i. Efo'n dwylo yn hytrach na phren roeddan ni wrthi, a do, bu edliw i mi mewn un neu ddau o lefydd fod gen i ieir adra. Gwneud tân a berwi'r wyau yn y piser hel wnaethon ni, yn ymyl Melin Ffrwd, a bwyta'r wyau i gyd cyn mynd adra. Rydw i'n falch o gael dweud 'mod i wedi bod yn clapio am wyau – ni oedd rhai o'r olaf i fod wrthi, mae'n siŵr gen i.

Byddai brodyr fy mam, Yncl Owen ac Yncl John, eu gwragedd, Anti Ruth ac Anti Betty, a'u plant, Dafydd a Linda, yn galw yn lled aml ar y Sul ac am wythnos neu fwy o wyliau yn yr haf. Plismyn oedd y ddau ac yn prysur ddringo ysgolion llwyddiant yn eu proffesiwn. Byddwn yn edrych ymlaen yn eiddgar am eu hymweliad, yn bennaf gan y byddai plant eraill i chwarae efo nhw ar y ffarm, ond byddwn hefyd yn cael fy nghynnwys yn eu tripiau yma ac acw hyd Ynys Môn a chael mynd i ambell dŷ bwyta i gael cinio. Ew, roedd hynny'n antur. Byddwn innau a Mam yn mynd ar wyliau at fy ewythrod a'u teuluoedd, i ble bynnag roeddan nhw'n plismona ar y pryd: Conwy, Porthmadog neu Dywyn, Meirionnydd, a hyd yn oed cyn belled â Chaergybi! Ble bynnag oedd pen y daith, roedd mynd ar fy 'holides' yn rhywbeth anhygoel, ac ro'n i bron iawn yn unigryw ymysg fy nghyfoedion oherwydd nad oedd neb bron yn mynd ar wyliau yr adeg honno. Un waith, mae'n debyg (a rhaid i mi gyfaddef nad oes gen i fawr o gof am hyn), ro'n i a Mam wedi mynd yr holl ffordd i Rosneigr ar wyliau, rhyw gwta ddeng milltir. Ar gefn beic yr aethon ni – Mam yn padlio a finnau'n rhyw deirblwydd oed ar sêt fechan tu ôl iddi hi. Ar ein siwrnai adref a ninnau bron â chyrraedd pentre Niwbwrch syrthiais i gysgu yn fy sedd fechan ar sgil y beic, disgynnodd fy mreichiau'n llipa i'r ochor ac aethant i sbôcs yr olwynion. Sgrechiais ddigon i godi'r meirw yn ôl y sôn, a dwn i ddim p'un ai fy Mam ynteu fi oedd wedi dychryn fwyaf! Canlyniad hyn oedd nad aethom fyth ar gefn beic ar wyliau wedyn.

Cofiaf dro arall pan oedd Yncl Owen, Anti Ruth a 'nghefnder Dafydd wedi dod acw i fwrw'r Sul. Yr arferiad oedd cael anferth o ginio Sul cyn mynd i'r ysgol Sul a Dafydd i 'nghanlyn. Cyrhaeddem adra tua hanner awr wedi tri, ac ymhen rhyw awr byddai'r te Sabothol yn barod; llond bwrdd o gacennau a theisennau plât, treiffl a thuniaid o lefrith Carnation i foddi popeth. I ddisgwyl tan y wledd y diwrnod hwnnw, perswadiais Dafydd, nad oedd ond rhyw bump neu chwech oed ar y pryd, i fynd efo fi i hel wyau cornchwiglod. Rhaid i mi ddweud mai Hydref neu Dachwedd oedd hyn, a chywion yr aderyn hyfryd yma wedi hen adael pob nyth ers misoedd. Yn ufudd dilynodd Dafydd fi, ac es ag o i gae yng ngwaelodion deheuol y ffarm o'r enw Waun Cae'r Aeres. Yn unol â'r enw, gwaun wleb, gorslyd oedd hon, a chyn gynted ag yr aethom dros ben y giât i'r waun a cherdded ychydig gamau suddodd Dafydd hyd at ei bengliniau i'r mwd gwlyb. Cofiwch ein bod yn ein dillad Sul ar y pryd – mi fydd y rhai ohonoch sy'n cofio'r cyfnod yn deall be mae hyn yn ei olygu! Es at fy nghefnder bychan a straffaglu i'w dynnu o'r llaid, ac ar ôl peth ymdrech clywais sŵn rhyfedd ac roedd Dafydd yn rhydd, ond doedd ganddo ond un esgid. Roedd y llall yng nghrombil Waun Cae'r Aeres, a tharodd difrifoldeb y sefyllfa fi. Dychmygais y gosb lem a gawn am wneud peth mor affwysol o ffôl, ein dillad yn fwd a Dafydd heb un esgid. Dydw i ddim yn credu fod Dafydd yn llawn sylweddoli'r holl 'sitiwesion sefyllfa'. Penderfynais droson ni'n dau mai cymryd y goes fyddai orau – roedd lôn gul yn rhedeg heibio i'r cae, Lôn Caeau Brychion, ac ymunai â'r ffordd fawr ger pentre Llangaffo. Llusgais Dafydd druan, efo dim ond un esgid amdano, ar f'ôl am Langaffo, gan wybod y buasai Anti Alice yn rhoi lloches i ni yno ac yn lleddfu tipyn ar y dweud drefn pan fyddai'r hyn a ddigwyddodd yn dod yn hysbys i weddill y teulu. Ar ôl i ni gerdded tua milltir, a ninnau bron â chyrraedd Llangaffo, a Dafydd fwdlyd yn hercian ychydig lathenni tu ôl i mi, cefais weledigaeth oedd yn cael ei rheoli gan fy stumog. Gwelais fwrdd te llawn danteithion Cefn Mawr, a gwelais dorth frith a brechdan jam te Sul arferol fy modryb. Roedd gwledd fy nghartref yn tynnu'n gryfach a phenderfynais droi'n ôl am adref, Dafydd eto'n llusgo'n gloff y tu ôl i mi. Drwy ryw drugaredd roedd pawb wedi sylwi ein bod wedi diflannu, a be welais yn gyrru tuag atom ond car Cefn Mawr. Bwndelwyd ni iddo yn y gobaith fod gen i eglurhad digonol i esbonio'r diflaniad a'r llanast; a phenderfynais ddweud y gwir gan orliwio ychydig ar y golled fasan ni wedi'i chael o golli'r wledd adra. Dechreuodd pawb chwerthin ac allen nhw ddim rhoi ffrae fawr i mi – dwi ddim yn cofio cael cosb. Ar ôl te a newid ein dillad, aeth Taid, Dafydd a finna yn ôl i'r Waun. Gwelodd Taid olion ein traed yn y mwd a thorchodd lewys ei grys a rhoi ei law hyd at ei benelin mewn ôl troed. Ar ôl ychydig o duchan gwnaeth y ddaear wlyb dwrw sugno a thynnodd Taid esgid Dafydd o'r gors, yn llawn mwd.

Mae un person yr ydw i'n dal i'w gyfrif fel un o'm cyfeillion agosaf hyd heddiw, un a gefais oriau o hwyl a sbort yn ei gwmni pan oeddan ni'n blant, ac yn wir ar hyd ein hoes, sef Bill – Bill Tŷ'r Ysgol i bobol Niwbwrch – mab y prifathro lleol a'r actor a'r adroddwr gwych hwnnw, W. H. Roberts. Roedd Mam yn gweithio yn yr ysgol yn helpu efo'r plant amser cinio ac yn gwneud gwaith ysgrifenyddol i W. H. yn y prynhawniau. Roedd Mam yn gyfyrderes i Mrs Roberts, mam Bill, ac roeddan ni'n gwneud llawer â nhw – byddwn yn mynd yno'n aml yn syth o'r ysgol i gael fy nhe, ac yn aml iawn i swper ar nos Sadwrn, lle byddan ni weithia'n cael y wledd anhygoel honno: tships Mrs Mitchell. Dydw i ddim hyd heddiw wedi blasu gwell ffish a tships na rhai Mrs Mitchell, a 'ffish a tships' oeddan nhw hefyd – chlywais i erioed mohonyn nhw'n cael eu galw'n 'bysgodyn a sglodion'.

Tyfodd y siop tships yn rhyw fath o ganolfan ymgynnull i ni'r plant wrth i ni dyfu i'n harddegau. Ar nos Sadwrn byddai dau hen gymeriad annwyl a diniwed a oedd yn byw ryw filltir o'r pentre, Nan a Lewis Owen, Pen Lôn, yn cael eu gwledd wythnosol o ffish a tships a llwyaid o bys slwtsh am eu pennau. Swllt fyddai'r wledd yma'n ei gostio, pum ceiniog yn arian heddiw. Byddai'r ddau'n bwyta'u saig amheuthun ar blatiau tun wrth eistedd ar fainc ger wal gefn y siop. Bydden ni'r plant yn disgwyl yn eiddgar i Nan a Lewis archebu eu gwledd oherwydd allai Nan ddim dweud y gair 'fish': 'ffyss' fydda hi'n 'i ddweud, er mawr ddiddanwch i ni'r plant. Pan o'n i yn y coleg ym Mangor, un o'r darlithwyr ar y cwrs Cymraeg oedd Dr Enid Pierce Roberts, neu Enid P. i genedlaethau o fyfyrwyr coleg prifysgol Bangor. Cofiaf yn dda un achlysur pan oedd hi'n traddodi un ddarlith hynod ddifyr ar y cwrs Datblygiad yr Iaith, iddi ddweud na allai Cymro uniaith fyth ynganu'r 'sh' Saesneg, megis yn 'fish'. 'Ffysss' fasan nhw'n ddweud, meddai, ac yn yr ystafell ffug-Duduraidd honno yn y Coleg ar y Bryn, daeth llun o Nan a Lewis yn siop tships Mrs Mitchell i 'nghof yn syth. Uniaith Gymraeg oedd Nan Owen, a ninnau, blant anystywallt, yn chwerthin am ei phen. O, am gael mynd yn ôl i siop Mrs Mitchell!

Fy ffrind Bill oedd yr unig un o blant pentre Niwbwrch

a ddôi draw cyn belled â Chefn Mawr i chwarae, ac am wythnosau drwy wyliau'r haf byddem yn chwarae a gwneud direidi o gwmpas y lle.

Cofiaf unwaith pan oedd Yncl John a'i deulu acw ar wyliau, ac Yncl John yn ymarfer ei swing golff yn Cae Bach, roedd Bill a finna yn yr ardd wair yn gwneud rhywbeth gwaeth na'i gilydd. Daliodd hynny sylw Yncl John y plismon craff, a daeth yn wyllt ar ein holau a'n bygwth efo'i glwb golff. Lwcus na chysylltodd y clwb â Bill na finna, oherwydd fuasai'r un ohonon ni yma heddiw i ddweud y stori. Falla mai dyna'r rheswm nad ydw i na Bill wedi cymryd at y gêm.

Roedd Bill yn dipyn o ffefryn gan Nain. Pe byddwn yn gofyn a gawn i fynd i'r Stryd i chwarae ('Stryd' fyddan ni bobol Niwbwrch yn galw'r pentre yn gyffredinol), ei hateb fyddai: 'Na chei, i neud dryga efo plant y Stryd 'na. Gei di aros yma lle medran ni gadw golwg arnat ti.' Ond petawn i'n gofyn i Nain a gawn fynd i chwarae efo Bill cawn rwydd hynt – er bod Bill yn un o blant 'Stryd', doedd dim problem.

Mae Bill yn dweud mai Nain, o bawb, a gyflwynodd alcohol iddo am y tro cyntaf. Roedd y ddiod gadarn, fel y crybwyllais o'r blaen, yn gynnyrch y diafol, ond roedd acw wastad botelaid o frandi: Martell oedd hi, cofiaf yr enw byth. Meddyginiaeth yn unig oedd y gwirod yma, oherwydd roedd Nain yn gredwr cryf mewn 'pwnsh cynnes' at bron pob anhwylder. Cynnwys y pwnsh oedd joch go helaeth o frandi, dŵr poeth a llwyaid neu ddwy o siwgr. Cefais, mae'n rhaid cyfaddef, fy nghyflwyno i ddiodydd poethion yn ifanc iawn yn fy mhlentyndod, a deuthum i'w hoffi hefyd gwaetha'r modd – a hoffi eu heffaith yn fwy byth. Cofiaf yn berffaith y teimlad o gynhesrwydd meddyliol a chorfforol, a bûm am flynyddoedd lawer yn ceisio ail-greu'r teimlad hwnnw, ond mwy am hynny eto. Mae'n amlwg fod Bill wedi dod acw yn dioddef o ryw anhwylder a bod Nain wedi ei gyflwyno i'w meddyginiaeth wyrthiol. Doedd Bill ddim yn hoff ohono, a hyd heddiw all o ddim dioddef brandi.

Byddai Mam a finna'n mynd gyda W. H. Roberts a'i deulu am amryw dripiau i lan y môr – i Aberffraw yn aml iawn. Byddai'r bechgyn, gan gynnwys W. H., yn chwarae criced neu bêl-droed a byddai eraill, ymwelwyr gan fwyaf, yn ymuno yn y gêm. Byddai Bill a'i dad yn un tîm a finnau ac Owen ei frawd yn y tîm arall. Wrth ysgrifennu'r gyfrol yma clywais am farwolaeth Owen, neu Owen D. Roberts, cyn-bennaeth Newyddion a Materion Cyfoes HTV ac wedyn y BBC. Owen fu'n gyfrifol am ddod â Dafydd Iwan i amlygrwydd gyntaf yng Nghymru drwy roi gwahoddiad iddo i ganu'n wythnosol ar y rhaglen newyddion wych honno, *Y Dydd*. Melys gof amdano.

Ar un achlysur cefais i a Mam wahoddiad i ymuno â theulu Bill ar wyliau yng Nghricieth, adeg Eisteddfod Genedlaethol Pwllheli yn 1955, a finna'n naw oed. Aethom i draeth y Greigddu gerllaw Porthmadog; anferth o draeth hir a melyn y gallai pobol yrru ceir arno. Roedd y traeth yn llawn a hithau'n ddechrau mis Awst, a rhedais i'r môr i ymdrochi. Pan ddaeth hi'n amser dychwelyd at Mam ro'n i ar goll yn lân, a methais â chanfod Mam a'r gweddill yng nghanol yr holl dorf. Chwiliais a chwiliais am beth oedd yn ymddangos i mi yr adeg honno yn oriau, cyn gorwedd wrth dwyni tywod a dechrau crio. Roedd teulu o Runcorn mewn pabell yn cael te gerllaw, a daeth y tad allan i holi be oedd o'i le. Atebais fy mod ar goll, a gofynnodd lle ro'n i'n byw. Niwbwrch, atebais, ond doedd gan y dyn druan ddim syniad lle oedd fanno. Eglurais wedyn fod fy Yncl Owen: O. P. Hughes, yn rhingyll yn yr heddlu ym Mhorthmadog gerllaw. Gwahoddodd y dyn fi i'w babell i gael te efo fo a'i deulu, gan ddweud yr âi â fi i orsaf yr heddlu ym Mhorthmadog ar ôl iddynt orffen gwledda. Cefais rannu eu gwledd o gacennau a brechdanau, ac ro'n i wrth fy modd gan wybod y byddwn yn mynd i dŷ fy ewythr toc. Y camgymeriad yn hyn i gyd oedd fy mod i'n guddiedig o fewn pabell y Runcorniaid tra oedd Mam, a bellach Yncl Owen a heddlu Porthmadog, yn chwilio amdanaf ar hyd y traeth poblog. Ar ôl awr o chwilota, gyda chyrn siarad yn cyhoeddi fy niflaniad, roedd y traeth wedi dechrau clirio, a phenderfynwyd rhoi'r gorau iddi. Dechreuodd pawb feddwl y gwaethaf, 'mod i wedi boddi. Roedd Mam druan mewn stad enbyd, a wnaeth un chwilotwr o Borthmadog ddim helpu petha drwy ddweud wrthi: 'Peidiwch â phoeni, 'mechan i, ma'r cyrff i gyd yn dŵad i'r fei yn y pylla wrth y graig ar ôl i'r llanw fynd allan.' Pan o'n i'n teithio o'r traeth awr neu ddwy yn ddiweddarach yng nghar y Runcorniaid, gwelais Yncl Owen a dau neu dri o heddweision eraill yn chwilota'r ceir a oedd yn gadael y traeth. Agorodd y Runcornwr ffenast y car a gweiddi: 'I've got the lost boy! I've got the lost boy!' Daeth Yncl Owen at y car a gwelodd fi'n gwenu'n fodlon yn y sêt gefn. Llusgodd fi allan o'r car heb fawr o seremoni, ac yng nghar yr heddlu ar y ffordd yn ôl esboniais beth oedd wedi digwydd. Roedd Yncl Owen yn ŵr hynaws ac amyneddgar ond mi gymerodd beth amser iddo weld ochor ddoniol y sefyllfa – ei nai yn gwledda ar dreiffl, cacennau a brechdanau blasus ac yntau'n arwain criw o heddlu a thîm achub i chwilio amdanaf. Gafaelodd Mam amdanaf yn dynn, a dagrau o lawenydd yn gwlychu ei boch. Fuon ni ddim ar ein gwyliau am hir wedyn. Pam, dywedwch?

Ar wahân i ymweliadau teulu, roedd uchafbwyntiau eraill yn codi fel graff ar hyd fy mlwyddyn. Byddai tripiau yn y car efo Taid a Nain wastad yn adegau y byddwn yn edrych ymlaen atynt am wythnosau, ac fel arfer mynd i dreulio'r Sul efo perthnasau fyddai pwrpas y tripiau yma. Weithiau, os na fyddai ysgol, un o fy hoff bleserau fyddai mynd efo Taid neu Wil i fart neu sêl Llangefni, a gorau oll os oeddan ni'n gwerthu neu brynu anifail yno. Byddai ambell un o gyfoedion Taid yn taro rhyw swlltyn yn fy llaw ac awn yn syth i nôl un o brif bleserau fy ieuenctid, sef hufen iâ – neu eis crîm i roi ei enw iawn iddo. Ifan Roberts, gŵr o Lanfair-pwll dwi'n credu, oedd yn ei werthu, a hen ambiwlans efo twll wedi'i dorri yn ei hochor oedd y fan eis crîm. Dydw i erioed mewn unrhyw wlad yn y byd wedi cael hufen iâ tebyg i un Ifan Roberts.

Fel hogyn ffarm roedd i bob tymor ei drefn: aredig yn y gwanwyn, llafurio'r tir, teilo, plannu tatws, hau, gollwng gwartheg allan am y tro cyntaf ar ôl y gaeaf; yn Ebrill byddwn hyd yn oed yn hel cerrig! Doedd mynd ar fy mhedwar i chwynnu neu deneuo ddim yn waith pleserus, na chodi tatws. Roeddan ni'n gwerthu tatws i siopau'r plwyfi cyfagos, ac fel teulu yn cystadlu â ffermwyr eraill i fod y cyntaf i godi'r tatws cynnar. Os byddai W. J. Williams, Tŷ Croes wedi codi ei datws o, byddai Taid yn siŵr o fod wedi gwneud cyn nos. Byddem yn tynnu sêt gefn y Morris allan a chario'r tatws mewn casgenni i'r siopau cyfagos. Cofiaf un haf gwlypach nag arfer pan oedd Wil a finna (rhyw ddeg oed o'n i ar y pryd, ac ar dân isio helpu) yn llusgo casgen datws i Siop Miss Smith. Pwy oedd yn dod allan o'r siop ond Huw Caerychain, un o gymeriadau'r pentre. Sylwodd ar y tatws a'r glaw ac meddai: 'Os wyt ti'n difa'r gwair a'r ŷd, mi roist bytetos i ni i gyd ... ac yn y blaen,' fel petai'n ledio emyn. Cerddodd i ffwrdd heb ddweud yr un gair yn ychwaneg.

Un o binaclau mawr fy mlwyddyn oedd y cynhaeaf gwair a'r ŷd – roedd 'na ryw ramant ac antur yn y cynhaeaf; pawb yn y caeau efo picwarch yn troi'r gwair, ac ro'n i wrth fy modd yn gweld y rhenc yn troi fel ton wrth i mi ei throi. Cario'r gwair a'r ŷd oedd pinacl y cynhaeaf cynnar a byddai llawer yn dod acw i helpu, yn deulu a chymdogion, a theimlwn bleser a gwefr wrth gael pàs ar ben y 'llwyth dwytha' yn ôl i'r ardd wair cyn noswylio. Ro'n i'n trafod gorfoledd y llwyth dwytha yn ddiweddar efo fy nghyfaill Marged Esli, a oedd yn cytuno efo fi – os nad ydach chi wedi profi hyn mae hi bron yn amhosib disgrifio'r pleser.

Yn yr haf hefyd byddem yn mynd fel teulu i brimin Llangefni, Sioe Môn heddiw, a chael cinio yn nhent E. B. Jones fel diolch am brynu blawdiau ganddyn nhw. Mae'n siŵr nad oedd y bwyd hanner cystal â'r bwyd a gawn adref ond roedd bwyta allan yn beth mor anghyffredin fel bod bwyd E. B. Jones yn wledd! Yr uchafbwynt i mi oedd diwrnod dyrnu – roedd dyrnu yng Nghefn Mawr nes o'n i tua deg oed. Roedd y diwrnod hwnnw, efo'r Nadolig a'r trip ysgol Sul, fel rhyw dri phinacl i flwyddyn, ac roedd popeth arall yn digwydd cyn neu wedi'r achlysuron rheini. Byddai'r dyrnwr yn cyrraedd y noson cynt fel arfer a chael ei osod yn ei le. Ddegau o weithiau byddwn yn mynd yn ôl a blaen i'r ardd ŷd dim ond i wneud yn saff fod y dyrnwr yn dal yno. Richard Roberts, Fron Deg Isaf, Llangaffo, oedd perchennog y dyrnwr, a byddai'n dyrnu yn holl ffermydd y plwyfi cyfagos. Fyddai dim sôn am fynd i'r ysgol ar ddiwrnod dyrnu yn yr hydref, a byddai ffermwyr y gymdogaeth a'u gweision i gyd yn ymgasglu ar fuarth y ffarm ben bore, eu picwyrch ar eu hysgwyddau. Cerdded fydden nhw gan amlaf, rhai'n dod efo beic ac ambell un efo'i gar, a mwynhad pur oedd gwrando'n gegagored ar y dynion yn sgwrsio a chellwair a thynnu coes. Mi fyddai pawb mewn hwyliau da rywsut, neu felly dwi'n cofio pethau beth bynnag. Y cinio dyrnu oedd y goron ar y diwrnod – byddai Nain a Mam ac Anti Alice wedi bod wrthi'n paratoi ers tua deuddydd, yn gwneud cacennau a chael popeth yn barod i'r wledd a oedd gystal â chinio Dolig bob tamaid. Roedd hi'n rhyw fath o gystadleuaeth ymysg gwragedd y ffermydd pwy allai gynnig y wledd orau. Cig eidion fyddai acw bob tro – anferth o ddarn wedi ei rostio yn y popty mawr – a ham yn y popty arall ar gyfer amser te, pryd arall gwerth chweil. Byddai'r dynion yn bwyta gynta a'r merched yn gweini, ac ar ôl iddyn nhw orffen a mynd yn ôl at eu gwaith byddwn innau'n cael bwyd efo'r merched, ac yn ei gladdu. Mae llawer wedi sôn am ffraethineb y diwrnod dyrnu, ac er nad oes gen i gof o be yn union oeddan nhw'n 'i ddweud, y teimlad dwi'n ei gofio ydi bod 'na chwerthin drwy'r dydd. Cofiaf un achlysur a apeliodd ata i fel plentyn, pan frysiodd John Roberts, Tir Bodfael, heibio i Frank Jones, Caeau Brychion, gan ddweud: 'Sgiwsiwch fi, Frank, dwi isio piso.' A'r ateb? 'Diawl, 'sat ti 'di dweud wrtha i ddoe, o'dd gin i ddigon 'sat ti 'di ga'l!' Er bod rhywun yn edrych yn ôl yn rhamantus ar y diwrnod dyrnu, gwaith budur, caled iawn oedd o yn sŵn byddarol undonog y dyrnwr drwy'r dydd; a llwch a baw ym mhob man, yn enwedig ar ddechrau Tachwedd gwlyb, oer. Gwelais Wil yn cyrraedd adra lawer gwaith ar ôl diwrnod o ddyrnu a llwch lond ei lygaid nes eu bod nhw'n gwaedu, ac yntau'n methu eu hagor yn iawn am ddyddiau. Wedi dweud hyn, pan gyrhaeddodd y *combine harvester* doedd hi ddim yr un fath o bell ffordd, a ches i byth mo'r wefr o weld y dyrnwr yn cyrraedd y buarth wedyn.

PENNOD VII

Dechrau Perfformio

Pan o'n i'n blentyn, roedd y mwyafrif llethol o 'nghyfoedion yn mynd i gapel neu eglwys – yn wir, roedd cyfran helaeth o'n bywyd cymdeithasol yn troi o amgylch sefydliadau crefyddol. Eglwys Bresbyteraidd Ebeneser, Niwbwrch oedd fy nghyrchfan i a'm teulu. Yn drip ysgol Sul, parti Dolig, te parti agor blychau cenhadol, Cylchwyl, cymanfa blant, Band of Hope, ysgol Sul, Cymdeithas Lenyddol, sosialau a dramâu; roedd popeth bron yn ymwneud â'r capel. Ac yn anorfod roedd yn rhaid i bawb gymryd rhan yn y gweithgareddau mewn rhyw ffordd neu'i gilydd. Ond wyddoch chi be? Ro'n i'n hoff iawn o wneud hynny – ond fuasai wiw i mi ddweud wrth yr hogiau eraill mai smalio nad o'n i isio cymryd rhan o'n i, a 'mod i wrth fy modd mewn gwirionedd.

Waeth i mi ddelio efo'r busnes canu 'ma rŵan ddim. Y gwirionedd ydi na fedra i ddim canu, dyna ddechrau a diwedd pob dim. Tydi'r ddawn gerddorol ddim gen i mae arna i ofn – dwi'n mwynhau cerddoriaeth o bob math, cofiwch, ac mi allaf wrando ar gerddoriaeth am oriau, ond mae o'n ofid i mi na fedra i gymryd rhan mewn unrhyw weithgaredd cerddorol. Mi fuaswn i wrth fy modd yn gwneud, ac rydw i'n edmygu rhai o'm ffrindiau sydd â doniau cerddorol gwych. Mi alla i ddweud yn syth ydi rhywun allan o diwn neu'n fflat, ond fedra i ddim cynnal llinell o gerddoriaeth mewn tiwn fy hun. Dwi'n cofio Mam yn sgwrsio â fy nghyfaill, yr actor Robin Griffith, mewn Eisteddfod Genedlaethol pan o'n i, ym mherfeddion nos, yn ymdrechu i ganu efo'r criw gan wneud siâp ceg yn fwy na dim. 'Bechod na fedar John ganu,' meddai Robin yn dosturiol. 'Ia, rhyfadd ydi hynny,' meddai Mam. 'O'dd o'n dda iawn yn *theory* miwsig yn yr ysgol.' Mae amryw wedi trio'u gorau efo fi – ymlafniodd fy athrawes ysgol Sul yn Niwbwrch, Ann Owenna Evans (Brookes-Thomas bellach), yn galed iawn am hydoedd ond gwelodd mai ofer oedd ei hymdrech lew.

Dwi'n cofio un digwyddiad cofiadwy pan ges i fy nghastio yn un o bantomeimiau enwog Cwmni Theatr Cymru. Ro'n i'n chwarae, credwch neu beidio, mab i'r actores a'r gantores ddawnus Sue Roderick. Roedd deuawd yn y sgript, ac ro'n i, chwarae teg i mi, wedi rhaghysbysu Wilbert Lloyd Roberts o fy anallu cerddorol. Yn ystod un ymarfer, a finna'n rhyw adrodd fy rhan i yn y ddeuawd, dywedodd Sue gydag arddeliad: 'Ma' pawb yn medru canu, siŵr Dduw! Rhowch bnawn i mi, Wilbert, ac mi ddysga i o i ganu.' Ac felly y bu. Esgusodwyd Sue a finna o'r ymarferion am y pnawn i fynd efo Dilwyn Roberts, neu Dil y Band fel roeddan ni'n ei alw fo, Cyfarwyddwr Cerddorol y cynhyrchiad, i fy nysgu i sut i ganu. Mi ges i fy rhoi drwy'r felin gerddorol drwy'r pnawn, ac am bump o'r gloch, amser mynd adra, aethom yn ôl i'r ystafell ymarfer. Cyn i neb gael cyfle i ddweud dim llefarodd Sue: 'Na, mae o'n iawn, Wilbert. Fedar o ddim canu.' Rhyw adrodd rhythmig wnes i yn y ddeuawd, gan ddynwared Elvis Presley i guddio fy meiau.

Mi ddois i yn ymwybodol o f'anallu cerddorol yn ifanc

iawn, pan o'n i ond tua phedair oed. Roedd gan bob dosbarth, neu ardal, ym Môn eu Cylchwyl, sef eisteddfod capeli Methodistiaid Calfinaidd yr ardal. Roeddem ni yn Niwbwrch yn Nosbarth y De. Nid eisteddfod i'r plant yn unig oedd y cylchwyliau, ond byddai'r plant fel arfer yn cystadlu yn y prynhawn. Newydd ddechrau mynychu'r ysgol Sul o'n i, ac yn nosbarth y babanod, dosbarth Miss Smith. Roedd pawb yn gorfod cystadlu mewn o leiaf un gystadleuaeth, ac felly y cefais i'r cyfle cynta erioed i fynd ar lwyfan – ac fe'm cyfareddwyd yn syth. Roedd yr adrodd yn iawn, dan gyfarwyddyd W. H. Roberts, wedyn roedd yn rhaid canu rhywbeth syml iawn, iawn. Ein gweinidog ar y pryd oedd y Parch. Haydn Thomas, a fo, os cofia i'n iawn, oedd yn fy rhoi ar ben ffordd yn gerddorol. Ar ôl rhyw bythefnos o ymarfer yn y Band of Hope a'r ysgol Sul, rhaid oedd rhoi dehongliad ar aelwyd Cefn Mawr. Ar ôl adrodd rhoddodd pawb gymeradwyaeth i mi a nodio'n gadarnhaol, ac wedyn daeth yn amser ar gyfer fy natganiad o'r gân. Roedd Taid yn aflonyddu yn ei gadair a Nain, Mam a Wil yn crechwenu'n ffals. Dwi'n siŵr mai trio atal eu hunain rhag morio chwerthin oeddan nhw. Ar y diwedd rhoesant ryw glap bach diymdrech, a daeth datganiad clir a phendant gan Taid: ''Sdim raid i ti boetsio canu, yli, ma' adrodd yn hen ddigon i rywun o d'oed di.' Ymhen rhyw ddiwrnod neu ddau daeth y Parch. Haydn Thomas acw i saethu cwningod efo John Evans y crydd. Ro'n i ar y cowt efo Taid pan gyrhaeddon nhw. Daeth y ddau o'r car ac aeth Taid yn syth at y gweinidog.

'Ylwch, Mr Thomas,' medda fo, 'dan ni ddim yn fodlon i John ganu yn y Gylchwyl.'

'Bobol mawr, pam?' atebodd Haydn Thomas. 'Ma' 'da fe lais bach hyfryd iawn.'

'Nac oes, Mr Thomas, s'gynno fo ddim. Fedar John ddim canu – mesur coes rhaw s'gynno fo!'

Ac er mor ifanc o'n i, mi gofia i mai dyna pryd y clywais i gynta na allwn ganu. Efallai fod geiriau plaen Taid wedi cael rhyw fath o effaith seicolegol arna i, a dyna pam na fedra i ganu hyd heddiw, ond mi oedd o yn llygad ei le. Un peth hoffwn i ei wybod, serch hynny – be ydi mesur coes rhaw?

Cefais hefyd gyfle i berfformio bob bore Sul wrth ddweud adnod yn y capel. Dechreuais ddysgu geiriau a derbyn cyfarwyddyd – dwy elfen bwysig wrth hyfforddi unrhyw actor. Byddai hyd fy adnod neu bennill o'r llyfr emynau (neu'r 'llyfr hums') yn dibynnu ar bwy oedd wedi ei ddewis ar fy nghyfer. Un o'r pedair merch yn fy mywyd fyddai'n gwneud y dewis drosta i – petai Anti Kate wedi dewis, maith a hir oedd fy nhasg, Nain ac Anti Jane i raddau llai, a Mam y fwyaf cymedrol a thrugarog ohonynt – ond ches i erioed y rhyddid i ddweud 'Duw cariad yw' neu 'Cofiwch wraig Lot.' Yr un oedd wedi dewis oedd hefyd yn hyfforddi, felly cefais fy nghyflwyno i amrywiaeth o chwaethau dehongli yn ifanc iawn, iawn. Dull Fictorianaidd trwm a melodramatig, gyda mynych orbwysleisio, oedd gan Nain a'i chwiorydd, a Mam yn ysgafnach a chynilach; ond roedd y cyfarwyddo'n drylwyr waeth pwy oedd wrthi. Dan hyfforddiant Nain, os mai emyn oedd fy nhasg weithiau ro'n i'n cael adrodd un pennill gynta, a'r lleill i ddilyn fesul Sul. Dwi'n cofio adrodd emyn Williams, Pantycelyn, 'Iesu, Iesu rwyt ti'n ddigon...' ac ar y Sul cyntaf mi ges i ddweud y ddau bennill cyntaf. Roedd Nain wedyn yn mynd â fi drwy'r trydydd a'r pedwerydd pennill ar gyfer y Sul canlynol. Gweinidog o gapel cyfagos oedd yn pregethu acw y Sul hwnnw – un a oedd, yn nhyb Nain, yn meddwl llawer ohono'i hun.

Cefais gyfarwyddyd gan Nain – wrth adrodd y llinell gynta yn y trydydd a'r pedwerydd pennill, ro'n i i anelu'r llinellau'n syth i wyneb y pregethwr a phwysleisio geiriau arbennig yn drwm ac ystyrlon fel hyn: 'Y mae gwedd dy WYNEB GRASOL ...' a 'Mae dy enw mor ARDDERCHOG ...' 'Os gwnei di hynny,' meddai Nain, 'mi fydd o'n cymryd mai amdano fo ac nid yr Iesu rw't ti'n sôn, ac mi bleshi ...' Felly y bu i mi dderbyn cyfarwyddyd am y tro cyntaf. Rhaid i mi gyfaddef, ar ôl i mi ddechrau'r arfer o ddweud adnod ro'n i'n cael blas ar wneud a rhyw wefr wrth godi i lefaru o flaen pobol.

Roedd llond dwy sêt o fechgyn a merched yn dweud adnod bob bore Sul yn Ebeneser, Niwbwrch, yr adeg honno. Does dim plant o gwbl yn mynd i'r capel heddiw, fel yn y rhan fwyaf o ardaloedd gwledig; eto, pan fyddaf yn mynychu Capel Salem, Canton, Caerdydd, mae'n braf gweld y plant yn dod ymlaen a llenwi blaen y capel i ddweud eu hadnodau. Dwn i ddim ydw i'n gredininiwr na Christion o unrhyw arddeliad – dwi'n llawn amheuon a chwestiynau na allaf eu hateb – ond wedi dweud hynny, mae ieuenctid Cymru heddiw yn cael colled aruthrol o'i gymharu â'r cyfleoedd a'r cyflwyniad i fyd perfformio yn gyhoeddus ges i. Sgwn i faint o berfformwyr rydan ni wedi eu colli oherwydd nad ydyn nhw'n cael y cychwyn gwych ges i a llawer o'm cyfoedion?

Roedd cyfleoedd i berfformio yn y capel yn ystod yr wythnos hefyd drwy gyfrwng y Band of Hope. Mi fuon ni'n hynod lwcus yng nghapel Niwbwrch o gael gweinidog ifanc, creadigol i gymryd yr ofalaeth yng nghanol y pum degau; un a ddaeth yn un o brif nofelwyr Cymru, sef Islwyn Ffowc Elis. Roedd yn ysgrifennu sgriptiau i raglenni radio'r BBC o Fangor, gan gynnwys rhaglenni ysgafn, gyda W. H. Roberts wrth un penelin iddo a'r cerddor dawnus John Hughes wrth y llall. Cynhaliwyd nosweithiau bythgofiadwy dan ei ofal yn 'stafall' y capel pan o'n i'n blentyn. Yn ystod y pum degau'n benodol, oherwydd twf y mudiad llafur, roedd hi'n bosib i feibion a merched y dosbarth gweithiol fynd i brifysgolion a cholegau hyfforddi am y tro cyntaf. Digwyddodd hyn yn Niwbwrch, a bu i nifer ohonynt, cyn mynd i ffwrdd, berfformio mewn cyngherddau a nosweithiau adloniannol yn y capel. Cefais fy nghyfareddu gan y nosweithiau yma, gan feddwl fod y perfformwyr i gyd yn sêr – a Mam yn eu plith yn disgleirio. Roedd sgetshys ac eitemau cerddorol o'r lleddf i'r llon, ac roedd lleisiau da iawn yn Niwbwrch yr adeg honno – yn eu plith y nofelwraig Jane Edwards a'i chwaer Iona. Roedd traddodiad cerddorol hir yn y pentref, gyda Chôr Niwbwrch, yr oedd Mam yn aelod ohono, yn un o gorau cymysg mwyaf adnabyddus Cymru ar y pryd o dan arweiniad John Hughes, un o deulu o gerddorion dawnus iawn. Bu ei dad, Josiah Hughes, yn arweinydd a chyfansoddwr llwyddiannus yn ystod hanner cynta'r ugeinfed ganrif, ac rydw i'n falch o ddweud fod y traddodiad yn dal i fynd – neiaint ac wyrion i'r cerddorion yma ydi Emyr a Tudur Huws Jones; dau amlwg a dawnus ym myd cerddoriaeth Cymru heddiw. Ro'n i'n dyheu i dyfu'n laslanc i minnau hefyd gael cyfle i berfformio.

Mae'r rhan fwyaf o blant yn cael eu cyfle cyntaf i actio cymeriadau go iawn yn nramâu'r Geni dros ŵyl y Nadolig. Dyna oedd fy hanes innau, ond siom ges i pan gastiwyd fi fel, chredwch chi ddim, un o'r angylion! Ches i 'run gair i'w ddweud, dim ond gwneud siâp ceg wnes i tra oedd gweddill y nefolaidd lu yn canu 'O Deuwch Ffyddloniaid' – ond mi ges i wisgo i fyny am y tro cyntaf. Hen gynfas wen oedd gen i drosta i, a Mam wedi gwneud adenydd o hen focs gawson ni o siop Miss Smith, a'u peintio'n wyn. Ond ymhen blwyddyn neu ddwy cefais ddyrchafiad, a dyna'r unig dro yn fy oes i mi gael fy ngalw'n ŵr doeth – do, fe'm dyrchafwyd o fod yn angel i fod yn un o'r doethion, ac mi ges gyfle i ddefnyddio prop am y tro cyntaf, sef potel wedi ei gorchuddio â phapur gloyw. Ia, fi gafodd gario'r thus. Yn ddiweddar iawn darganfyddais beth yn union ydi thus. Roedd dwy ferch hawddgar o'r Dwyrain Canol wedi symud i fyw drws nesaf i ni yng Nghaerdydd, tra oedd un ohonyn nhw'n gorffen ei doethuriaeth yn y brifysgol. Ar ddiwedd eu harhosiad, cyflwynasant botyn hardd lliwgar ac arno batrymau traddodiadol eu gwlad i Inge, fy ngwraig. Dychwelais adref yn hwyr a gwelais y potyn ar silff yn y gegin; ac fel busneswr o fri agorais o. Oddi mewn roedd crisialau bach lliwgar yn edrych yn debyg iawn i felysion siwgwr wedi eu crystaleiddio. Allwn i ddim peidio cymryd pinsiaid go nobl a'i roi yn fy ngheg – o, y fath erchyllbeth! Roedd o'n llosgi fy ymysgaroedd ac roedd blas annisgrifiadwy o ddrwg yn fy ngheg. Thus oedd yn y potyn hardd; perarogl sy'n cael ei ddefnyddio mewn defodau crefyddol yn y Dwyrain Canol, a gallaf gadarnhau nad ydi o'n dda i'w fwyta.

Ond i fynd yn ôl at fy mhrofiad cynta o chwarae cymeriad go iawn. Y tro yma ro'n i'n cael colur, a gwisg unigryw. Y colur oedd grefi browning i dywyllu fy nghroen, a'r wisg oedd lliain bwrdd lliwgar a chortyn pyjamas am fy nghanol, a chap tebot am fy mhen fel tyrban a dyna fi, yr actor yn barod i fynd ar y llwyfan fel cymeriad am y tro cyntaf. O ia, mi fu bron i mi anghofio dweud – doedd gen i'r un gair i'w ddweud unwaith eto, dim ond cyflwyno'r thus i'r ddoli oedd mewn crud yn y sêt fawr, ond i mi roedd hynny'n brofiad anhygoel. Petai drama'r Geni yn y West End, y rhan y byddai'r enwau mawr i gyd isio'i chwarae fyddai Herod – honno ydi'r rhan amlwg, efo'i hareithiau tanbaid. Herod o'n i, yn ddistaw bach, isio'i chwarae hefyd, ond fy nghyfaill Bill oedd yn cael y rhan bob gafael – roedd o'n hŷn ac yn meddu ar lais cryf a dwfn, hyd yn oed yr adeg honno. Ew, ro'n i'n genfigennus, ond doedd wiw i mi ddweud hynny wrth yr hogiau eraill wrth gwrs. I'r gwrthwyneb, protestio fyddwn i, a chymryd arnaf nad o'n i isio rhan o gwbwl. Ar ôl bod yn ŵr doeth am Ddolig neu ddau, cefais gyfle i chwarae gwell rhan, un efo geiriau. Do, mi gyrhaeddais yr uchelfannau o fod yn Fugail Dau. Gwyn Griffiths, Sunny Cliff, oedd Bugail Un a Thomas Williams, Y Dywades oedd Bugail Tri. Fy llinell gynta fel actor, a'r unig un yn y cynhyrchiad hwnnw fel mae'n digwydd: 'Mae'n noson serog braf'. Dywedais hi gydag arddeliad, gormod efallai, ond mi fydda i'n cofio'r profiad am byth.

Roedd cwmnïau drama yn perfformio yn Niwbwrch hefyd, yn 'stafall' y capel bob noson Gŵyl San Steffan; cwmnïau amatur o bob rhan o Fôn ac Arfon. Y cwmni mwyaf poblogaidd oedd cwmni Llannerch-y-medd, dan gyfarwyddyd dyn o'r enw John Stamp. Roedd y rhain yn cyflwyno dramâu newydd ac yn teithio llawer ar hyd a lled y wlad yn y cyfnod hwnnw – y peth agosaf at gwmni drama proffesiynol. Cwmni arall hynod boblogaidd oedd Cwmni Drama Dwyran dan gyfarwyddyd Mrs Roberts, Gerlliniog Wen. Roedd y rhain nid yn unig yn cynnig dramâu difyr ond yn rhoi diddanwch ychwanegol i ni drwy'r profiad o weld pobol leol ar y llwyfan. Byddai ysgoldy'r capel yn orlawn yn gwrando ar y dramâu yma, mor llawn nes bod y gynulleidfa yn eistedd ar silffoedd y ffenestri! Ro'n i'n cael gwefr wirioneddol wrth eu gwylio, ac yn ail-fyw rhai o'r cymeriadau fore trannoeth ar fy mhen fy hun hyd y caeau.

Yr unig ddiwylliant torfol ges i yn ystod fy mhlentyndod oedd y radio, neu'r 'weiarles' fel y galwen ni hi. Fyddwn i byth yn colli *Awr y Plant*, y cyfresi clasurol *Wil Cwac Cwac*, *Gari Tryfan*, *Bandit yr Andes* a llawer mwy. Ar nos Sadwrn byddem yn disgwyl yn eiddgar fel teulu am y *Noson Lawen*, *Camgymeriadau* ac adloniant ysgafn tebyg. Ar y Sul byddai dramâu i oedolion a chyfresi sebon Cymraeg cynnar fel *Teulu'r Siop* a *Teulu Tŷ Coch* ac, wrth gwrs, *Teulu'r Mans*.

Roedd yr actorion a gymerai ran yn y cynyrchiadau radio yma'n arwyr i mi, a thra byddai eraill yn cofio enwau chwaraewyr pêl-droed, yr actorion yma oedd ar flaenau fy mysedd i – pobol fel Charles Williams, Dilwyn Owen, Ieuan Rhys Williams, Meredydd Evans, Ifan Gruffydd, Emrys Cleaver, Nesta Harris, Elen Roger Jones a llawer mwy. Wnes i erioed ddychmygu y byddwn, ryw ddiwrnod, nid yn unig yn cwrdd â'r rhain ond yn cael y fraint anhygoel o weithio efo nhw. Ro'n i'n adnabod un o'r actorion yma'n iawn, sef W. H. Roberts, ein prifathro. Byddwn yn ei weld yn gadael yr ysgol yn gynnar ambell bnawn, a bryd hynny gwyddwn y byddai ar *Awr y Plant* y noswaith honno. Dôi W. H. â hen sgriptiau radio yn ôl efo fo o'r BBC ym Mangor i ni gael eu darllen yn yr ysgol, ac felly cefais fy nghyflwyno i sgriptiau radio yn gynnar iawn.

Yn Niwbwrch hefyd cefais gyfle i astudio mawrion y byd ffilmiau, a ffilmiau clasurol y cyfnod. Byddai sinema deithiol yn ymweld ag Eglwys Sant Thomas yn Niwbwrch, neu ''Reglws Bach' i ni, ddwywaith yr wythnos ar nos Fawrth a nos Iau, sef y Môn Mobile Cinema. Eglwys genhadol oedd Eglwys Sant Thomas, ond fel festri i'r brif eglwys hynafol a hardd, sef Sant Pedr, dwi'n cofio'r Eglwys Bach, ac yno y byddwn yn mynd bob nos Fawrth a nos Iau i weld y ffilmiau. Rhai i blant a ddangosid gyntaf, a ffilmiau oedolion yn yr ail ddangosiad hwyrach. Ga i brysuro i ddweud nad ffilmiau 'oedolion' yn ystyr gyfoes y gair oedd y ffilmiau yma, ond ffilmiau megis *Gone with the Wind* a'u tebyg. Os ces i fy nghyfareddu cynt, ar ôl gweld y ffilmiau yma ro'n i'n saith gwaith gwaeth, ac arwyr fel John Wayne, James Mason, Humphrey Bogart, Errol Flynn, Laurence Olivier, Spencer Tracy, Lauren Bacall a Maureen O'Hara, yn dduwiau gennyf. Adra ar gaeau Cefn Mawr byddwn yn ail-fyw rhai o'r ffilmiau rheini, a fi oedd yr arwr bob tro. Datblygodd y freuddwyd y byddwn innau'n ymddangos ar y sgrin, breuddwyd na rannais â neb, gan fy mod yn gwybod yn iawn mai dim ond breuddwyd allai'r fath ffantasi fod.

Roedd mân eisteddfodau o amgylch yr ardal yr adeg honno, ac roedd Mam yn cystadlu mewn corau merched neu gyd-adrodd, yn ogystal â bod yn aelod o gôr cymysg hynod lwyddiannus Niwbwrch. Un eisteddfod enwog a phoblogaidd ar y pryd oedd Eisteddfod Nos Galan capel Dwyran. Meddyliwch – mynd i Eisteddfod ar nos Galan, a'r capel yn llawn i'r ymylon. Un nos Galan yng nghanol y pum degau roedd Mam, a finnau i'w chanlyn, yn Eisteddfod Dwyran. Ro'n i'n gweld yr un wynebau'n cystadlu ym mhob eisteddfod bron, a daeth ambell un yn bur enwog. Un o'r rhai hynny oedd y baswr ifanc o Dalwrn, Môn, Einion Owens; ac yn yr eisteddfod arbennig yma yn Nwyran daeth i siarad efo Mam yn y festri dros baned. Melysodd y sgwrs, ac aeth Mam a finna i eistedd i galeri'r capel, ac Einion yn ein dilyn, gan gynnig rhyw *lozenges* bach duon i ni – cofiaf yn iawn y blas erchyll oedd arnyn nhw! Roedd cymaint o siarad yn dod o'r galeri yn ystod y cystadlu nes y bu'n rhaid i'r arweinydd ofyn am ddistawrwydd. Nid fi a fy ffrindiau oedd wrthi ond Mam ac Einion. Datblygodd y berthynas ac o fewn dim roedd Einion yn rhan fawr o'r teulu – ac yn rhan bwysig o 'mywyd i. Ffarmio'r ffarm deuluol, yr Allt, Talwrn oedd Einion. Ro'n i tua wyth oed ar y pryd ac yn meddwl bod Einion yn arwr mawr, yn gallu gwneud popeth; ac edrychwn ymlaen yn eiddgar i'r hen Ford Prefect gyrraedd cowt Cefn Mawr. Penderfynodd y ddau briodi, a theimlai Einion y byddai swydd athro yn well ac yn fwy sefydlog o safbwynt cadw ei deulu newydd. Aeth i goleg hyfforddi Alsager yn Swydd Gaer fel myfyriwr aeddfed, er mai dim ond yn ei ugeiniau hwyr oedd o.

PENNOD VIII

Addysg Gynradd

Tydi'r bennod yma ddim yn un hir oherwydd, a bod yn onest, ychydig iawn o ddylanwad gafodd y system addysg arna i. Fy mai i oedd hynny yn rhannol – efallai fod diffygion yn fy nghymeriad – ond nid i gyd o bell ffordd. Roedd gen i ofn nes fy mod yn sâl cyn mynd i'r ysgol am y tro cyntaf, dwi'n cofio'r teimlad yn iawn, ac mi arhosodd yr ofn hwnnw efo fi gydol fy nyddiau ysgol.

Roedd dechrau yn yr ysgol yn drobwynt go fawr i hogyn oedd wedi arfer bod adra ar ffarm efo pawb, dynion a merched y teulu, o gwmpas drwy'r dydd bob dydd. Cefais fy rhoi yng nghanol estroniaid, yn blant ac athrawon – ychydig o'n i'n nabod ar blant y pentre yr adeg honno, dim ond rhyw gip ar ambell un yn y capel ar y Sul fyddwn i'n ei gael. Roedd y filltir rhwng y ffarm a'r pentre wedi creu dieithrwch rhyngdda i a nhw, dieithrwch a barhaodd am flynyddoedd lawer.

Fy athrawes gyntaf oedd Mrs Jones, Bryn Menai, gweddw capten llong o'r pentre a dynes hynod o glên a charedig, ac o dan ei hadain hi teimlwn yn weddol saff a diogel. Yn wir, dyma'r unig gof sydd gen i o'r dyddiau cynnar rheini yn Ysgol Elfennol Niwbwrch, fel y gelwid yr ysgol gynradd bryd hynny. Erbyn deall, roedd Mrs Jones wedi ymddeol fel athrawes ond wedi dychwelyd i lenwi bwlch tra oedd athrawes y babanod, Miss Mair Hughes, Pwll Pillo, Pentre-berw, yn absennol oherwydd gwaeledd. Cofiaf yn iawn ddychweliad Miss Hughes i'r ysgol – roedd pawb yn ofnus o'r ddynes dalsyth, ddieithr yma, ac mi gymerodd hi amser go faith i mi glosio ati. Am ryw reswm, sy'n dal i fod yn benbleth i mi, symudodd Miss Hughes fi oddi wrth Gareth Owen, Pen Lôn, un ro'n i wedi dod yn ffrindiau efo fo yn ystod fy misoedd cyntaf yn yr ysgol, a 'ngorfodi i eistedd a rhannu desg fechan efo hogan. Hogan! Buaswn yn destun gwawd i'r hogia eraill – ro'n i'n teimlo'n ddigon estron fel yr oedd hi, ond eistedd efo hogan? Pan fyddai Miss Hughes yn troi ei chefn awn yn ôl i eistedd at Gareth, llusgai Miss Hughes fi'n ôl at y ferch fach, a symudwn innau'n ôl. Ar ôl i hyn ddigwydd tua phedair gwaith, rhoddodd Miss Hughes glustan i mi nes 'mod i'n troi yn f'unfan. A finna'n bedair oed doedd neb cyn hynny wedi cyffwrdd pen 'i fys yndda i, felly dyna'r dychryn mwyaf ges i erioed. Cofiaf fod pob rhan o 'nghorff yn crynu fel jeli a methais gael fy ngwynt oherwydd y sioc. Llusgwyd fi'n ôl drachefn i eistedd at y ferch fach, ac yno y bûm am weddill y dydd, a 'mhen ar y ddesg, yn crio. Wedyn dechreuodd y ferch grio am fy mod *i*'n eistedd wrth ei hochor *hi*! Ymhen ychydig iawn mi ddes i'n ffrindiau mawr efo'r ferch fach – Dilys Cae Coch, sydd bellach yn byw yn Sir Benfro – ond dydw i ddim wedi ei gweld ers blynyddoedd lawer bellach.

Ar ôl y dechreuad treisgar ges i efo Miss Hughes, roedd hi'n anodd i mi glosio ati hi wedyn, ac mi ges i'r argraff nad oedd hithau yn rhyw or-hoff ohona i chwaith. Byddai yn fy mychanu bob cyfle a gâi. Cofiaf, ar ôl un gwyliau Nadolig, iddi orfodi pawb i ddweud be oedd Siôn Corn wedi ddod iddyn nhw – peth annoeth iawn wrth edrych yn ôl, gan fod rhai yn dod o gartrefi tlawd iawn, a phrin fod Siôn Corn wedi galw heibio iddyn nhw. Beth bynnag, roedd pawb yn disgrifio'u hanrhegion; cofiaf mai ffarm gydag anifeiliaid bychan ynddi ges i, a disgrifiais yr anrheg gyda balchder, ond cael fy mychanu wnes i gyda'r ymateb, 'Ia wel, ffarmwr a dim byd arall fyddi di. Mi fasa'n well o lawer tasat ti 'di cael rwbath i dy ddysgu di i sgwennu neu ddarllen.' Roedd hyn yn brifo, yn enwedig gan mai'r prif reswm dros deimlo'n sâl ac yn ofnus bob bore cyn mynd i'r ysgol oedd fy mod yn teimlo fod pawb yn well na fi, 'mod i'n smalio y gallwn wneud y gwaith ysgol, a rhyw ddiwrnod y byddai rhywun yn darganfod fy nhwyll. Dim ond ategu hyn wnaeth ymateb Miss Hughes, ac ymatebion digon tebyg ges i gan athrawon eraill.

Ond roedd ochor arall i Miss Hughes, un hynod garedig. Yn wir, byddwn yn cael fy nghario yn ei char am filltir o'n giât lôn ni i'r ysgol. Austin Seven oedd y car cyntaf dwi'n ei gofio ganddi, ond ar ôl un gwyliau haf daeth at y giât mewn car newydd sbon danlli: A30 du ac arogl car newydd tu mewn iddo. Doeddwn i erioed wedi arogli'r fath beth o'r blaen – arogl blawd a lloi oedd yn ein car ni! A do, cefais fy nghario ganddi bob dydd i'r ysgol, gydag ambell athro neu athrawes arall, felly stwffio i'r sedd gefn fyddwn i. Tua diwedd fy nghyfnod yn Ysgol Gynradd Niwbwrch, daeth athro ifanc iawn yn syth o'r Coleg Normal i ddysgu yno. Roedd hwn yn ffefryn gen i, efo'i agwedd newydd, ffresh, ac roedd yn gyfaill yn hytrach na gelyn i'r plant – yn ogystal â bod yn dipyn o arwr ar feysydd pêl-droed Môn roedd ganddo foto beic, a oedd yn ei godi'n uwch na'r angylion. Un pnawn o haf cefais bàs adre ar sgil ei foto beic. 'Sgil' fyddan ni yn ei ddweud ym Môn am gael ein cario ar y piliwn, yr un fath am gael eich cario ar du ôl beic. Yr un gair ydi o â mynd i rywle yn sgil rhywun; hen air mae'n debyg, o oes y marchogion, am godi marchog arall a'i gario ar gefn eich ceffyl chi, sef ysgilio. Ta waeth am hynny, yn ôl at foto beic Gwyn Owens. Daeth teithio ar y moto beic yn ddigwyddiad cyffredin, ond un diwrnod daeth yn law mawr ac es at gar Miss Hughes, ond cefais fy ngwrthod yn swta. 'Os ydi moto beic Mr Owens yn ddigon da pan ma' hi'n braf, mi geith fod ddigon da i chi pan ma' hi'n bwrw hefyd!' meddai. Ac felly y bu; ar sgil moto beic Gwyn Owens y cefais i fy nghario i'r ysgol, glaw neu hindda, yn ystod fy mlwyddyn olaf yn Ysgol Niwbwrch. Ew, meddyliwch am y peth – heddiw, byddai athro'n cael y sac am gario plentyn deg oed i'r ysgol ar ei foto beic heb na helmed na dim, ond mwynheais bob eiliad o'r siwrneiau hynny. Dyna oedd yr unig fwynhad ges i drwy fy ngyrfa ysgol i gyd. Diolch, Gwyn Owens.

Dysgais ddarllen ac ysgrifennu, a medrwn wneud symiau digon syml wrth i mi fynd ymlaen drwy'r ysgol, ac o dipyn i beth dysgais ychydig o Saesneg. Dwi'n cofio dysgu Saesneg, oherwydd dwi'n ymwybodol o gyfnod pan na allwn siarad yr iaith honno. Roedd postman yn galw acw yn ei fan bost fechan, a byddai'n dweud rwbath wrtha i mewn iaith na allwn ddeall yr un gair ohoni. 'Posman *yes* a *no*' fyddwn i'n ei alw, ond cofiaf yn iawn pan ddechreuais fedru ymgomio'n syml â'r gŵr, a newidiodd enw'r postman wedyn i fod yn 'Posman *English*'. Roedd hyn yng nghanol fy nghyfnod yn yr ysgol gynradd.

Roedd Mam, fel y soniais, yn gweithio yn yr ysgol. Yn ystod yr awr ginio byddai yn y cantîn – edrych ar ôl y plant lleiaf oedd hi i fod, ond helpu Sera Thomas ac Ela Evans yn y gegin fyddai hi. Roedd y ddwy yma'n ffrindiau agos i Mam; Ela Evans oedd gwraig John Evans y crydd, a byddwn yn treulio amser te bob Sul ar eu haelwyd groesawus.

Roedd bwyd Ysgol Niwbwrch yn ardderchog, chefais i erioed mo'i well. Dwy ysgol oedd Ysgol Niwbwrch mewn gwirionedd yn fy nghyfnod cynnar i yno, sef Ysgol Eilradd ac Elfennol Niwbwrch. Dyna i chi enw oedd yn magu hyder mewn plant! Roedd adeilad mawr, hardd yng nghanol y pentref, Sefydliad Pritchard Jones, wedi ei droi ar ôl y rhyfel yn ysgol i rai nad oeddent wedi sefyll neu oedd heb fod yn llwyddiannus yn eu harholiadau 11+ ac roedd plant pentrefi cyfagos yn mynychu hon, a pharhaodd hyn nes adeiladwyd Ysgol Gyfun Llangefni. Môn oedd y Pwyllgor Addysg cyntaf yng ngwledydd Prydain i droi'r ysgolion i gyd yn gyfun.

W. H. Roberts oedd prifathro'r ddwy ysgol, ac ar ôl cinio byddai Mam yn mynd i swyddfa'r ysgol i wneud yr hyn roeddan nhw yn ei alw ers talwm yn 'glarcio'. Ysgrifenyddes fyddai ei swydd heddiw mae'n siŵr, a pharhaodd i wneud hynny drwy fy nghyfnod i yn yr ysgol.

Yng nghanol yr ysgol cefais un neu ddwy o athrawon ardderchog a hawddgar, ond roedd ambell un yn disgyblu'n llymach nac eraill. Deuai un, o'r enw Miss Morris, o ochrau Dinbych neu Ruthun, a newidiodd ei henw i Mrs Lane ar ôl priodi. Roedd hon yn enwog fel disgyblwraig a chanddi ffordd ddigon brwnt o gosbi plant bach. Byddai'n gwneud dwrn nes byddai ei migyrnau esgyrnog yn bigau brwnt, a phwnio'r plentyn gydag arddeliad ym môn ei fraich nes y byddai'n gwingo mewn poen. Fel dwi wedi egluro eisoes, mae fy methiant i ganu wedi bod yn groes drom i mi ei chario ar hyd fy oes, a cheisiodd yr athrawes yma bwnio cerddoriaeth i 'mhen, neu yn hytrach i 'mraich i. Disgrifiais yr arteithio yma i Taid a Nain, ac aeth Taid i ben caets yn syth. Er gwaethaf protestio Mam gadawodd ei waith godro ar ei hanner y bore canlynol i ddod efo fi i gwrdd â char Miss Hughes wrth y giât lôn. Roedd Mrs Lane yn cael lifft yn y car hefyd, a dyma fo'n agor y drws a dechra traethu yn ei hwyneb! Byrdwn ei araith oedd bod Nain a Mam yn gerddorol, ynghyd ag amryw arall oedd wedi ceisio fy nysgu, ac os oeddan nhw wedi methu doedd ganddi hi 'run gobaith o golbio canu i 'mhen i. 'Cadwch ych dwylo i chi'ch hun,' oedd diwedd ei berorasiwn, a martsiodd yn ôl i'r beudy. Ddywedodd neb yr un gair yr holl ffordd i'r ysgol, ac roedd wynebau'r ddwy athrawes ym mlaen y car yn wyn fel y galchen. Roedd Mam yn teimlo'n annifyr iawn yn mynd i'w gwaith y bore hwnnw, ond chefais i mo 'mhwnio ryw lawer wedyn.

Wrth gwrs, bu i rai o'r plant ddial ar Mrs Lane am ei hymddygiad tuag atynt. Tai bach heb ddŵr ynddyn nhw oedd yn yr ysgol am y rhan helaethaf o'r cyfnod y bûm i yno, rhes ohonynt i'r merched a llwybr y tu cefn iddyn nhw er mwyn i weithwyr y cyngor druan gael gwagio'r bwcedi. Pan fyddai'r athrawes arbennig yma'n defnyddio'r tŷ bach, byddai un o'r plant, y diweddar Owie Thomas yn un ohonynt, yn torri danadl poethion o glawdd cyfagos cae Cae Coch a chwipio pen ôl noeth Mrs Lane efo'r danadl. Wrth gwrs, doedd dim modd iddi hi weld pwy oedd wrthi!

Yn ystod fy nghyfnod olaf yn yr ysgol gynradd, Mr W. H. Roberts, y prifathro, oedd yn ein dysgu. Roedd o'n arbenigwr ar daflu dystar pren y bwrdd du at unrhyw fachgen oedd yn camfihafio, ac yntau â'i gefn aton ni! Roedd ganddo ddisgyblaeth lem – am flynyddoedd ar ôl iddyn nhw adael yr ysgol, pan fyddai glaslanciau yn gwneud sŵn neu gamfihafio mewn cyngerdd neu gyfarfod, dim ond iddo fo godi ac edrych arnyn nhw drwy ei aeliau trwchus byddai'r lle yn tawelu'n syth. Dysgodd genedlaethau o blant am goethder barddoniaeth Gymraeg, ac mi fydda i'n fythol ddiolchgar iddo fod gen i gymaint ohono ar fy nghof hyd heddiw. Pan o'n i'n astudio Goronwy Owen ar gyfer Lefel A ro'n i yn nhŷ Wil yn ceisio cofio a dysgu darnau, a gofynnodd Wil i mi be o'n i'n ei ddysgu.

Wedi clywed fy ateb, dechreuodd adrodd cywyddau Goronwy Owen yn un stribed, wedi eu dysgu gan W. H. flynyddoedd ynghynt. Byddai'n dysgu'r *Three R's*, a hynny'n drylwyr, felly erbyn i ni adael roeddan ni i gyd, bron iawn, yn gallu adrodd ein tablau tu chwith allan.

Dim ond mewn enw roedd Ysgol Llangefni yn gyfun. Cyn gynted ag y cyrhaeddai disgyblion newydd yr ysgol, roeddan nhw'n cael eu didoli yn ôl eu pentrefi am yr wythnos gyntaf nes y byddai pawb wedi sefyll y prawf 11+ i'w dosbarthu yn ôl eu galluoedd. Felly, yn ystod ein dau dymor olaf yn Ysgol Niwbwrch, gweithiodd W. H. yn galed i'n paratoi ar gyfer y prawf a oedd yn ein haros.

Ysgol Llangefni

Roedd yr haf cyn i mi fynd i Ysgol Gyfun Llangefni yn un hynod o brysur: haf 1957 oedd hi, a'r Eisteddfod Genedlaethol yn Llangefni. Ro'n i'n cystadlu ar yr adrodd unigol ac yn aelod o'r côr adrodd, i gyd o dan hyfforddiant W. H. Roberts. Ro'n i wrth fy modd, ac er na fûm yn llwyddianus bu i mi fwynhau'r profiad o berfformio yn fawr iawn unwaith yn rhagor. Wrth sôn am y gystadleuaeth adrodd honno flynyddoedd yn ddiweddarach, deallais fod Elinor Jones wedi cystadlu yn fy erbyn yn yr un gystadleuaeth. Fu Elinor ddim yn llwyddiannus chwaith – Gary Nicholas enillodd dwi'n meddwl. Dwi'n cofio'r Eisteddfod honno'n dda – ro'n i, Mam ac Einion yno bob dydd bron, a Mam hefyd yn cymryd rhan amlwg yn rhai o ddigwyddiadau a chyngherddau'r nos fel rhan o barti adrodd W. H. Un noson hynod o drymaidd a chlòs, dwi'n cofio gwylio Mam a merched eraill Niwbwrch yn perfformio mewn noson nodwedd o farddoniaeth a rhyddiaith ar lafar ac ar gân o'r enw *Y Siaced Fraith.*

Wilbert Lloyd Roberts ac Elis Gwyn oedd yn gyfrifol am y sioe, ac ynddi roedd sêr Cymru ar y pryd megis Charles Williams, J. O. Roberts, Rhydwen Williams a Ruth Price. Mwynheais y noson yn aruthrol – gwnaeth argraff fawr arna i, a chynyddodd yr awydd cudd ynof i fod yn berfformiwr. Ychydig a wyddwn ar y pryd y byddwn yn cael y fraint o gydweithio efo'r rhan fwyaf ohonyn nhw cyn hir.

Mam, fi ac Einion ar yr Olwyn Fawr

Ond roedd yn rhaid ymbaratoi cyn mynd i'r ysgol fawr – rhaid oedd cael gwisg, a wnâi rwbath rwbath fel Ysgol Niwbwrch mo'r tro. Rhaid oedd cael blesar, trywsus llwyd, crys llwyd, tei a chap; côt law las tywyll a sgarff, heb sôn am fag ysgol lledr a phensiliau a setiau jiomatri. Gallai rhywun feddwl 'mod i'n mynd yn syth am Rydychen! Rhoddodd Yncl Owen, yr hen Gapten, atlas i mi – un oedd ganddo fo ar y môr am wn i. Roedd y gwledydd a ddarostyngwyd gan yr Ymerodraeth Brydeinig wedi eu lliwio'n goch ynddo, y rhan fwyaf o'r byd hyd y gwelwn i, a do'n innau ddim callach fod llawer o'r gwledydd rheini bellach yn rhydd ac wedi newid eu henwau. Roedd Ewrop hefyd yn hollol wahanol i'r hyn a oedd yn atlas Yncl Owen, ac er i mi ddod i ddeall yn fuan iawn fod yr atlas yn hollol ddiwerth i mi yn academaidd, roedd gen i feddwl y byd ohono gan mai Yncl Owen oedd wedi ei roi i mi.

Cofiaf fod yn fy lifrai newydd yn disgwyl y bŷs ysgol wrth giât y lôn am y tro cyntaf. Crynai fy mhengliniau â nerfusrwydd, a dwi'n cofio meddwl y rhown i unrhyw beth i gael mynd yn ôl i Ysgol Niwbwrch y bore hwnnw yn nechrau Medi 1957. Ar fysus Edward Pritchard, Ty'n Pant, Niwbwrch roeddan ni'n mynd i'r ysgol, ac ar fŷs glas hynafol Edward Pritchard ei hun y cefais i fy nghario drwy gydol fy arhosiad yn Ysgol Llangefni. Bŷs o'r dau ddegau oedd o, yn cael ei ystyried yn glasur hynafol yr adeg honno. Ond ar y 'bŷs neis', fyddai'n cael ei yrru gan Thomas y mab, ro'n i isio bod – roedd hwnnw'n fŷs o ddiwedd y pedwar degau ac yn edrych yn fwy modern na'r un glas.

Cymeriad oedd Edward Pritchard, ac mewn gwth o oedran yr adeg honno. Bu'n gyrru bysus hyd at ddiwedd ei wyth degau. Saer llongau oedd o wrth ei grefft, wedi bod yn forwr am flynyddoedd lawer – aeth o ac Yncl Owen i'r môr efo'i gilydd yn eu harddegau cynnar ar y *Meinwen*. Gwelais enwau'r ddau ar restr y criw yn archifdy Gwynedd: 'Edward Pritchard and Owen Pierce of Newborough, boys'. Daeth Edward Pritchard o'r môr ar ôl rhai blynyddoedd a daeth yn ffarmwr a dyn busnes llwyddiannus iawn yn y pentref. Roedd o'n un am gadw trefn ar ei fysus, a byddai'n stopio'r bŷs waeth yn lle (yng nghanol y lôn yn aml iawn, gan fod ganddo dueddiad i yrru yn y canol) er mwyn ceryddu unrhyw un a oedd yn ei dyb o yn camfihafio. Bu'n hynod garedig efo fi ar hyd ei oes, ac wedi i mi adael yr ysgol, chododd o'r un geiniog erioed arna i i deithio ar fŷs yr oedd o'n ei yrru, dim ond mwmian: 'Dos yn dy flaen, 'cofn i mi godi dwbwl arnat ti!' Chwarae teg iddo fo. Ond doedd dim maddeuant i rai a oedd yn codi twrw a 'gwneud dryga' fel y bydda fo'n dweud. Dwi'n ei gofio'n stopio'r bỳs yn stond yng nghanol y ffordd un pnawn tywyll o aeaf ar gyrion Llangefni gan wneud i'r gyrwyr y tu ôl iddo ganu eu cyrn, a hel dau neu dri oddi ar y bỳs a'u gorfodi i gerdded y naw milltir adra yn y tywyllwch. Meddyliwch mewn difrif calon yr helynt fyddai petai rhywun yn gwneud yr un peth heddiw.

Yn ystod yr wythnos gyntaf yn Ysgol Llangefni, fel y soniais, roedd pawb yn cael profion, ac ar ôl ymdrech W. H. i stwffio'r atebion i'n pennau gwnaeth disgyblion Niwbwrch yn well na'r mwyafrif. Aeth y rhan helaethaf ohonon ni i'r ffrydiau uchaf: A, B ac C. Rhain mewn gwirionedd fyddai'r disgyblion fyddai wedi mynd i ysgol ramadeg o dan yr hen drefn. Cefais fy hun yn 1A ac yn yr un dosbarth â Gwyn Griffiths a Richard Alun, fy nghyfeillion o Ysgol Niwbwrch, ond buan iawn y gwnes i gyfeillion newydd o rannau eraill o ddalgylch yr ysgol, rhai fel Tomos Roberts, yr arbenigwr ar enwau llefydd, a Ken Williams y cartwnydd, sydd fel finnau yn byw yng Nghaerdydd bellach.

Erbyn hyn, ro'n i ofn o ddifrif bob bore cyn mynd i'r ysgol. Roedd ogla'r lle yn codi cyfog arna i – sut oedd yn bosib i mi ddysgu mewn lle o'r fath? Dwy ffaith arall oedd yn ddychryn i mi oedd, yn gyntaf, iaith yr athrawon, sef Saesneg heblaw am ambell un annodweddiadol, megis Ceinwen Jones, Haf Morris, Miss Olwen Lewis, Miss Megan Lloyd, Mr Glyndwr Thomas a Mr Les Hodgkins, a'r ail – bod pob un yn gwisgo gynau duon syber ac awdurdodol, yn union fel yr athrawon blin a chas ro'n i wedi darllen amdanyn nhw yng nghartwnau comics Billy Bunter. Rhaid cyfaddef na chyffyrddodd yr un ohonynt mohonaf yn gorfforol, a ches i ddim gwasgiad brwnt i'r fraich hyd yn oed gan y bòs, fel y gelwid Mr T. D. Davies, y prifathro.

Cadwais fy mhen uwchben y dŵr yno, ond sylwadau megis 'gellir gwneud yn well' oedd ar fy adroddiad ar ddiwedd pob tymor. Bu un achlysur, fodd bynnag, yn dyngedfennol i mi, yn ddechrau ar ryw arweiniad tuag at fy ngyrfa. Doeddwn i ddim yn sylweddoli hynny ar y pryd, wrth gwrs, ond mae'r digwyddiad wedi aros yn fyw yn fy nghof hyd heddiw. Fel yr esboniais, rhyw ddiddrwg-didda oedd fy nghyraeddiadau academaidd yn ystod fy mlwyddyn gyntaf, felly roedd pob canmoliaeth yn rhyw fath o uchafbwynt i mi, ond roedd rheswm arall hefyd. Dechrau 1958 oedd hi, a finna ar fy ail dymor yn yr ysgol fawr. Roedd ein hathrawes Saesneg arferol yn absennol ar gyfnod mamolaeth, ac roedd athrawes a fu'n dysgu Mam yn ei lle dros dro: Mrs Fisher. Gofynnodd Mrs Fisher i'r dosbarth ddarllen darn o *David Copperfield* gan Charles Dickens, a darllenodd pawb baragraff yn ei dro. Daeth fy nhro i ac ar ôl i mi orffen torrodd Mrs Fisher ar draws y dosbarth i ganmol fy narlleniad i'r cymylau, gan ddweud fy mod wedi dod â'r darn yn fyw ac wedi portreadu rhai o'r cymeriadau'n wych. Yn fwy na hynny, mi ddywedodd fod gen i ddawn actio, a gofynnodd a gâi hi roi fy enw i'w gŵr ar gyfer drama'r ysgol y flwyddyn wedyn. Ei gŵr oedd George Fisher, sefydlydd Theatr Fach Llangefni, ac un a wnaeth gymaint dros y ddrama ym Môn a thrwy Gymru. Ro'n i ar ben fy nigon! Roedd cael rhan yn nrama'r ysgol yn anghredadwy, ac yn fy meddwl bach i ro'n i wedi cyrraedd yr entrychion. Wrth gwrs, wfftio at y cwbwl wnes i o flaen fy nghyfeillion ysgol – fi i actio? Py! Byth! Ond yn ddistaw bach gwyddwn fod fy mreuddwydion yn dechrau dod yn wir, a'r foment fach honno yn rhyw fath o drobwynt yn fy mywyd i.

Profedigaeth Lem

Er gwaethaf fy ofnau boreol ynglŷn â mynd i'r ysgol, ar y cyfan, plentyndod hapus iawn ro'n i wedi ei gael hyd hynny, a bywyd dedwydd braf. I mi, yr adeg honno, Taid oedd canolbwynt fy mywyd – roedd Taid yn arwr a gallai Taid, yn fy nhyb i, wneud pob dim. Bob tro y ces i unrhyw archoll, yn gorfforol neu feddyliol, roedd Taid wedi gallu lleddfu'r boen neu'r gofid. Doedd hynny ddim yn golygu nad o'n i'n caru a meddwl y byd o Mam, Nain a Wil, ond Taid oedd fy nghraig, ac os oedd Taid o gwmpas roedd popeth yn iawn a bywyd yn braf. Fo, yn ddi-os, oedd wedi cymryd mantell y tad yn fy magwraeth gynnar. Ychydig a wyddwn y bore hwnnw o Fawrth 1958, wrth hel fy mhethau yn barod i fynd i Ysgol Llangefni, fod fy mywyd ar fin cael ei droi ben ucha'n isaf, a phopeth yn mynd i newid.

Roedd Taid yn ddyn gweddol iach, wedi gweithio'n galed iawn ar hyd ei oes yn ffarmio, efo'i dad i gychwyn ac wedyn ar ei liwt ei hun, ond ers rhai blynyddoedd roedd wedi dioddef rhyw ychydig o anhwylder ar y galon, ac o'r herwydd wedi gorfod arafu peth. Eto i gyd roedd yn gweithio bob dydd, yn godro a gwneud gorchwylion ysgafn o gwmpas y ffarm. Wil, ei fab, oedd yn gwneud y gwaith trymaf, y pethau roedd Taid wedi cael cymaint o bleser o'u gwneud; llafurio'r tir a chynaeafu'r gwair a'r ŷd ac yn y blaen. Teimlai Taid fod hon yn groes drom i'w chario, ac mae'n debyg ei fod o'n mynd yn isel ar brydiau, ond cuddiai'r iselder yma'n dda iawn rhag gweddill y teulu. Roedd yn ddyn a oedd yn cadw popeth oddi fewn iddo, yn ystyried dangos ei deimladau fel rhyw fath o wendid. Ymhen blynyddoedd deuthum i ddeall peryglon hyn.

Arferwn fynd i 'ngwely bob nos ar unwaith â Taid, tua'r naw yma. Erbyn 1958 roedd acw deledu, ac ar y noswaith arbennig honno pan drawodd y cloc naw o'r gloch ro'n i isio gorffen gwylio rhyw raglen, ac aeth yn dipyn o ffrae rhyngdda i a Taid, ond mynd i 'ngwely fu raid. Cofiaf dynnu fy mys ar hyd nodau'r piano mewn tymer wrth fynd drwy ystafell ganol y tŷ, a Taid yn dweud: 'Waeth faint o sŵn 'nei di, mynd i'r ciando sy raid i ti. Ma' 'na fistar ar fistar Mostyn, 'ngwas i.' Mae'r noson honno wedi aros yn fy nghof ar hyd y blynyddoedd. Y bore wedyn codais fel arfer i gael brecwast cyn mynd i ddal y bỳs o waelod y lôn i fynd i Langefni. Wrth adael y tŷ roedd yn rhaid i mi fynd heibio i ddrws y *dairy*. Roedd Taid yno yn rhoi llefrith drwy beiriant oeri cyn ei roi yn y caniau i'w cludo i'r hufenfa. 'Hwyl,' medda fi wrth basio. 'Ty'd yma, 'ngwas i,' medda Taid, a mynd i boced ei wasgod a rhoi pishyn deuswllt gloyw i mi. ''Na chdi – pryna rwbath i chdi dy hun tua Llangefni 'na.' Chwe cheiniog ar bnawn Sadwrn o'n i'n arfer ei gael. Roedd hyn yn ffortiwn, ac yn hollol groes i'w gymeriad rhoddodd gusan i mi gan ddweud, yn Saesneg, 'Gwd bei, boi.' Mi gofia i'r geiriau yna am weddill fy oes; dyna'r rhai olaf a glywais ganddo.

Aeth y diwrnod yn yr ysgol rhagddo fel pob diwrnod arall am wn i, ond pan es ar y bỳs i fynd adref teimlwn fod y gyrrwr y diwrnod hwnnw, Harri Parry, yn ddistaw iawn tuag ata i, heb roi ei gyfarchiad arferol hwyliog, a thynnu coes. Arhosodd y bỳs wrth geg y lôn fach, a phan gyrhaeddais geg y lôn roedd car Yncl John yno'n disgwyl amdanaf, ac yntau wrth y llyw. Gwyddwn fod hyn allan o'r cyffredin gan nad oedd neb wedi sôn ei fod yn dod draw. Agorodd ddrws y car, neidiais i mewn ac aethom am dro ar hyd y ffyrdd bychan, lleol. Bryd hynny y torrodd y newydd i mi, yn araf a sensitif, fod Taid wedi marw. Torrais i lawr yn syth, gan ofyn ai ei galon oedd y drwg. Eglurodd Yncl John mai wedi cyflawni hunanladdiad oedd Taid. Teimlais fel petawn wedi colli fy ngwynt, a bod mellten wedi saethu drwy fy nhalcen.

Mae'n rhyfedd sut mae'r cof am y diwrnod yn glir iawn yn fy meddwl, ond ar ôl derbyn y neges does gen i fawr o gof am y dyddiau canlynol. Cofiaf i mi lynu fel gelen at Nain a bod nifer fawr iawn o bobol wedi galw acw, ond ro'n i wedi cael sioc, fel petawn yn cerdded mewn niwl trwchus. Mae gen i ryw frith gof o ddiwrnod yr angladd a'r Parch T. J. Griffith yn gwasanaethu yn y tŷ, ond ro'n i'n methu â deall, ac yn dal i fethu deall i ryw raddau, pam na ches i fynd at lan y bedd. Ro'n i'n dal i gael fy nghyfrif fel plentyn, mae'n debyg. Yn ôl arferiad y teulu cynhebrwng preifat i'r teulu yn unig oedd o, a'r dynion yn unig oedd wrth lan y bedd. Ni chafwyd gwasanaeth yn y capel. Llwyddais i ddianc o'r tŷ i weld yr hers yn mynd â chorff Taid yn araf o fuarth Cefn Mawr i lawr y lôn fach cyn diflannu i'r lôn fawr, a dyna'r cip ola ges i o Taid, yr un a fu'n ganolbwynt i 'mywyd i. Methais â mynd yn ôl i'r tŷ am amser hir, ymhell ar ôl i'r dynion ddychwelyd o'r fynwent. Ro'n i'n crwydro hyd y beudai a'r sgubor gan edrych ar olion Taid. Eisteddais ar stôl yn y beudy drwy gydol amser godro, yn dweud dim wrth neb. Daeth Mam i fy nôl i i'r tŷ ymhen dipyn ac es yn ôl, ond bûm yn dawedog iawn am ddyddiau. Gwaredwn y dydd y byddai'n rhaid i mi fynd yn ôl i'r ysgol, ond mi dorrwyd y garw drwy fynd i'r ysgol Sul y diwrnod cynt. Ofnwn y byddai'r plant yn fy holi am farwolaeth Taid ond wnaeth neb; cuddiais fy ngalar a'm teimladau trwy drio bod yn ddigri a chymryd yr holl beth yn ysgafn, actio'r clown. Dyma'r tro cyntaf, wrth edrych yn ôl, i mi sylweddoli na allwn ddelio yn onest â fy nheimladau, ac roedd llawer mwy o guddio i ddod. Mi effeithiodd hyn yn fwy arna i nag yr oedd neb yn ei ystyried – sut gallen nhw, a finna'n cuddio popeth?

Wrth i'r wythnosau fynd heibio daeth teimladau o euogrwydd drostaf, a dechreuais feio fy hun am hunanladdiad Taid. Teimlais yr euogrwydd hwnnw am

Priodas Mam ac Einion, Capel Mawr y Borth, 1958

flynyddoedd lawer iawn. Roedd hunanladdiad, yn anffodus, yn rhedeg yn y teulu: roedd tad Taid, fy hen daid i, John Hughes, yr Hendre Fawr, Niwbwrch wedi gwneud yr un peth. Roedd hynny hefyd yn peri peth gofid i mi, ond yn anffodus nid hwn oedd trasiedi ola'r teulu.

Ychydig o gof sydd gen i am weddill fy nghyfnod yn Ysgol Llangefni, oherwydd roedd pethau mawr ar droed yr haf hwnnw yn 1958, pethau a fyddai'n newid fy mywyd am byth. Cofiwch i mi sôn fod Einion mewn coleg hyfforddi athrawon yn Alsager; wel, ym Mehefin 1958 daeth ei gwrs i ben ac yntau wedi llwyddo i gael tystysgrif athro. Roedd Mam ac yntau wedi penderfynu priodi y Gorffennaf hwnnw, ac felly y bu. Roedd miri paratoadau'r briodas wedi tynnu rhywfaint o fy sylw i oddi wrth fy ngalar am Taid.

Doedd swyddi athrawon yng Nghymru ddim mor hawdd eu cael yr adeg honno, a'r swyddi prin rheini wedi eu gaddo i gydnabod a theulu'r cynghorwyr lleol. Llwyddodd Einion i gael swydd fel athro yn Stevenage, Swydd Hertford, nid nepell o Lundain – swydd ddelfrydol i athro ifanc ar ddechrau ei yrfa, oedd hefyd yn ŵr priod a bachgen deuddeg oed i'w ganlyn. Roedd y swydd yn cynnig tŷ a chyflog Llundain, oedd yn uwch na chyflog mewn llefydd eraill bryd hynny. Roedd yr antur o symud i ochrau Llundain yn un enfawr i fachgen oedd wedi ei fagu ar ffarm yng nghefn gwlad Môn, ac erioed wedi bod yn bellach na'r Rhyl ar drip ysgol Sul. Ro'n i'n swagro ac yn teimlo dipyn yn uwch na phlant eraill Niwbwrch – ro'n i am gael mynd allan i'r byd mawr a gweld rhyfeddodau! Ac felly y bu. Troais fy nghefn ar Gefn Mawr Uchaf, Nain a Wil a'm ffrindiau i gyd a chychwyn am Stevenage!

Stevenage

Roedd Stevenage yn niwedd pum degau'r ganrif ddiwethaf yn dref newydd ar ganol ei datblygu, yn un o ddyrnaid o drefi a adeiladwyd yn syth ar ôl yr Ail Ryfel Byd i ailsefydlu ardaloedd gorboblog trefi mawr Lloegr. Roedd hen dref farchnad Seisnig yn Stevenage eisoes, ond penderfynwyd datblygu'r tir o'i hamgylch yn dref newydd i ailgartrefu deddwyrain Llundain, yr hyn a elwir yn East End. Prif Gynghorydd Cynllunio'r dref oedd Clough Williams-Ellis. Y cwbwl ddyweda i ydi ei fod o wedi gwneud dipyn gwell job ar Bortmeirion nag a wnaeth o ar Stevenage.

Roedd y Llywodraeth wedi denu diwydiant go fawr i'r dref drwy roi cytundebau ar gyfer taflegrau arfog ac awyrennau rhyfel fel cil-dwrn i gwmnïau am symud yno, felly roedd pawb yn Stevenage mewn gwaith a oedd yn talu'n dda, a llawer iawn o deuluoedd ifanc Llundain wedi symud yno er mwyn cael tai newydd a sicrwydd o waith da.

Roedd y dref felly yn gyfoethog ac yn ifanc, ac oherwydd y cynnydd yn nifer y plant rhaid oedd wrth ysgolion newydd ac athrawon i'w llenwi. Felly y daethon ni wladwyr o Fôn i dde-ddwyrain Lloegr.

Fi ac Owen, fy mrawd

Gadewais Niwbwrch yn nechrau Awst 1958. Y peth olaf i mi ei weld ar y teledu yn Gymraeg oedd darllediad o Eisteddfod Glyn Ebwy. Cyn cyrraedd Stevenage aethom i fyw am wythnos neu ddwy, nes bod ein tŷ yn barod, yng nghartref rhieni Einion yn Lerpwl. Roedden nhw i ffwrdd ym Môn dros yr haf. Roedd rhyfeddodau dinas Lerpwl wedi fy nghyfareddu, fel y gwnaeth y tripiau i'r dociau i weld y llongau mawr ro'n i wedi clywed cymaint amdanyn nhw yn ystod fy mhlentyndod, ond daeth yn amser ei throi hi am dde Lloegr. Cofiaf fod y daith yn hir a phoeth a sych yn yr hen Ffordyn, ond dyma gyrraedd o'r diwedd ar ddiwedd y pnawn. Roedd popeth mor wahanol, yr adeiladau, lliw'r tir, y bobol, a phopeth yn edrych yn estron i mi, hyd yn oed y bysus – rhai mawr coch London Transport.

Cyrhaeddodd y tri ohonon ni ein tŷ newydd: 6 School Close, mewn ardal lle roedd pob man i'w weld yr un fath, pob tŷ o'r un cynllun yn union, yn debyg i filoedd o dai cyngor yn un rhes ar ôl y llall. Cysgu ar lawr roeddan ni am y nosweithiau cyntaf nes y cawsom gyfle i fynd draw i ddinas Llundain i brynu dodrefn. Wel, dyna ryfeddod oedd y fan honno – cael gweld llefydd na wnes i erioed ddychmygu y buaswn i yn eu gweld. Big Ben, Tŷ'r Cyffredin, Piccadilly a hyd yn oed Palas Buckingham. Ro'n i wedi fy syfrdanu drwy'r dydd. Roedd y siopau hefyd yn anferth, ac er bod cysylltiadau rhwng Niwbwrch a siop enfawr Dickins & Jones, i Selfridges yr aethon ni i brynu dodrefn i'n cartref newydd. Yno gwelais ryfeddod arall: grisiau yn symud, a theimlwn fel un o'r cymeriadau mewn ffilm a welais ym mhictiwrs 'Reglws Bach flynyddoedd ynghynt, cymeriadau oedd yn mynd i blaned arall a gweld yr holl ryfeddodau newydd. Felly yn union y teimlwn innau.

Ar ôl i'r dodrefn gyrraedd, a'r tŷ yn dechrau edrych fel cartref, dechreuais inna grwydro o gwmpas i weld dipyn ar yr ardal. Do'n i ddim yn siarad fawr efo neb. Yn gyntaf, do'n i ddim yn deall eu hiaith – Saesneg Cocni go iawn oedd o a Saesneg cae rwdins oedd gen i – a finna ond newydd ddysgu'r iaith. Roedd yr hogia ifanc i gyd yn gwisgo'n wahanol iawn i ni fechgyn Môn, yn arddull y Teddy Boys. Roedd ambell un oedd yn gwisgo felly wedi rhyw ddechra dod i gefn gwlad Môn, ac yno byddent yn cael eu trin gyda pheth dirmyg. Yma, roedd bod yn un o'r 'Tedds' yn rhywbeth i'w efelychu. Rhyw flwyddyn neu ddwy ynghynt ro'n i a 'nghyfaill Bill wedi mynd i weld ffilm Bill Haley & His Comets, *Rock around the Clock*, yn sinema'r County ym Mangor gan deimlo ein bod wedi gwneud rhywbeth beiddgar iawn, ond yma roedd rock'n'roll yn byrlymu o ffenestri'r tai, a seiniau soniarus Elvis Presley, Eddie Cochran a Little Richard i'w clywed ar bob stryd. Roedd y fan hyn yn fyd gwahanol i Niwbwrch. Roedd y ffordd o fyw a'r diwylliant yn gwbwl wahanol ym mhob ffordd, ond heddiw does dim gwahaniaeth mewn gwisg na cherddoriaeth rhwng glaslanc o Niwbwrch ac un o Fanhattan.

Roedd y pethau newydd yma'n anturus a chyffrous, ac ro'n i'n mwynhau pob munud yn fy nghartref newydd. Roedd bachgen yr un oed â fi o'r enw John Hindle yn byw drws nesa, a buan iawn y daethom yn ffrindiau. Roedd o wedi bod yn byw yn Stevenage ers tua thair blynedd ac felly yn deall y drefn, neu'r 'ropes'. Dechreuais ddeall be oedd ambell air megis 'thingymijig' a 'dosh', a daeth hanner coron yn 'two and a tanner' yn fuan iawn. Ro'n i wedi fy rhoi mewn ysgol newydd sbon ar dir hen blasty Shephallbury, a roddodd ei enw i'r ysgol, ger pentref hynafol o'r enw Shephall oedd bellach wedi ei draflyncu i berfedd morfilaidd Stevenage. Ro'n i'n cyfri'r dyddiau i gael dechrau ar gyfnod newydd mewn ysgol newydd efo ffrindiau newydd.

Mam ac Owen yn 1962

Nos Sul oedd hi yn nechrau Medi 1958, ac fel 'Llwynog' R. Williams Parry mi gofia i'r fan a'r eiliad fyth. Ro'n i i ddechrau yn yr ysgol ymhen deuddydd, a newydd ddod allan o'r bàth, yn edrych ar adlewyrchiad fy wyneb yn nrych yr ystafell molchi, pan ddechreuais feddwl beth oedd fy nghydnabod a'm ffrindia'n ei wneud yn Niwbwrch ar nos Sul braf o ddiwedd haf. Dychmygais y byddai Jane Madine a Bill a Phillip efo Jinnie Grianfryn a Harri ac Enid yng Nglyn Teg, a'r hogia'n chwarae'n rhydd ar hyd Creigiau Cochion. Meddyliais am Bill a'r criw yn siarad a rwdlan ar y gornel ger siop John Jones a dechreuais grio, crio fel erioed o'r blaen, crio o waelod fy mol rywsut. Es i fy ystafell wely heb i neb fy ngweld, a dal i grio. Efallai fod llawer o bethau wedi dod allan y noson honno – galar am Taid, popeth. Dwn i ddim, ond do'n i erioed wedi teimlo fel'na o'r blaen, y poen yn fy mherfedd. Dyna beth oedd torri calon go iawn, a theimlais flas enbyd hiraeth am y tro cyntaf. Tyngais mai nod fy modolaeth o hynny allan fyddai mynd yn ôl i Niwbwrch. Mae hynny'n rwbath dwi'n dal i ymdrechu tuag ato fo.

Dechreuais mewn ysgol newydd sbon efo disgyblion newydd sbon mewn iaith newydd sbon. Rhoddais fy nghas ar y lle o'r munud cyntaf, ac os oedd gen i ofn mynd i Ysgol Llangefni ro'n i saith gwaith gwaeth yn fama; ac ymhen ychydig iawn deuthum i ddeall fod gen i reswm teg i fod ofn. Ysgol fwystfilaidd, farbaraidd oedd hi, a chefn llaw a ffon yn cael eu defnyddio'n fynych iawn. H. G. Earnshaw MA (Oxon) oedd y prifathro, a'i ddirprwy oedd V. Crellin MA (Oxon). Mae enwau'r ddau yn ddigon i godi cyfog arna i rŵan ar ôl yr holl flynyddoedd. Roedd y ddau'n gwisgo gynau duon a ffwr amryliw eu colegau am eu gyddfau – roedd llawer o'r athrawon eraill, fel yn Llangefni, yn gwisgo gynau graddedigion ond heb y ffwr afiach hwnnw. Cariai Earnshaw wialen fain front o dan ei gesail drwy'r amser, oedd yn fy atgoffa i o'r cymeriad roedd Jimmy Edwards yn ei chwarae yn y comedi sefyllfa Saesneg *Whack-O!*

Rhoddwyd fi yn y ffrwd uchaf a gwelais fod Llangefni ar y blaen mewn sawl pwnc, ac felly bûm yn ail-wneud rhai pethau. Roedd hynny'n gwneud y gwaith yn llawer haws a doedd dim rhaid i mi ymdrechu rhyw lawer nes i mi ddod at Ffrangeg a Lladin. Yn Llangefni doedden ni ddim wedi dysgu unrhyw ieithoedd ar wahân i Gymraeg a Saesneg yn y flwyddyn gyntaf, ond yma roedd pawb wedi cael blwyddyn o fantais arna i. Wnaeth yr athrawon ddim ymdrech i ystyried hynny wrth fy nysgu, a bu'n rhaid i mi ymdopi orau y gallwn ar fy mhen fy hun. Roedd hi'n dasg amhosib, a gwelwn fod rhai o'm cyd-ddisgyblion yn piffian pan fyddwn yn rhoi atebion hollol ddiystyr, felly manteisiais ar y cyfle i berfformio, a gwnawn ati i roi atebion gwallgof i gael y gweddill i chwerthin. Mrs Chivers oedd yn rhoi gwersi Ffrangeg i ni, a chyn hir cafodd y greadures lond bol a f'anfon at y dirprwy. Bytheiriodd hwnnw a gofyn faint o Ffrangeg ro'n i wedi ei astudio cyn hyn. Dim, meddwn i. Unrhyw iaith heblaw Saesneg?

Owen, fy mrawd

'Welsh,' atebais, a dechreuodd weryru chwerthin. 'Welsh, Jones? That's not a language, it's the sound that Welsh goats make to communicate!' Plygwyd fi dros ei ddesg a fflangellodd fi efo'i gansen fain, greulon ar draws fy mhen ôl dair gwaith. Wrth ailadrodd hanes y cosbi, efo'r mymryn lleiaf o or-ddweud, gwelais fy mod yn dechrau ennyn edmygedd yr hogia eraill. Deallais felly mai drwy dynnu athrawon i 'mhen y byddwn yn dod yn arwr yno, a dechreuais feddwl – taswn i'n camfihafio digon roedd siawns y byswn i'n cael fy hel allan o'r ysgol a 'ngyrru'n ôl i ddedwyddwch Môn. Roedd ennyn cymeradwyaeth fy nghyfoedion yn bwysig i mi, oherwydd roedd yr hen deimlad nad o'n i'n perthyn a 'mod i'n wahanol i bawb yn dal yn gryf yndda i.

Acen Saesneg cefn gwlad Môn oedd gen i, ac roedd llawer o'r hogia mawr yn fy ngalw yn 'Jonesy, you gormless Welsh goat'. Ro'n innau'n cael trafferth mawr i'w deall hwythau. Cofiaf, un o'r boreau cyntaf i mi gerdded i'r ysgol, glywed un yn fy nghyfarch: 'Hi Jonesy, watcha cock!' Ro'n i'n meddwl mai rhybudd i mi fod yn wyliadwrus o ran arbennig o fy nghorff oedd o, ond ymhen ychydig deallais mai cyfarchiad cyfeillgar y Cocni oedd hyn. Wedi mis neu ddau ro'n innau'n siarad yn union fel pe'm ganwyd o fewn tafliad carreg i glychau Bow, acen sydd wedi aros efo fi hyd heddiw, ac un sydd wedi bod o fantais fawr i mi i gael ambell ran. Roedd y freuddwyd o fod yn rhyw fath o berfformiwr wedi cilio ar ôl cyrraedd Stevenage, ond heb yn wybod i mi fy hun roedd y profiad o fod yno yn fath o arweiniad tuag at fy newis o yrfa. Cefais ran yn lled ddiweddar yn Theatr Northcote yn Exeter; drama ddwy act i ddau gymeriad o'r East End, oedd yn dipyn o her, ond pan es i am y cyfweliad i Lundain, medrais dwyllo'r cyfarwyddwr mai Cocni glân gloyw o'n i. Derbyniais glod gan y papurau dyddiol Prydeinig am fy rhan, a fyddai hynny ddim wedi bod yn bosib petawn i heb fyw yn Stevenage. Wrth gwrs, doedd hynny ddim yn ystyriaeth ar y pryd, ac roedd fy mywyd bellach yn rhyfel, fi yn eu herbyn nhw. Wrth gwrs, doedd y ffaith 'mod i'n cychwyn ar gyfnod cymhleth fy arddegau ddim yn helpu pethau chwaith.

Dwi'n cofio cyfri'r dyddiau nes y byddai'r ysgol yn cau dros fy Nadolig cynta yn Stevenage, a finna'n cael dychwelyd i Fôn, a'r teimlad o nerfusrwydd a'r dyhead am gael cychwyn am Niwbwrch ar ôl tri mis o fod i ffwrdd. Roedd y daith yn edrych ac yn teimlo'n hirfaith, ac mewn gwirionedd mi oedd hi yr adeg honno – rhyw ddeugain milltir o daith i Dunstable a dros ddau gan milltir ar yr hen A5, gan nad oedd yr un draffordd yn 1958. Cymerodd y daith yn yr hen Ford Prefect drwy'r dydd, a phan gyrhaeddon ni fuarth Cefn Mawr tua naw y nos a hithau'n dywyll, rhuthrais allan o'r car i gyfarch Ffan, y ci defaid. Gwaeddodd Nain o'r drws: 'Cym' ofal, rhag ofn 'i bod hi 'di colli nabod arnat ti!' Gwyddwn yn iawn nad oedd hi, a chefais y fath groeso gan yr ast fach, mi lyfodd bob deigryn oddi ar fy mochau. Yr un oedd y croeso ges i gan Nain a Wil. Roedd Nain wedi paratoi swper o gig eidion i ni, a ches i, na chynt na chwedyn, y fath flas ar bryd o fwyd. Ategodd Mam ac Einion nad oedd cig ochrau Llundain yn ddim i'w gymharu â chig y fam ynys. Mae'n beth rhyfedd – gofynnwch i mi be ges i swper echnos ac mi fuasai'n galed arna i gofio, ond dwi'n cofio'r swper hwnnw yng Nghefn Mawr Uchaf fel tasa hi'n neithiwr, ac mi wnaf am byth dwi'n siŵr.

Codais cyn cŵn Caer y bore wedyn. Ro'n i ar dân isio mynd i'r Stryd i weld yr hogia, a mawr fu'r holi a'r siarad ar ôl i mi weld y rhan fwyaf o'r 'cymiars', chwadal Nain. Roedd Gwyn Griffiths, Sunny Cliffe, wedi bod yn gohebu efo mi yn ystod y tymor ac wedi anfon papur Ysgol Llangefni i mi, chwarae teg iddo fo, felly ro'n i yn rhyw led-wybod beth oedd wedi digwydd yn y pentre. Mi es i, wrth gwrs, i ymweld ag Yncl Owen, yr hen gapten, a chael croeso ganddo fo a'r gath. Roedd yn glana chwerthin pan siaradwn Saesneg efo fo mewn acen Cocni. Dwi'n cofio'r sioc o fynd i'r capel a gweld bod un neu ddau o'r hen bobol wedi'n gadael ni. Byddai hynny'n digwydd bob tro yr awn adra i Niwbwrch – y seddi'n mynd yn wacach fel yr âi'r blynyddoedd heibio. Byddwn yn meddwl am y peth fel petai'r cwbwl yn ffilm wedi ei harafu, gan greu rhyw fath o *montage* o'r gwacáu. Yr adeg hynny roedd ieuenctid yno i lenwi'r llefydd gwag, ond llenwad byrhoedlog oedd hwnnw, wrth edrych yn ôl.

Aeth y pythefnos dros y Nadolig hwnnw yn hynod o gyflym a bu'n rhaid i mi wynebu'r artaith o godi fy mhac unwaith eto i dreulio 1959 mewn gwlad estron.

Roedd fy mherthynas i â'r ysgol yn gwaethygu, a mwya'n y byd roeddan nhw'n fy ngholbio, mwya styfnig a gwrthryfelgar ro'n i'n mynd. Apwyntiwyd Cymro, Mr James, yn ddirprwy brifathro ond roedd hwn yn sadistaidd o greulon. Wrth i mi ddod o'r bàth un nos Sul gwelodd Mam greithiau duon ar fy mhen ôl: campwaith fy nghyd-Gymro, Mr James. Doedd rhywun ddim yn cwyno bryd hynny mae'n debyg, a holwyd fi'n dwll be wnes i i haeddu'r fath gosb. Mae'r drosedd wedi mynd yn angof bellach, ond mae'r creithiau emosiynol yn dal yno.

Roedd dau Gymro arall ar staff yr ysgol: Mr Nash o Sir Benfro oedd yn dysgu Mathemateg, athro da a chyfeillgar, a Mr Morgan oedd yn dysgu Cerddoriaeth. Ei lysenw, wrth gwrs, oedd Organ Morgan. Roedd hwn yn gallu siarad Cymraeg, oherwydd bob tro y byddai am roi cosb gorfforol front i mi byddai'n galw: 'Dere 'ma frawd!'

Roedd smocio'n beth cyffredin ymysg yr hogia, felly roedd yn rhaid i minna ddechra cyn gynted ag y gallwn. Stryffagliais drwy besychu a thaflu i fyny i berffeithio'r grefft, er bod ysmygu'n bechod marwol. Cefais fy nal un tro a'r gosb oedd cael fy fflangellu efo'r wialen chwe gwaith ar draws fy nhin o flaen yr ysgol i gyd, yn syth ar ôl canu 'We plough the fields and scatter ...' ar ddiwedd y gwasanaeth boreol. Nid fi oedd yr unig un i gael fy nghosbi – roedd hyn yn rhywbeth arferol, dyddiol i garfan helaeth o'r bechgyn. Parhaodd y cosbi corfforol ar hyd fy nyddiau ysgol. Unwaith mi ges i fy nghicio i lawr tri rhediad o risiau am dynnu sylw'r athro Hanes, Mr Jack, at y ffaith fod ei falog ar agor. O leia mi wnaeth hynny i weddill y dosbarth chwerthin.

Doedd hi ddim yn ddüwch dudew arna i drwy gydol fy amser yn ne-ddwyrain Lloegr chwaith, cofiwch. Mi ges i amseroedd da hefyd fel yr âi'r blynyddoedd yn eu blaenau, ac yng ngwanwyn 1959 cyhoeddwyd fy mod i gael brawd neu chwaer fach. Ro'n i a gweddill y teulu wrth ein boddau – dwi'n cofio i mi, ar ôl clywed, gerdded yn ôl a blaen yn y lolfa ar ben fy hun am tuag awr. Hogyn rhyfedd, mi'ch clywaf chi'n dweud. Yn ystod y gwanwyn hwnnw aeth Einion â fi i'r Albert Hall i gyngerdd blynyddol Cymry Llundain, a chefais fy rhyfeddu gan y fath neuadd anferth. Clywais bobol yn sôn am gael profiad theatrig, eraill am gael profiadau ysbrydol – wel, mi ges i brofiad o'r ddau beth y noson honno pan gerddodd Côr Niwbwrch ar lwyfan yr Albert Hall i ganu. Gallwn eu gweld yn glir yn dod ar y llwyfan, yn gymdogion a chydnabod bob un wan jac ohonynt: Richard Roberts, Cerrig Mawr; Defi Evans,

Pen Bonc; Ifor a Twm Hughes, brodyr yr arweinydd John Hughes; Ann Owena, fy nghyn-athrawes ysgol Sul; Dora Edwards, Siop Bapur Newydd a Bessie Owens, ac enwi dim ond rhai. Pan ddechreuon nhw ganu, a'u seiniau'n llenwi Neuadd Albert, roedd dagrau'n llifo i lawr gruddiau Einion a finna. Dau arall oedd yn canu cerdd dant yno y noson honno oedd Rhydderch Jones a Ryan Davies, a wyddwn i ddim wrth wrando arnynt y byddai'r ddau yn chwarae rhan amlwg yn fy mywyd ymhen rhai blynyddoedd. Teimlwn fel seren wrth gael mynd tu ôl i'r llwyfan i weld pobol Niwbwrch, a chwerw iawn oedd dweud ffarwél. Hir a distaw fu'r daith adra i Stevenage y noson honno.

Rhaid i mi yn y fan yma dalu teyrnged i Einion a Mam am y ffordd oddefgar y delion nhw efo fi drwy f'arddegau a finna, credwch chi fi, yn gwrthryfela ac yn hogyn digon anystywallt. Doeddwn i ddim yn ddrwg yn ystyr torri'r gyfraith, nac yn fandal, a hyd y gwn i wnes i ddim drwg i neb ond i mi fy hun. Bu Einion a Mam yn ddigon call i dderbyn rhai pethau na allen nhw eu newid a gadael i mi ddilyn fy nghwrs fy hunan, boed wych neu wachul. Ar y llaw arall mi fuon nhw'n ddigon cadarn i 'nghadw i rhag suddo'n rhy ddwfn i'r pydew du. Diolch iddyn nhw am hynny.

Roedd fy smocio wedi gafael, ac roedd arna i angen arian i borthi fy *habit* ffiaidd, felly mi ges i rownd bapur yn y bore cyn mynd i'r ysgol ac wedyn gyda'r *Evening Standard* ar ôl yr ysgol. Ymhen ychydig sylweddolais fod mynd ar rownd lefrith yn y bore saith diwrnod yr wythnos a hel arian ar nos Wener yn talu mwy o lawer na'r rownd bapur, felly dechreuais godi tua hanner awr wedi pedwar bob bore i weithio tair awr, wedyn mynd am adra i gael llond bol o frecwast cyn mynd i'r ysgol. Doedd dim rhyfedd nad oeddwn i'n da i ddim yn yr ysgol! Ond mi lwyddais i brynu beic rasio Lincoln Imp a hynny o ffags allwn i eu smocio efo fy enillion.

Yn haf 1959 mi ges i wyliau haf estynedig yn Niwbwrch gan fod Mam ar fin esgor, gan aros yng Nghefn Mawr ar fy mhen fy hun hefo Nain a Wil. Byddai Anti Alice yn taro'i phen i mewn bob dydd i weld sut oeddan ni. Roedd hi'n haf braf a sych, a threuliais fy nyddiau'n mynd i Landdwyn bob cyfle gawn i efo fy ffrindiau, Gwyn Griffith, Alun Pritchard Ty'n Rallt, David Owens Siop a Richard Alun, Tir Bodfael; neu byddwn yn mynd i gymowta efo Bill. Unwaith, bu hogia Niwbwrch i gyd bron yn chwarae criced am ddyddiau ar gae Pen Bonc. Ro'n i bellach wedi dechra gwisgo fel Ted, yn wahanol iawn i hogia Niwbwrch, efo sgidia trwynfain ac ati, ac ar dân isio gwisgo'r rhain i fynd i'r pentre, ond gwrthododd Nain ac Anti Alice yn bendant. Chawn i ddim mynd â'r fath sgidia i ŵydd pobol: 'Ma' nhw'n iawn tua Llundan 'na ond ddim fforma!' meddai Nain, gan roi taw ar y ddadl. Yn fy ngwylltineb (byddai seiciatryddion wrth eu boddau hefo hyn), mi garthais y stabal i gyd i drelar y tractor. Doedd 'na ddim caseg acw ar ôl i Taid farw; lle i gadw lloeau oedd y stabal bellach. Nid dyna'r unig newid – roedd yr hen Forris wedi mynd a Zephyr Zodiac deuliw yn ei le, ac ew, ro'n i'n edrych ymlaen at fod yn ddigon hen i yrru hwnnw.

Blinwn ar bobol yn gofyn i mi yn feunyddiol drwy'r haf: 'Rhyw niws o Lundan 'na?' Llundain oedd pawb yn galw Stevenage am ryw reswm. Ond ar y nawfed o Fedi daeth yr alwad fod Mam wedi rhoi genedigaeth i frawd bach i mi o'r enw Owen. Eirlys oedd ei enw am fod petai'n ferch. Roedd yn Owen ar ôl ei daid yn Lerpwl, hefyd brawd Mam ac, wrth gwrs, yr hen gapten, Yncl Owen. 'Enw doeth iawn,' oedd ei sylw o. Ymhen ychydig ddyddiau mi es i'n ôl i Stevenage, ac am y tro cyntaf erioed ro'n i isio mynd yn ôl, er mwyn gweld fy mrawd bach. Rhyfeddod arall – daeth Anti Alice efo fi ar y trên i ofalu am Mam. 'Sgin i ddim cof o fynd o Euston i King's Cross mewn tacsi efo Anti Alice, ond dwi'n cofio iddi wneud i mi godi a hel fy mhacia at ei gilydd yn barod yn Finsbury Park, tua ugain milltir o Stevenage. Roedd pawb yn falch iawn o'r newydd-ddyfodiad, a finna'n ysu i fynd yn ôl i'r ysgol i sôn am fy mrawd bach.

Setlais yn well yn Stevenage wedyn, a thrwy fy arddegau cynnar roedd yn rhaid i mi dderbyn y sefyllfa fel ag yr oedd, ond roedd gweld fy mrawd yn datblygu yn ddifyrrwch pleserus iawn. Doedd y sefyllfa yn yr ysgol ddim wedi newid llawer, ond mi ges amser da ar adegau prin yn y fan honno hyd yn oed; dysgais nofio'n dda a chynrychiolais ysgolion Swydd Hertford. Roedd pob bachgen ar ôl y flwyddyn gyntaf yn ymuno â rhyw gadetiaid milwrol, felly gwnes innau yr un fath. Yr ATC (Air Training Corps) oedd o, a bu i mi fwynhau'r profiadau – yn enwedig y gwersylloedd ac ambell antur. Bûm yn mynd i gerdded ac aros mewn hostelau ieuenctid efo'r ysgol, a phan o'n i tua phymtheg oed es efo'r ysgol ar daith ganŵ i lawr y Great Ouse yn Swydd Huntington. Roedd amryw o ysgolion eraill o Stevenage ar y trip, yn eu mysg Ysgol Ramadeg y Merched. Ro'n i bellach wedi dechra clywed ogla ar fy nŵr, ac yn gwirioni ar ambell ferch ifanc. Felly y digwyddodd hi ar yr antur yma, a hithau, mae'n debyg, efo fi. Llwyddais drwy ddirgel ffyrdd i rannu canŵ efo hi – roedd ambell afonig fechan yn ymuno ag afon Ouse ac mi wnaethom gamgymeriad bwriadol er mwyn mynd ar goll i lawr un ohonyn nhw. Digon yw dweud bod y ferch ifanc yn llawer mwy profiadol na fi, ond mae gan y Great Ouse le cynnes yn fy nghalon hyd heddiw.

Roedd sinema yn yr hen dref a ffilm bob nos Fercher yn Neuadd Gymunedol Shephall, felly diolch i arian fy rownd lefrith ro'n i'n gwylio tua thair ffilm bob wythnos – ond nid ar y Sul. Roedd fy rhieni yn bendant ynglŷn â hynny, a'm ffrindia i gyd yn methu â deall pam. Mi driais esbonio mai rwbath Cymreig oedd o, ond ro'n i'n gymaint o Gocni erbyn hynny byddai fy ffrindiau'n ateb: 'Yeah, but you're not Welsh, Jonesy, you're one of us lot!' Doedd gen i ddim ateb. Yn y sinema hefyd y dechreuais wneud points, fel bydda Nain yn dweud, efo ambell feinwen dlos o'r ysgol, a chael rhoi fy mraich yn araf am ei hysgwyddau. Petai fy mraich yn cael llonydd yna mentrwn gusan; os oedd yr ymateb yn ffafriol, ystyriwn y sefyllfa cyn mentro rhoi fy llaw ar ei bron, dros ei chot ucha. Wedyn rhedwn yr holl ffordd adra wedi cynhyrfu'n lân ac yn teimlo nwydau oedd yn ddieithr iawn i mi.

Fyddwn i byth yn colli ffilmiau Elvis Presley. Gwnaeth hwn argraff ddofn arna i, ac roedd ei luniau'n gorchuddio parwydydd fy ystafell wely. Yn wir, roedd cerddoriaeth roc diwedd y pum degau a dechrau'r chwe degau wedi fy arwain i fyd a diwylliant arall. Gwyddwn eiriau bron pob cân yn y deg uchaf, a gwyliwn raglenni fel *Wham*, *Oh Boy*, *Six Five Special* a *Cool for Cats* yn gyson. Gwariwn lawer o arian fy rownd lefrith ar ddillad i efelychu fy arwyr.

Roedd neuadd ddawnsio newydd yng nghanol y dre, y Mecca Ballroom, ac ar nos Wener byddai rhai o sêr y byd roc yn dod yno i chwarae. Yn Bops yr ysgol ro'n i wedi dysgu jeifio yn lled dda, a byddai'r gallu hwnnw o gymorth i ddenu cwmni ambell laslances ar nos Wener. Byddwn yn gwneud gorchest o jeifio efo un llaw a ffag ynghyn yn y llaw arall. Pen bach os bu un erioed.

Roedd mynd i'r sinema yn dal yr un mor gyfareddol i mi ag a oedd yn 'Reglws Bach, Niwbwrch, flynyddoedd ynghynt, ond yn Lloegr roedd y freuddwyd o berfformio ymhell yng nghefn fy meddwl. Doedd dim cyfle i wneud dim yn gyhoeddus, heblaw darllen weithiau yng ngwasanaeth yr ysgol. Ro'n i'n mynychu'r capel weithiau ond doedd y gwasanaethau Saesneg ddim at fy nant, ac mi fydden ni'n cael gwledd pan fydden ni'n mynd yn achlysurol i gapel Charing Cross yn Llundain. Roeddan ni hefyd yn mynychu'r Stevenage Welsh Society – Saesneg oedd iaith y gymdeithas honno, a ches i fawr o flas ar eu cyfarfodydd. Byddwn yn cynnig fy hun i warchod Owen fy mrawd yn lle mynychu'r cyfarfodydd. Roedd Owen yn tyfu, ac fel plentyn bach yn ganolbwynt i'r teulu. Dwi'n meddwl bod hynny wedi bod o fudd i mi, i dynnu sylw oddi wrth fy nghamweddau academaidd.

Rhaid i mi ddiolch o waelod calon i Mam ac Einion am un peth pwysig iawn yn fy mywyd i, sef cadw'r Gymraeg. Fel yr esboniais, ro'n i wedi troi'n Gocni llwyr ac yn mynnu siarad Saesneg adra, yn enwedig os oedd rhai o fy ffrindia efo fi. Byddwn yn dweud pethau fel: 'Mum, why do ya speak Welsh to me, in front of me mates?' Cymraeg fyddai ei hateb, a dim ond Cymraeg oedd iaith yr aelwyd. Pan ddechreuodd Owen siarad, dim ond Cymraeg a siaradai.

Ond daeth bollten arall, fel goleuni nefol, i gadw'r freuddwyd yn fyw. A bollten oedd hon, coeliwch chi fi. Os o'n i yn y ffrwd 'gellir gwneud yn well' yn Ysgol Llangefni, ro'n i yn y ffrwd (a dyfynnaf o un o fy adroddiadau ysgol) 'knows little and cares less' yn Shephallbury. Cytunaf â'r gosodiad, oherwydd roedd yr ysgol wedi cnocio unrhyw awydd i ddysgu a chydymffurfio allan ohona i. Daeth yr arwydd, mynegbost i fy arwain yn nes at wireddu fy mreuddwyd (dweud hynna ydw i rŵan, do'n i ddim yn ei weld o felly ar y pryd) – cefais ganmoliaeth yn yr ysgol. Sefyllfa debyg i honno efo Mrs Fisher yn Llangefni flynyddoedd ynghynt oedd hi, a Mrs Godden oedd enw'r athrawes Saesneg. Hen stordan annifyr, snobyddlyd oedd hi, yn mynnu ein bod ni i gyd yn galw pob dynes oedd yn athrawes yn 'ma'am'. Doedd hi byth yn gwenu, ac roedd yn fy nghasáu i â chas perffaith – fi fyddai wastad yn cael unrhyw swydd ddiwerth, annifyr. Roeddan ni'n darllen darnau o un o nofelau H. E. Bates yn ei dosbarth, ac ar ôl i mi ddarllen darn gweddol hir, mi stopiodd y gweddill rhag darllen. Canmolodd fi i'r cymylau a gofyn i mi aros ar ôl y dosbarth. Dywedodd fod gen i ddawn i bortreadu cymeriad a bod gen i lais darllen da, a'i bod am yrru am ffurflenni i mi i wneud cais i ymuno â Theatr Genedlaethol Ieuenctid Lloegr. Mi wnaeth, ond wnes i ddim â nhw. Ro'n i wedi penderfynu 'mod i'n mynd i adael yr ysgol a mynd yn ôl i Fôn cyn gynted ag y gallwn.

Roedd unrhyw beth oedd yn ymwneud â Chymru yn codi hiraeth arna i. Dwi'n cofio unwaith i mi fynd â chacen roedd Mam wedi ei phobi i dŷ ffrindiau, Mr a Mrs Bell; doedd y wraig ddim yn dda. Pan gyrhaeddais eu cartref, gwelwn fod pobol newydd wedi ymgartrefu y drws nesa, a bu bron i mi â llewygu pan welais rif eu Vauxhall Cresta mawr pinc, newydd sbon: GEY 111. Rhif Sir Fôn! Rhoddais y gacen i Mrs Bell, ond fedrwn i ddim anwybyddu'r posibilrwydd cyffrous. Magais blwc o rywle, a churais ddrws y tŷ drws nesa. Daeth merch ifanc benddu i'r drws. 'Dach chi'n siarad Cymraeg?' gofynnais iddi. 'Bobol bach, yndw!' atebodd Mrs Bessie Burns, un a agorodd siop Gymraeg y Cwpwrdd Cornel yn Llangefni yn ddiweddarach. Bu hefyd yn gynghorydd sir dros Blaid Cymru ar Gyngor Môn am flynyddoedd lawer. Roedd hi wedi cael swydd dysgu yn Stevenage tra oedd ei gŵr, Dennis, yn mynychu cwrs coleg yn lleol. Tyfodd y ddau yn ffrindiau agos i ni fel teulu, a phan gafodd Dennis swydd ym Môn bu Bessie yn lletya efo ni nes iddi orffen ei chytundeb dysgu.

Roedd y chwe degau wedi hen gyrraedd a gwelodd Mam nad oedd unrhyw werth i fy nghadw i yn yr ysgol oherwydd fy agwedd tuag at y lle a fy styfnigrwydd. Er 'mod i'n gwrthod gweithio ro'n i'n gallu rhygnu drwy arholiadau yn weddol: 'Suprising exam results, but shocking and dreadful attitude and behaviour through the term.' Felly cytunais i aros i sefyll fy arholiadau, rhyw fath o Lefel O o'r enw North Herts School Leaving Certificate. Roedden ni wedi bod ym Môn y Nadolig cyn yr arholiadau, a gweld fod Nain annwyl yn bur wael. Roedd yn orweddog mewn gwely i lawr y grisia yn y parlwr bach, yn dioddef yn arw o ganser. Gwyddwn wrth roi cusan iddi cyn gadael na welwn mohoni eto, felly roedd dechrau 1962 yn amser digon annifyr i mi, yn teimlo'n ddiwerth mor bell oddi wrthi. Ysgrifennodd lythyr atom ychydig cyn ei marwolaeth, ac roedd ei llawysgrifen hyd y ddolen ym mhob man. Nain o bawb, oedd â llawysgrifen hynod a chywrain ac a oedd yn llythyrwraig heb ei hail; dynes alluog, gwrtais a bonheddig, a'r un fwyaf hael a gerddodd y ddaear yma erioed. Os oedd rhywun yn agos at ei lle, Nain oedd honno.

Mi ges i wythnos o'r ysgol i fynd i'w chynhebrwng, ac yn wahanol i 'mhrofiad efo Taid, mi ges i ffarwelio â hi wrth lan y bedd. Roedd Wil yn beichio crio wrth adael y fynwent, a gafaelodd amdana i a dweud: 'Dim ond chdi a fi sy 'na rŵan.' Yn anfoddog yr es i yn ôl i Stevenage, a hir oedd y misoedd nes y byddwn yn cael gadael y lle am byth.

Ac felly y bu. Llwyddais i gael dyrnaid o dystysgrifau a gadewais dde-ddwyrain Lloegr am Fôn. Roedd Owen tua phedair oed bellach ac roedd hi'n anodd ei adael o, Einion a Mam, ond roedd yn rhaid i mi fynd achos ro'n i'n gwybod yn y bôn mai hynny oedd yn iawn.

PENNOD IX

Yn ôl i Fôn

Ennill bywoliaeth

Gadewais yr ysgol yn 1962 gyda dim ond dyrnaid o gymwysterau i wynebu bywyd a finnau ond yn fy arddegau. Y nos Wener y torrodd yr ysgol yng Ngorffennaf ro'n i ar y trên o Euston i Fangor a Bessie Burns yn gwmni i mi. Dyma'r tro cyntaf i mi ysmygu o flaen oedolyn o gydnabod, a theimlwn fy mod bellach yn ddyn. Druan â fi – roedd gen i lawer iawn i'w ddysgu.

Roedd Wil a 'nghyfaill Bill yn disgwyl amdanaf ar blatfform gorsaf Bangor. Cyrhaeddais Cefn Mawr yn y tywyllwch tua un ar ddeg y nos, y lle'n ddistaw fel y bedd ac yn oer. Roedd popeth wedi newid, a fyddai dim yr un fath eto. Teimlais unigrwydd a cholled wrth fynd i 'ngwely y noson honno a hefyd pan godais drannoeth. Roedd Wil yn godro a doedd neb yn y tŷ i wneud paned i mi, a'r funud honno sylweddolais fod yr hen bobol wedi mynd am byth.

Ar ôl brecwast neidiais ar fy meic a'i chychwyn hi am y pentre, a chan fod y rhan helaethaf o 'nghyfeillion yn dal yn yr ysgol, ro'n i'n rhydd i gymowta. Erbyn i mi gyrraedd yn ôl amser cinio roedd Anti Alice wedi cyrraedd, ac wedi hwylio bwyd i Wil a finna. Pan eisteddon ni'n tri i fwyta teimlwn fod rhywbeth yn yr awyr, ac Anti Alice dorrodd y newydd syfrdanol fod Wil am roi'r gorau i ffarmio, a bod Cefn Mawr i'w rhoi ar y farchnad. Tarodd hyn fi fel gordd – roedd dod adre i Gefn Mawr yr un mor bwysig i mi ag a oedd dod i Niwbwrch. Roedd y ddau le'n gyfystyr, a fyddai un heb y llall yn golygu dim i mi. Gofynnwyd i mi dros y pryd hwnnw beth ro'n i'n bwriadu ei wneud i ennill fy mara menyn. Doeddwn i erioed wedi ystyried y fath beth â gyrfa – ro'n i wedi rhyw feddwl y byddwn i'n raddol yn mynd i ffarmio ar ôl cael un haf arall o ryddid. Mi ges i wybod gyda pheth pendantrwydd nad oedd bwriad ganddyn nhw fy nghadw i, ond y gwir oedd i'r ddau fod yn gefn i mi, ac yn barod iawn eu cymorth, drwy eu hoes.

Daeth fy nyddiau ysgol i ben y diwrnod hwnnw, a dechreuais helpu o gwmpas y ffarm, nôl gwartheg a godro, ond nid efo llaw bellach. Y bore trannoeth, yn blygeiniol, daeth Wil i fy ystafell wely a gofyn y cwestiwn anoddaf a ofynnodd neb i mi erioed: 'W't ti isio aros yma i ffarmio? Croeso i ti neud, ac mi helpa i di gymaint ag y medra i, ond dwi'n dweud wrthat ti rŵan 'mod i'n chwilio am job arall!' Prin ddwy ar bymtheg oed o'n i, a doedd gen i ddim syniad sut i ateb, na sut i ffarmio chwaith o ran hynny. Meddyliais am y peth am oriau, ond doedd y syniad o godi cyn cŵn Caer i odro, a hynny ddwywaith y dydd, Sul, gŵyl a gwaith, bob dydd o'r flwyddyn, ddim yn apelio rhyw lawer i fachgen yn ei arddegau. Rhyw syniad oedd gen i y baswn i'n gweithio rhyw 'chydig a chwarae mwy, fel ro'n i wedi arfer gwneud ar hyd fy oes – ond fy newis i oedd gadael yr ysgol, felly rhaid oedd wynebu bywyd fel oedolyn. Gwrthod y ffarm wnes i, a chredwch chi fi, dwi'n dal i gael plyciau o edifeirwch hyd heddiw.

Gwerthwyd y ffarm i Edward Pritchard, dyn y bysus fyddai yn fy ngyrru fi i Ysgol Llangefni rai blynyddoedd ynghynt. Ei ŵyr, Merfyn Thomas, a'i deulu sy'n byw yno o hyd. Symudodd Wil i fyw i bentref cyfagos Llangaffo, ac es inna i'w ganlyn. Er 'mod i wedi fy ngeni yn Llangaffo, yn Niwbwrch y magwyd fi, a'r fan honno oedd (ac sydd) yn ddinas barhaus i mi, felly dim ond cysgu yn Llangaffo ro'n i – yn Niwbwrch ro'n i'n byw a bod.

Rhaid oedd cael gwaith, felly edrychais drwy'r papurau lleol ac yn y diwedd mi ges i waith mewn warws trin gwlân ym Mhorthaethwy, fel rhyw baciwr a oedd hefyd yn gwneud ychydig o waith swyddfa. Deuthum i gasáu'r swydd; a bod yn onest doedd gen i 'run syniad beth o'n i isio'i wneud a bûm yn gwneud amryw swyddi – o helpu ciperiaid Plas Newydd i fagu ffesantod i weithio mewn ffatri. Meddyliais unwaith am fynd i'r awyrlu ond drwy ryw drugaredd wnaeth hynny ddim dwyn ffrwyth. Mewn gwirionedd doedd gen i ddim ysbrydoliaeth i f'arwain at unrhyw yrfa. Awgrymodd Mrs Myra Evans, un o ffrindiau Mam (treuliodd hi a'i gŵr, Gwilym, eu mis mêl efo ni yn Stevenage), y dylwn i fynd yn syth yn ôl i Ysgol Llangefni i gwblhau fy addysg, gan fod gen i, yn ei thyb hi, ddigon yn fy mhen. Gwrthodais y syniad yn syth ond mi arhosodd ei geiriau yng nghefn fy meddwl; yn ddiweddarach, bu iddyn nhw fy sbarduno. Roedd hi'n gyfnod y Beatles, y Rolling Stones, yr Animals ac yn y blaen, ac mi ges i fy ysgwyd i'm sodlau gan y cynnwrf oedd yn y tir. Gwisgwn fel fy arwyr cerddorol ac roedd fy ngwallt yn lled hir (oherwydd pwysau gan Wil ac Anti Alice doeddwn i ddim yn cael ei dyfu mor hir ag y byswn i wedi hoffi), ac ro'n i'n wrthryfelwr heb achos go iawn, chwadal James Dean.

Roedd dwy siop tships yn Niwbwrch yn y cyfnod hwnnw, un yr enwog Mrs Mitchell a Spire House, ac roeddan nhw'n fannau ymgynnull i griw ifanc y pentre. Wedi i jiwcbocs gyrraedd ystafell gefn Spire House hwnnw oedd y ffefryn i ni a oedd yn gaeth i gerddoriaeth unigryw'r chwe degau. Roedd lle i ddawnsio yno, oedd yn rhoi cyfle i mi ddangos fy noniau jeifio. Am tua hanner awr wedi naw i ddeg bob nos byddai Wil yn canu corn y tu allan i fynd â fi'n ôl i'w dŷ yn Llangaffo. Doedd hynny, wrth reswm, ddim yn plesio felly safiais fy arian a phrynais sgwter Lambretta o'r pum degau, un du a melyn tebyg i wenynen farch – ac roedd yn swnio fel un hefyd. Byddai fy ffrindiau'n aros i wrando arna i'n cychwyn am adra, ac roeddan nhw'n gallu fy nghlywed i'n arafu a diffodd y sgwter o flaen tŷ Wil ddwy filltir i ffwrdd! Ar ôl rhyw ddeng mis dyrchafais i feic modur Triumph Tiger Cub a allai gyrraedd cyflymder o wyth deg milltir yr awr. Ro'n i'n teimlo fel dipyn o jarff efo helmed fel gofodwr. Roedd nifer o'm cyfoedion yn berchen ar feiciau modur o wahanol feintiau ac oedran, ac mi fydden ni weithiau'n mynd fel criw cyn belled â'r Rhyl ac yn ôl – oedd yn dipyn o antur bryd hynny. Wnes i erioed feddwl amdanaf fy hun fel rocar, ond roedd y beics yn rhoi rhyddid i ni fel criw i fynd i ble bynnag lecien ni heb fod yn ddibynnol ar neb.

Un o'r criw oedd yn berchen ar feic modur oedd Richard Alun Roberts; roedd o'n un o'm ffrindiau bore oes, y ddau ohonom yr un oed. Pan oeddan ni'n ddeunaw oed trefnodd y ddau ohonon ni, ynghyd ag Eifion Williams, yr Institiwt, i fynd i ffair Llanllechid. Roedd rhywbeth o'i le ar y Triumph a fedrwn i yn fy myw ei gael i gychwyn, felly methais gyrraedd sgwâr Niwbwrch mewn pryd i'w cyfarfod. Pan gyrhaeddais roedd yn rhy hwyr i feddwl cychwyn ac arhosais yn y pentre, ond cyn i mi gychwyn am adra y noson honno daeth y newydd dychrynllyd fod Richard wedi ei ladd mewn damwain erchyll ym Mhorthaethwy. Ysgydwodd y trychineb hwnnw ieuenctid y pentre, fi yn fwy na neb. Dyna'r cyfaill cyntaf i mi ei golli, ac effeithiodd hyn arna i'n arw iawn. Does gen i fawr i'w ddweud wrth feic modur byth ers hynny. Gwerthodd Wil y Triumph y tu ôl i 'nghefn i, ond wnes i ddim protestio. Es ar gefn beic modur pwerus fy nghyfaill Alwyn Pen Lan ymhen ychydig, ac addunedais nad awn ar gefn un byth wedyn.

Cefais golled arall yn ystod y cyfnod hwnnw – bu farw fy annwyl Yncl Owen, yr hen gapten. Erbyn hynny roedd o wedi mynd i fyw i gartref henoed yn Llangefni, hen blasty mawr o'r enw Park Mount, ac ro'n i'n mynd yno i'w weld bob cyfle gawn i. Roedd o'n dal i fy rhyfeddu hyd at ei ddyddiau olaf. Gan ei fod yn talu am ei le o'i bensiwn capten llong, cafodd ystafell fawr iddo fo'i hun, a'i breifatrwydd (oedd yn handi iddo fo a'i ffansi ledi o Amlwch mae'n siŵr), ond ar un achlysur, oherwydd diffyg lle, bu'n rhaid i'r hen greadur rannu ei lofft. Doedd hyn ddim wrth fodd yr hen gapten, ac yn goron ar y cwbwl, roedd chwyrnu ei gyd-lofftiwr yn annioddefol. Aeth i siop Peacocks yn Llangefni i brynu gwn dŵr, er mwyn saethu'r hen greadur yn ei glust bob tro y dechreuai chwyrnu. Symudwyd y chwyrnwr yn fuan iawn. Byddai hefyd yn diflannu o'r cartref am ddyddiau ar y tro i fynd i westai ac ar ei sbri, nes y byddai Anti Alice yn mynd i'w nôl a rhoi ram-dam iawn iddo. Ar ôl cystudd byr bu farw, a dwi'n cofio fod y cynhebrwng ar ddiwrnod glawog, stormus; a chriw o hen longwyr Niwbwrch yn dal eu hetiau yn erbyn eu hwynebau rhag y glaw, yn canu 'Ar fôr tymhestlog teithio rwyf', a'r dagrau'n llifo i lawr bochau Edward Pritchard a fy rhai innau.

Roedd yr awydd i berfformio yn dal yn gryf, ac mi ges i gyfle i wneud hynny unwaith yn rhagor ar ôl dychwelyd i Fôn. Bûm yn ysgrifennydd yr ysgol Sul ac o'r herwydd yn gorfod siarad yn gyhoeddus bob Sul, rhywbeth a fu'n help mawr i'm hunanhyder o flaen cynulleidfa. Roedd clwb ieuenctid llewyrchus yn y pentre, a heb sylweddoli hynny dysgais sgiliau yno a fu o fudd i mi fel actor yn ddiweddarach, megis ymladd cleddyfau a dawnsio. Ie, dawnsio! Bu Albanwr o'r enw Forbes, a oedd yn rhedeg gwesty yn Rhosneigr, yn rhoi gwersi dawnsio i ni am tua dwy flynedd. Dawnsio ffurfiol oedd o: y *waltz*, y *foxtrot*, y *quickstep* ac ati, ac mewn rhyw ffordd elfennol doeddwn i ddim yn ddawnsiwr rhy ddrwg. Effaith y jeifio un llaw yn Stevenage efallai. Y pencampwr oedd Norman Evans – roedd o'n wych o ddawnsiwr mewn unrhyw arddull. Arhosodd Norman yn y pentre ac mae ei gyfraniad i Niwbwrch a'i bobol ar hyd y blynyddoedd yn amhrisiadwy. Dewiswyd tri chwpwl i gystadlu ar y ddawns yn Eisteddfod Ieuenctid Môn; Norman, Bill a – chredwch chi byth – fi! Trwy'r eisteddfod hon y dechreuais gystadlu unwaith eto gan adrodd a chymryd rhan mewn corau adrodd dan hyfforddiant W. H. Roberts. Roeddan ni'n cystadlu a pherfformio mewn gwahanol ddigwyddiadau, a daeth yr awch yn ôl – ond breuddwyd gudd oedd fy nyhead i berfformio'n broffesiynol o hyd.

Yn ystod yr un cyfnod, mi ges i gyfle i actio go iawn. Ffurfiodd y Parch T. J. Griffith gwrs drama yn y clwb ieuenctid, a daeth athro ro'n i'n ei gofio o Ysgol Llangefni i'n dysgu: Mr Glyndwr Thomas. Ro'n i wrth fy modd. Ar un achlysur bu i griw ohonon ni gystadlu mewn cystadleuaeth drama ar dâp ac ennill! Dyna fy mhrofiad cyntaf o weithio efo meicroffon, yn Institiwt Niwbwrch, ac ychydig a feddyliais yr adeg honno y byddwn yn ennill rhan o fy mywoliaeth drwy actio ar y radio.

Yn ystod y cyfnod yma hefyd y dechreuais gymryd diddordeb o ddifri mewn genethod, a dechrau, fel y bydd pobol Môn yn dweud, hel merchaid. Syrthiais mewn cariad fwy nag unwaith yn fy arddegau, a chafodd fy nghalon ei thorri'n racs ar ambell achlysur. Perais innau dipyn o boen i eraill hefyd – doeddwn i ddim yn deall emosiwn yn iawn ac yn sicr doedd gen i 'run syniad sut i drin na pharchu merched. Mi gymerodd hynny lawer iawn o amser, mwya'r cywilydd i mi, ac ymddiheuraf yn llaes am fy ymddygiad. Dwi am ddweud yn blaen yn y fan yma nad ydw i am enwi pob merch y ces i berthynas efo nhw. Dwi'n teimlo fod hynny'n rwbath preifat rhyngddyn nhw a fi – ac yn sicr dwi wedi creu digon o lanast yn fy mywyd heb ychwanegu at y boen yn y llyfr yma – felly os ydach chi'n disgwyl mwy am hynny, mae'n ddrwg gen i'ch siomi. Bydd ambell un, dwi'n siŵr, yn rhoi ochenaid o ryddhad. Yr unig berthnasau y bydda i'n eu trafod yn y llyfr yma ydi'r rheini sy'n berthnasol i fy stori; ond cofiwch, roedd pob un yn berthnasol yn eu ffordd eu hunain.

Dechrau Hel Diod

Roedd llawer o ddawnsfeydd o gwmpas Môn yn y chwe degau a grwpiau byw yn chwarae ynddyn nhw; grwpiau lleol oedd yn dynwared bandiau mawr Lerpwl yn y cyfnod. Neuadd y Dre Llangefni, neu'r Town Hall fel roeddan ni'n galw'r lle, oedd ein cyrchfan ni ieuenctid Niwbwrch, i wrando ar grwpiau fel yr Infamous Coalition, Mo and the Mystics, ac wrth gwrs ein ffefryn, yr Anglesey Strangers, a dawnsio i gyfeiliant y grwpiau hynny. Am yn ail â'r grwpiau yma byddai'r Tom Lennon Trio (grŵp ac iddo bedwar o aelodau) yn troedio'n ôl i'r gorffennol drwy chwarae seiniau'r big band. Byddai criw ohonon ni'n llogi tacsi Eifion Williams o'r pentre i'n cludo i Langefni bob nos Sadwrn, a byddwn yn mwynhau'r cyfle i gyfarfod â llawer ro'n i'n eu cofio o'm dyddiau yn Ysgol Llangefni.

Un a fyddai yno bob gwyliau coleg oedd Hywel Gwynfryn – roedd o ychydig yn hŷn na fi yn yr ysgol, a dwi'n cofio'i weld o yno unwaith mewn côt law wen efo belt tyn yn ei chau, ei golar i fyny a'i wallt yn llawn Brylcreem. Roedd merched o'i gwmpas fel gwenyn o gwmpas pot jam, a meddyliais mor braf fyddai bod yn fyfyriwr fel fo. Myfyriwr drama oedd o ar ben hynny, felly doedd dim terfyn ar fy nghenfigen.

Ro'n i wedi profi cwrw yn Lloegr, ac roedd agwedd y Saeson tuag at alcohol yn y cyfnod hwnnw yn wahanol iawn i agwedd y bobol y ces i fy magu yn eu plith. Doedd alcohol ddim yn cael ei gyfrif fel unrhyw bechod gan rieni fy ffrindiau ysgol, yn wir, byddai teuluoedd llawer o'm cyfoedion yn gadael iddynt yfed cwrw ar adegau arbennig. Dwi'n cofio'r prifathro yn datgan o lwyfan y gwasanaeth boreol un tro nad oedd dim gwell na pheint neu ddau o gwrw ar ôl cerdded am awr neu ddwy ar fore braf! Anodd credu hynny heddiw efallai, ond roedd agwedd y rhan helaethaf o'r gymdeithas gapelyddol Gymreig yn elyniaethus iawn i alcohol yn y cyfnod yma, ac olion mudiad dirwest Methodistiaid oes Fictoria yn dal yn y tir. Pan ges i gwrw yng nghartref ffrind yn Stevenage am y tro cynta, ro'n i'n ei gasáu – phrofais i erioed flas mor anghynnes yn fy mywyd, a thyngais nad o'n i am gyffwrdd â'r stwff fyth. Hawdd oedd ymatal rhag rhywbeth a oedd yn blasu mor erchyll.

Ar ôl y profiad cyntaf hwnnw mi ges i wahoddiad gan gyfaill arall i barti gwaith ei dad; roedd yno far am ddim, hynny o alcohol a allai dyn ei ddal, a photeli wedi eu hagor ar fyrddau yn barod. Gwrthodais gwrw yn syth, ond cyflwynwyd fi i ddau ddiod a oedd ar y pryd yn cael eu cyfrif fel diodydd i ferched: Pony a Babycham. Roedd y rhain yn felys ac yn dda, ac ar ôl ychydig ro'n i nid yn unig yn mwynhau eu blas ond hefyd eu heffaith. Am y tro cyntaf yn fy mywyd roedd gen i'r un hyder â phawb arall. Teimlwn 'mod innau'n perthyn yn hytrach na bod ar wahân, ac ro'n i'n mwynhau'r profiad o'r cyffur.

Er mai dim ond dwy ar bymtheg o'n i, ro'n i'n dal iawn o fy oed a gallwn fynd i dafarnau a phrynu diod heb unrhyw groesholi gormodol. Felly ar nos Sadwrn, ar ôl cyrraedd Llangefni, byddwn yn mynd yn syth i dafarn y Market i yfed ychydig cyn mynd i'r ddawns. Wedi cael diod byddwn mor hyderus â phawb arall, ac yn gallu gofyn i ferched ddawnsio efo fi. O dipyn i beth ac efo dyfalbarhad cefais flas ar gwrw, a threuliwn fwy a mwy o amser yn y tafarnau. Cyn pen dim, fyddwn i ddim yn mynd i'r dawnsfeydd nes y byddai'r tafarndai wedi cau. Bryd hynny, ro'n i'n llawn hyder a dewrder alcohol ac yn barod i wynebu unrhyw beth.

Pan fyddwn yn cyrraedd yn ôl i dŷ Wil byddwn ofn iddo glywed ogla cwrw ar fy ngwynt, ond gan amlaf byddai wedi mynd i'w wely. Os byddai o'n dal ar ei draed, byddwn yn cuddio yn yr ardd gefn nes y gwelwn y golau'n diffodd.

Tyfodd fy ngallu i yfed a medrwn lowcio dipyn go lew cyn iddo gael effaith. Roedd fy arian i gyd yn mynd ar nos Sadwrn, a chyn hir roedd mynd allan ar nos Sadwrn yn golygu yfed a dim arall – roedd sawl un o 'nghyfeillion yn gwneud yr un fath, a byddem yn mynd i westai a thafarnau llawn hwyl a sbort. Meddwi bellach oedd y nod ar y Sadwrn, nid dawnsio. Roedd llawer o fy ffrindiau yn hŷn na fi ac yn gallach. Mae amryw wedi marw bellach: Wil Buff, Huw Bach a Robin Pen Lôn; ond mae 'na rai yn fyw i gofio'r miri i gyd yn enwedig Robert Griffith (Robin Magi Elin). Dwi'n siŵr iddo fo fy achub i rhag boddi lawer gwaith, ac mae gen i felys gof ohono fo a finna'n cerdded o Rosneigr i Niwbwrch yn cario cês o gwrw rhyngddon ni, a chyrraedd Niwbwrch fore trannoeth, a finna yn yr ysgol Sul am ddau!

Yn wahanol i mi, roedd fy nghyfaill Bill wedi dechrau canlyn yn selog, efo merch hyfryd o Frynsiencyn o'r enw Evelyn a ddaeth yn wraig iddo ac yn ffrind annwyl ac agos i minnau. Roedd Anti Alice a Wil, oedd yn cadw llygad arna i yn absenoldeb Mam, wedi sylweddoli fy mod yn hel diod. Bu hyn yn destun llawer ffrae rhyngom ac yn ofid calon iddyn nhw, ond doeddwn i'n gwrando dim – roedd fy nghyfaill, alcohol, yn agosach ata i na neb. Roedd o'n gwneud i mi deimlo'n normal a hyderus, a doeddwn ni ddim yn gweld fod popeth drwg a oedd yn digwydd i mi yn digwydd o achos alcohol.

Unwaith, ro'n i'n yfed mewn tafarn ar lannau'r Fenai, ac wedi gaddo mynd i nôl ffrind i orsaf trên Llanfair-pwll. Doeddwn i ddim isio gadael y gwmnïaeth ac aeth ffrind arall i'w nôl ar gefn y Truimph. Doedd gan y gyrrwr hwnnw ddim trwydded nac yswiriant i yrru fy moto beic i. Cafodd y ddau ddamwain ar y ffordd yn ôl, ond ni ddaethpwyd ag achos yn ein herbyn – cefais glustan go galed gan yr heddwas lleol ond, yn waeth na hynny, roedd y stori allan fy mod i ar fy nhin yn y Mermaid Inn, a bu twrw a ffraeo mawr ar gownt y peth.

Ryw ddiwrnod neu ddau wedi'r ddamwain ro'n i ar y sgwâr yn Niwbwrch pan ges i neges bod John Evans y crydd isio 'ngweld i. Es yn syth i'w weithdy, a dechreuodd draethu wrtha i am fy yfed – roedd o'n gwybod mwy o lawer amdana i nag yr o'n i'n ei sylweddoli. Wnaeth o ddim dweud y drefn, dim ond fy nghynghori'n bwyllog a deallus ynglŷn â pheryglon y bywyd ro'n i'n ei fyw. Gresyn na fyswn i wedi gwrando arno, oherwydd daeth ei eiriau i gyd, bron iawn, yn wir rai blynyddoedd yn ddiweddarach. Ar ôl hynny, petawn yn croesi trothwy'r White Lion yn Niwbwrch, y lle hwnnw y gwelais y golau a'r chwerthin yn dod ohono pan o'n i'n blentyn, byddwn ofn i rywun fy ngweld yn mynd i mewn. Doedd fawr o ots gen i pan fyddwn ar fy ffordd allan. Rhaid i mi ddweud fy mod wedi cael amseroedd difyr iawn yn y White yng nghwmni rhai o'm ffrindiau a'r hen ddynion, ond bu'n rhaid i mi dalu yn ddrud am y difyrrwch hwnnw ymhen blynyddoedd.

PENNOD X

Yr Heddlu

Ymuno

Wedi i mi roi cynnig ar amryw bethau, o weithio i'r Marcwis i fod yn weithiwr ffatri, ro'n i'n dal heb unrhyw arweiniad nac uchelgais yn fy mywyd, ar wahân i'r freuddwyd gudd o fod isio perfformio. Rhyw grwydro yma ac acw o'n i, ac yn ddigon bodlon ar hynny. Roedd dau o frodyr Mam bellach yn uwch-swyddogion yn yr heddlu, ac roedd amryw yn fy nghynghori i ymuno â nhw. 'Ti'n ddigon tal,' dyna fyddai pawb yn ei ddweud, ac yn sicr roedd yn rhaid i rywun fod yn dal i fynd i'r heddlu yr oes honno. Roedd Yncl John yn arolygydd yng ngofal Hyfforddiant yn Heddlu Gwynedd (roedd hen heddluoedd Môn, Arfon a Meirionnydd wedi uno ers dechrau'r pum degau, ymhell cyn i'r siroedd wneud hynny'n ddiweddarach). Doedd fy mywyd diarweiniad ddim wrth fodd Yncl John, a daeth i fy ngweld er mwyn gofyn a oedd gen i ddiddordeb mewn gyrfa yn yr heddlu. Fedrwn i ddim meddwl am well ateb i'w gynnig, felly dywedais fod gen i.

Fy nosbarth yng Nghanolfan Hyfforddi Heddlu Cymru ym Mhen-y-bont, haf 1965

Rhoddodd hen bapurau arholiad i mi i'w llenwi, a gwelodd na wnes i'n rhy ddrwg er fy mod wedi gadael yr ysgol ers blwyddyn neu ddwy bellach. Yr unig un y ces i drafferth efo fo oedd y papur Cymraeg – doeddwn i ddim wedi astudio'r Gymraeg ers pan o'n i'n un ar ddeg oed – ond ar ôl ychydig o wersi, sefais yr arholiad i gael fy nerbyn i Heddlu Gwynedd: Saesneg, Mathemateg, Daearyddiaeth, Gwybodaeth Gyffredinol a Chymraeg. Roedd hi'n ofynnol i bawb fod yn rhugl yn y Gymraeg cyn cael ei dderbyn i'r heddlu, a chofiaf y ddau gwestiwn Cymraeg hyd heddiw: 'Ysgrifennwch draethawd am eich bro dan dalu sylw arbennig i'r ochor ddiwydiannol a diwylliannol' ac 'Ysgrifennwch unrhyw gerdd sy'n cynnwys mwy na thri phennill'. Gresyn na fasan nhw'n gwneud hyn heddiw.

Cyn i mi gael fy ngwynt ataf bron ro'n i mewn siwt barchus (wedi ei benthyg gan Yncl Owen, oedd yn arolygydd yng Ngorsaf Heddlu Bangor ar y pryd), fy ngwallt wedi ei dorri yng nghroen y baw, yn sefyll o flaen Lefftenant-cyrnol William Jones-Williams, ewythr Hywel

Gwynfryn a Phrif Gwnstabl Heddlu Gwynedd, yn cael fy nerbyn fel Plismon Dan Hyfforddiant ac yn arwyddo'r Ddeddf Cyfrinachedd Swyddogol, yr Official Secrets Act. Rhaid i mi gyfaddef 'mod i wedi torri honno ganwaith a mwy bellach. Roedd pedwar ohonom yn cael ein derbyn i'r heddlu ar yr un pryd: fi, Bob Wormsley o Gaergybi, Elwyn Roberts o Ddolwyddelan ac Idris Jones o Walchmai. Ar y ffordd yn ôl o bencadlys Heddlu Gwynedd ym Maesincla, Caernarfon y diwrnod hwnnw, ro'n i'n teithio yng nghefn fan Idris. Cafodd ddamwain a ni, yn blismyn ers awr, oedd ar fai. Lluchiwyd fi ar hyd cefn y fan fudur nes 'mod i'n galch ac yn goncrit i gyd, a siwt ddrudfawr Yncl Owen yn drybolau. Dyna ddechra da – ac awgrym o'r hyn oedd i ddod yn fy ngyrfa blismonaidd.

Yn gyntaf, roedd yn rhaid mynychu Canolfan Hyfforddi Heddlu Cymru ym Mhen-y-bont ar Ogwr, hyn ryw dair blynedd go lew ar ôl i mi eistedd wrth ddesg ysgol am y tro olaf. Cofiaf yn iawn i mi gychwyn am y ganolfan drwy ddal bỳs yn Niwbwrch yng nghanol Mai 1965, a finna newydd gael fy mhen-blwydd yn bedair ar bymtheg oed. Roedd gen i fagiaid o ddillad, yn cynnwys iwnifform newydd, i gychwyn ar fy siwrnai. Tra o'n i'n disgwyl am y bỳs hwnnw yn y pentref, gadewais fy mag yn siop cigydd Owen Evans er mwyn mynd i'r siop gerllaw i brynu sigaréts. Es yn ôl, cydio yn fy mag a chychwyn ar y bỳs i orsaf drenau Bangor. Roedd rhaid newid trên ryw dair gwaith cyn cyrraedd Pen-y-bont, a phob tro y codwn y bag ṭeimlwn ei fod yn hynod o drwm. Beiwn Anti Alice am orbacio ar fy nghyfer – doeddwn i ddim yn ddigon cyfrifol yn ei barn hi i bacio fy nghês fy hun, a finna'n mynd yn blisman!

Cyrhaeddais ben fy nhaith, ac arweiniwyd fi i ystafell wely gymunedol a fyddai'n lletya tua wyth o gywion plismyn, ac fel pawb arall dechreuais ddadbacio. Mawr oedd fy syndod pan welais garreg anferth ar ben fy nillad yn y bag. Owen Evans y cigydd oedd wedi ei chodi oddi ar ben wal tŷ cyfagos a'i rhoi yno tra o'n i yn y siop. Ei esboniad, pan welais o nesaf, oedd: 'rhag ofn y basa gin ti hiraeth am Niwbwrch.' Roedd yr hogia eraill oedd yn dadbacio'u bagiau eu hunain yn edrych yn syn arna i, felly rhoddais y garreg yn dawel yng ngwaelod fy wardrob, ac yno y gadewais i hi pan es i adra.

Bu i mi fwynhau fy nghyfnod yn y ganolfan hyfforddi ym Mhen-y-bont; teimlwn fod y cwrs, yn enwedig yr ochor gyfreithiol, yn hynod ddifyr. Roedd yr ochor gorfforol yn ddifyr hefyd, yn enwedig y gwersi hunan-amddiffyn a sut i handlo'r pastwn (y *truncheon*). Y cyngor a gawson ni oedd: 'anelwch am yr ysgwyddau, y breichiau neu'r coesau yn unig, ond gofalwch fod y pen yn mynd ar y ffordd bob tro.' Yn fy mhoced i fu'r pastwn ar hyd fy ngyrfa, diolch byth.

Ro'n i hefyd yn mwynhau'r martsio a'r *drill*. Sarjant Samuel oedd yng ngofal y *drill*, un a fu'n hyfforddwr yn y Gwarchodlu Cymreig cyn ymuno â'r heddlu. Wrth ein martsio i fyny ac i lawr tu allan i'r ganolfan, byddai'n ein galw yn bob enw, ac ar yr un pryd yn ein galw'n foneddigion: 'you are all like a bunch of pregnant penguins, gentlemen.' Ro'n i'n gweld hyn yn hynod ddigri, ac roedd ganddo yntau wên ar ei wyneb wrth ein blagardio. Yn anffodus i mi roedd yn nabod Yncl John, gan fod hwnnw'n ddarlithydd yno rai blynyddoedd ynghynt, a byddai'n bygwth dweud wrtho am unrhyw gamwedd o'm heiddo i. Cofiaf o unwaith yn gofyn i un diniwed o ble yr oedd yn dod. 'Porth, Rhondda,' atebodd. Ychwanegodd Samuel: 'Porth, Rhondda, gentlemen, my first station. There they sleep with one another all year round and share the babies out at Christmas!'

Yma hefyd y dois i wyneb yn wyneb â diwylliant di-Gymraeg de Cymru am y tro cyntaf, a theimlo eu bod yn llawer mwy agored a gwresog na ni'r Cymry Cymraeg gogleddol Presbyteraidd. Cariai'r rhain eu teimladau yn o agos i'r wyneb, a chaech wybod yn union be oeddan nhw yn ei feddwl. Roedd hyn yn ddieithr iawn i mi – cuddio popeth a pheidio â dangos emosiwn oedd fy arferiad i, a pheidio brolio fy hun. Petai un o'r rhain wedi gwneud rhywbeth da doedden nhw ddim yn swil o ddweud hynny; felly hefyd os oedden nhw wedi methu. Ro'n i wedi chwarae rygbi yn yr ysgol yn Swydd Hertford cyn hynny, ond welais i erioed y fath frwdfrydedd tuag at unrhyw gêm ag a welais ymysg y mwyafrif ym Mhen-y-bont. Buan y deallais fod y gêm yn rhyw fath o grefydd gyda'r timau'n cynrychioli gwahanol sectau.

Roedd dwy ffrwd i'm cwrs i yn y Ganolfan, llawer yn chwarae rygbi i dimau dosbarth cyntaf megis Abertawe, Caerdydd neu Gasnewydd. Ro'n i'n dal ac wedi chwarae o'r blaen, felly roedd yn rhaid i mi chwarae i fy nosbarth, ond yn anffodus i mi fy ngwrthwynebwr oedd Gareth Howls a oedd newydd ennill ei le, yn yr ail reng yr adeg honno, yn nhîm cyntaf Glynebwy. Dewiswyd Gareth yn ddiweddarach yn eilydd rheng flaen i'r tîm cenedlaethol yn ystod oes aur rygbi Cymru yn y saith degau. Tyfodd chwedloniaeth am galedrwydd Gareth a'i ddull corfforol o chwarae, ac mi alla i ategu pob gair. Cefais fy ngholbio o bared i bost, a dwn i ddim wnes i orffen unrhyw gêm heb gael anaf poenus iawn, iawn. Er gwaetha'r anafiadau cwblheais y cwrs yn llwyddiannus, a daeth Roy Jenkins y gwleidydd i'n gweld ni'n graddio. Roedd enw pawb a'i ranbarth o'r heddlu uwchben poced uchaf côt ei iwnifform, ac wrth i Jenkins gerdded heibio i ni, i dalu gwrogaeth, arhosodd gyferbyn â fi. 'Is that a girl's name, Gwynedd?' gofynnodd. 'Yes, it is,' atebais efo tinc o eironi, ond aeth y cyfan dros ei ben.

Er fy mod wedi mwynhau'r cwrs yn fawr iawn, mewn

ystafelloedd darlithio a strydoedd ffug roeddan ni wedi bod am fisoedd. Peth hollol wahanol oedd wynebu a phlismona strydoedd a phobl Gwynedd.

Wrth edrych yn ôl, dwi'n teimlo nad o'n i, yn bedair ar bymtheg oed, yn ddigon aeddfed i gyflawni swydd mor gyfrifol. Doedd gen i yn bersonol ddim canllawiau ar sut i fyw ar fy mhen fy hun am y tro cyntaf – roedd rhywun wastad wedi bod wrth law i ofalu am fy anghenion sylfaenol, ond rŵan ro'n i ar fy liwt fy hun heb neb i'm cynnal. Y dewis oedd suddo neu nofio, a thueddu i suddo ro'n i.

Ar ôl graddio o Ben-y-bont, roedd pawb a fu'n llwyddiannus, sef y pedwar ohonom, yn cael ei yrru i'n gwahanol orsafoedd cyntaf, fel cywion plismyn. Doedd yr un ohonon ni'n gwybod i ba orsaf roeddan ni i gael ein gyrru nes i ni gael ein gweld yn unigol gan y Prif Gwnstabl, iddo gael rhoi ei farn, dros ei sbectol, ar ein canlyniadau o'r ganolfan hyfforddi. Wedi gwneud hynny mi ddywedodd wrtha i yn ei Saesneg Sir Feirionnydd gorau: 'You are to be stationed in Dolgellau.' Suddodd fy nghalon. Ro'n i wedi gobeithio cael mynd i rywle fel Llandudno, Caernarfon, Bangor neu Gaergybi, felly cefais glamp o siom, ond teg dweud na pharhaodd y siom yn hir ar ôl cyrraedd y dreflan hynod honno.

Gallai plisman ifanc ddysgu mwy a chael ystod ehangach o brofiadau yn Nolgellau nag yn yr un o drefi mwy Heddlu Gwynedd. Y rheswm am hyn oedd ein bod yn cael ein gollwng i'r ffau yn syth, ac yn gorfod ymdrin â phob math o achosion gan nad oedd yno unedau arbennig megis CID ac ati. Dim ond fi oedd ar y stryd, ar fy mhen fy hun weithiau, yn hytrach nag yn un o nifer. Roedd yn rhaid dysgu a magu profiad, a hynny'n sydyn. Byddai hyn o fantais i'r sawl a oedd â'i fryd ar wneud gyrfa lwyddiannus yn yr heddlu – roedd yn rhaid bod yn aeddfed a disgybledig, dau beth nad oedd yn wir amdana i ar y pryd. Byddai wedi bod yn well o'r hanner gyrru rhywun o fy natur i (sef hogyn hollol annisgybledig) i dref fwy ac yno sarjant yn edrych i lawr fy ngwar, i'm harwain drwy esiampl. Mi ges i ddisgyblaeth ac arweiniad yn Llandudno yn nes ymlaen yn fy ngyrfa, ond erbyn hynny roedd hi'n rhy hwyr. Mae'n debyg mai Yncl John oedd yn gyfrifol am fy ngyrru i Ddolgellau, gan feddwl y byswn i'n magu llawer mwy o brofiadau yno a fyddai o fudd i mi yn fy ngyrfa. Chwarae teg iddo, ond doedd o ddim wedi sylweddoli mor anaeddfed o'n i.

Cyrhaeddais dref Dolgellau ar bnawn Sul ddiwedd Awst 1965, diwrnod crasboeth o ddiwedd haf. Wil yrrodd fi yno efo Anti Alice yng nghefn y car, i fy ngollwng i'r byd mawr ar fy mhen fy hun am y tro cyntaf. Cyrhaeddais orsaf heddlu Dolgellau, adeilad Gothig hardd wedi ei adeiladu o garreg nodweddiadol y dref hyfryd yma. Roedd yr adeilad yn arfer bod yn bencadlys i hen Heddlu Meirionnydd, ond ers rhai blynyddoedd pencadlys adran Meirionnydd o Heddlu Gwynedd oedd o. Roedd yno dri yn y swyddfa, pedwar o blismyn ac un sarjant yng ngofal y dref a'r pentrefi o amgylch, un plisman car ac, yn goron ar y cwbwl, uwch-arolygydd, neu y Siwper, fel roeddan ni'n ei alw fo, oedd yn tra-arglwyddiaethu dros y sir i gyd.

Roedd y sarjant, Osmond Jones, yno i'n cyfarch yn y drws pan gyrhaeddon ni. Wrth i Wil ddod allan o'r car talsythodd Osmond Jones a'i saliwtio nes bod ei law yn crynu. Cyfarchodd Wil o, ac agorodd y sarjant y drws i ni i gyd – roedd yn mynnu galw Wil yn 'syr', a chyfarchodd Anti Alice yn hynod foneddigaidd. Ar ôl iddyn nhw adael, gofynnodd yr heddwas Malcolm Griffiths i Osmond pam ei fod o'n saliwtio a syrio Wil. Atebodd Osmond yn ei hanner Cymraeg, hanner Saesneg: 'Wel, isn't he brawd

John Hughes?' Cadarnheais fod Wil yn wir yn frawd i Yncl John, a hefyd yn frawd i Mam. 'Wel yes, ia, mae o'n Chief Inspector yn Bangor you know.' 'No, Duw, that's not O. P. Hughes, he must be another brother!' atebodd Malcolm yn Saesneg. 'Yes,' meddwn innau yn Saesneg, gan feddwl mai dyna iaith yr heddlu. Cochodd Osmond fel bitrwt, aeth yn flin a dywedodd wrth Malcolm am fynd â fi i fy nhŷ lojin, ac wrtha inna am fod yn yr orsaf yn brydlon am naw y bore wedyn. Roedd fy nghyfarfyddiad cyntaf i â Sarjant Osmond Jones yn adlewyrchiad perffaith o'i gymeriad–llyfwr tin, ac os nad oeddech chi'n 'rhywun' doeddech chi'n da i ddim iddo. Fel y deuthum i'w nabod yn well, lleihau wnaeth fy mharch tuag ato.

Cyrhaeddais fy llety yn ddiweddarach y noson honno a chael fy nghyflwyno i Mrs Griffiths a'i merch. Ar eu haelwyd nhw ro'n i'n lletya am y misoedd nesaf, aelwyd lân a threfnus efo bwyd da. Be arall oedd rhywun ei angen? Ar ôl swper es am dro o amgylch y dre gan ryfeddu mor hynafol roedd pob man yn edrych. Teimlais yn syth fod urddas yn perthyn i'r lle, eto teimlwn yn ddieithr a chefais bwl o hiraeth am rywbeth neu rywle na wyddwn yn iawn beth oedd o. Chysgais i fawr y noson honno, yn troi a throsi gan feddwl am droedio palmentydd Dolgellau wedi fy ngwisgo fel plismon am y tro cyntaf.

Daeth rhyw gyfog drosta i wrth wneud fy hun yn barod i fynd i swyddfa'r heddlu y bore cyntaf hwnnw; a dweud y gwir, teimlwn yr un ysictod bron bob bore tra bûm yn blismon yn Nolgellau. Teimlwn fod rhywbeth o'i le, na ddylwn i fod yn y swydd. Yn sicr, doedd a wnelo'r dre a'i phobol ddim â'r peth – roedd gen i, ac mae gen i o hyd, feddwl y byd o'r lle a'r bobol. Wrth i'r wythnosau fynd heibio ro'n i'n siŵr fy mod wedi gwneud camgymeriad dybryd drwy ymuno â'r heddlu. Ro'n i'n nerfus iawn, nid oherwydd unrhyw ofn corfforol, ond ro'n i'n gwybod nad oedd y sgiliau byw na'r aeddfedrwydd priodol gen i i gyflawni'r swydd.

Cyfarfyddais â gweddill y plismyn a chriw'r swyddfa, a chyflwynwyd fi i'r Siwper: Siwperintendant Williams, dyn tal cadarn a llond ceg o Gymraeg gloyw ganddo. Roedd rhyw urddas ac awdurdod o'i gwmpas, roedd yn ddyn oedd yn ennyn parch, ac yn ei dderbyn, gan bawb. Rhestrodd ofynion ymddygiad plismon mewn tref wledig fel Dolgellau, ac roedd y cynghorion i gyd yn rhai doeth – ond yn fuan iawn deuthum i ddeall nad oedd unrhyw un yn cadw at ganllawiau parchus Mr Williams.

Roedd y plismyn a oedd ar y stryd yn Nolgellau yr adeg honno i gyd yn ifanc iawn, yn eu hugeiniau, a finna yn fy arddegau. Roeddan nhw'n griw hawddgar ac roedd llawer o hwyl i'w gael yn eu plith, ac ar y cyfan yn gydwybodol heb fod yn ormodol felly. Tra o'n i'n dod i nabod y dre a'i phobol cefais glywed am wrhydri a champau cyn-blismyn y dre – nid eu doniau dal lladron a drwgweithredwyr ond yn hytrach eu campau yn cadw reiat ac yfed ar ôl amser. Buan iawn y deallais hefyd nad oedd nifer o dafarnau'r dre a'r cyffiniau yn cadw i lythyren y ddeddf drwyddedu, ac ar ôl i mi ddod i adnabod y sefydliadau rheini'n well, ac wedi iddyn nhw ddod i 'nhrystio inna, cymerais fantais o'r sefyllfa. Fel plismon yn Nolgellau y cefais ryddid go iawn am y tro cyntaf a gwnes yn fawr ohono. Yn anffodus, fel yr ydw i wedi pwysleisio o'r blaen, doedd gen i ddim syniad sut i ddefnyddio'r rhyddid hwnnw.

Dechreuais deimlo, o dipyn i beth, nad oedd Sarjant Osmond Jones yn rhy hoff ohona i. Ro'n i'n amau mai oherwydd iddo wneud ffŵl ohono'i hun wrth gyfarch Wil fel uwch-swyddog oedd hynny, gan na wnes i esbonio'n union iddo pwy oedd Wil. Deuthum i ddeall y gwir reswm yn nes ymlaen gan un o'r plismyn hŷn. Doedd Osmond

Jones ddim yn un o'r plismyn gorau ar wyneb daear. Roedd hi'n rhyfeddod i mi sut y cafodd ei ddyrchafu'n sarjant, nes i mi ddarganfod ei fod wedi ymuno â hen heddlu Meirionnydd yn ystod y rhyfel, pan nad oedd yn ofynnol sefyll arholiad i gael ei dderbyn. Yn ystod ei yrfa bu'n blismon yng nghyffiniau Tywyn, ac Yncl John yn sarjant arno. Allai Yncl John ddim goddef ffyliaid, ac os gwnâi rhywun unrhyw beth nad oedd yn cytuno ag o, mi gâi wybod hynny'n syth a di-flewyn-ar-dafod. Mae amryw wedi dweud 'mod i ac Yncl John yn debyg iawn.

Ta waeth, yn ôl at Osmond. Roedd o wedi cyflawni rhyw drosedd yn llygaid Yncl John, ac roedd hwnnw wedi dweud y drefn wrtho'n hallt iawn – ac wedi cadw llygad barcud ar ei holl symudiadau ar ôl y diwrnod hwnnw. Roedd o'n dial arna i am hynny, a rhoddodd yr enw 'The Man from U.N.C.L.E' arna i.

Tra bydda i'n sôn am enwau, ar ôl ymuno efo'r heddlu collais fy enw a throi'n Rhif 89. Dyna oedd pawb yn fy ngalw, ond mi ges i enw arall yn Nolgellau hefyd, un sydd wedi sticio: John Bŵts. Ro'n i'n ymweld â bar y Golden Lion yn fynych – roedd dau John yn y cwmni, a chan fy mod yn aml yn gwisgo sgidiau uchel yr heddlu wrth daro i mewn am beint ar ôl fy ngwaith, dechreuodd Gilbert Hall, y perchennog, fy ngalw i'n 'John the Boots', a daeth hynny yn y man yn John Bŵts.

Roedd un o'r pethau hynod gas wnaeth Osmond i mi yn ymwneud â chorff a oedd wedi dod i'r lan ger Arthog. Dyn ifanc wedi cael damwain cwch wythnosau lawer ynghynt oedd o, ac roedd Osmond Jones wedi delio â'r holl fusnes a gofalu bod y corff yn gorwedd dros dro yn ysbyty Dolgellau. Pan gyrhaeddais fy ngwaith ar gyfer y shifft nos am bedwar y pnawn Sadwrn hwnnw, datganodd y sarjant mai fi fyddai yng ngofal yr achos o hynny ymlaen, a finna heb brofiad o gwbwl o'r fath beth. Doeddwn i erioed wedi gweld corff marw. Cefais orchymyn i fynd i weld y corff i ymgynefino â fo cyn i deulu'r truan ddod i'w adnabod yn swyddogol y noson honno – y fi fyddai yng ngofal y broses adnabod. Doedd gen i ddim syniad be i'w wneud a doedd Osmond ddim am ddweud wrtha i. Es i'r ysbyty i weld y corff, a welais i erioed olygfa mor erchyll nac ogla mor enbyd yn fy myw. Bu'n rhaid i mi ruthro allan i daflu i fyny. Ro'n i'n poeni'n arw iawn am yr orchwyl oedd o 'mlaen efo'r teulu a sut i fynd o gwmpas y broses swyddogol o adnabod. Penderfynais fynd i dŷ fy nghyfaill Malcolm – roedd o'n lled brofiadol, a chytunodd i wneud yr orchwyl yn fy lle. Bu'n rhaid i minna weithio diwrnod yn ei le yr wythnos ganlynol, ac felly y deallais nad oedd dim i'w gael am ddim yn yr heddlu!

Ymhen diwrnod neu ddau bu'n rhaid i mi fynd efo'r corff i Ysbyty Môn ac Arfon ym Mangor er mwyn bod yn bresennol yn ystod y *post mortem.* Profiad erchyll – pan oedd y patholegydd yn agor y corff pydredig ro'n i'n sefyll wrth y drws ym mhen pella'r ystafell a hances boced wedi ei socian mewn olew ewcalyptws dros fy nhrwyn. Roedd hi'n amlwg nad o'n i'n da i ddim yn y fath sefyllfa a galwyd am sarjant o Fangor i oruchwylio'r holl beth. Ar y diwedd ro'n i'n disgwyl cerydd, ond daeth y patholegydd addfwyn ataf i 'nghysuro a gofyn ers faint ro'n i wedi bod yn yr heddlu. Pythefnos, atebais. Aeth yn wallgo gan ofyn be ar wyneb y ddaear oedd ar ben y lembo a'm gyrrodd i yno i wneud y fath beth. Yn iawn, mi ddylai rhywun dibrofiad fel fi fod dan oruchwyliaeth swyddog profiadol yn ystod fy nhroeon cyntaf mewn *post mortem.* Ysgrifennodd adroddiad hallt am y digwyddiad a cheryddwyd Osmond – ond wrth gwrs, gwneud pethau'n waeth wnaeth hynny.

Doeddwn i mo'r plismon mwyaf effro a chydwybodol, mae'n rhaid dweud, a byddwn byth a beunydd yn cael cerydd am gyflwr fy iwnifform – dim plygiad yn y trywsus oedd y broblem gan amlaf (un hynod o ddi-lun o'n i, ac ydw i, efo haearn smwddio). Roeddan ni'n gorfod gwisgo crysau â choleri rhydd, ac roedd y rhain yn bethau anhylaw iawn i'w glanhau. Ro'n i'n eu casáu nes i mi ddarganfod coleri rwber – wir i chi, coleri rwber! Y cwbwl roedd yn rhaid i mi ei wneud wedyn oedd eu golchi o dan y tap pan fyddwn yn glanhau fy nannedd fin nos, ac erbyn y bore roeddan nhw fel tasan nhw wedi'u startsio a'u smwddio'n gelfydd. Mae meddwl am wisgo'r fath beth heddiw yn wrthun i mi. Peth hwylus arall, a bendith yn y boreau, oedd y tei a chwlwm parhaol ynddo. Awgrymodd rhywun fy mod yn gorchfygu problem y trywsus drwy roi sebon yn y plygiad a'i smwddio wedyn. Byddai hyn yn cadw'r plygiad parhaol ar hyd y trywsus. Mi wnes hynny – roedd yn gweithio, ac yn ogystal â hynny roedd arogl hyfryd ar y trywsus drwy'r adeg. Gwych, nes iddi fwrw glaw yn go drwm; a gwelais linell fach o swigod bychain gwynion i lawr blaen fy nghoesau.

Yn Heddlu Gwynedd yr adeg honno chaen ni ddim bod yn llewys ein crysau yn yr haf – roedd yn rhaid gwisgo tiwnig fawr drom ym mhob tywydd. Roedd pob heddlu arall drwy Gymru gyfan yn cael tynnu eu tiwnig yn yr haf, ond gwrthwynebai'r Prif Gwnstabl, Syr William Jones-Williams, hynny gan fod gormod o blismyn Gwynedd â boliau cwrw a thatŵs ar hyd eu breichiau!

Mae diwrnod agoriad swyddogol argae Tryweryn ar 25 Hydref, 1965, yn enghraifft dda o safon fy mhlismona yn Nolgellau. Ro'n i wedi bod yn blismon am ryw saith wythnos erbyn hynny. Roedd pob plismon isio mynd i Gapel Celyn – nid er mwyn gwarchod swyddogion diniwed dinas Lerpwl rhag cenedlaetholwyr Cymreig ffyrnig, ond oherwydd bod gwledd o fwydydd wedi ei pharatoi ar eu cyfer, ynghyd â hynny o gwrw y gallai eu boliau ei ddal a hynny o sigaréts allen nhw eu smocio. Gan mai fi oedd yr ieuengaf a'r mwyaf dibrofiad yn yr orsaf, diolch i'r nefoedd, doedd dim rhaid i mi fynd – er, cofiwch, dydw i ddim yn amau nad oeddwn yn siomedig ar y pryd 'mod i'n colli'r holl gwrw a ffags. Felly fi, a fi yn unig, oedd Sheriff Dolgellau am y diwrnod hwnnw.

Roedd rhai o adeiladwyr Gorsaf Niwclear Trawsfynydd yn dal i weithio ar yr adeilad, ac roedd bŷs deulawr yn eu cludo o Ddolgellau i'r Traws. Fel arfer, byddai bŷs gweithwyr y shifft nos yn cael ei gadw yn ystod y dydd ym maes parcio'r Marian ger gwaelod Pont Fawr, Dolgellau. Roedd hi tua chanol y bore, ac ro'n i'n ymlwybro'n bwysig trwy'r dref ac at y bont. Gwelais y bŷs yn cychwyn o'r maes parcio i gyfeiriad y ffordd fawr – roedd cryn dipyn o draffig, felly arwyddais efo fy llaw i'r ceir stopio er mwyn hwyluso ei siwrne. Cododd y gyrrwr ei law arna i'n gwrtais gan groesi'r bont a diflannu i gyfeiriad y Bala. Feddyliais i ddim mwy am y peth. Ymlwybrais yn ôl i Sgwâr Eldon, ac ar fy mhen i'r Corner Cafe i fwynhau paned a brechdan gig moch yn y gegin yn y cefn. Pan o'n i ar fin gorffen y frechdan ora erioed, rhuthrodd Aneurin Lewis, y fferyllydd oedd yn byw y drws nesaf i orsaf yr heddlu, i mewn a'i wynt yn ei ddwrn yn chwilio amdana i. Dywedodd fod Sarjant Tom Jones, a oedd yn weinyddwr yn yr orsaf, isio fy ngweld yn syth. Llowciais y frechdan a rhuthrais i orsaf yr heddlu. Roedd Sarjant Jones newydd gael galwad frys i ddweud bod rhywun wedi dwyn bŷs gweithwyr nos Trawsfynydd o'r Marian. Suddodd fy nghalon pan sylweddolais 'mod i wedi helpu'r lladron i'w ddwyn o. Drwy ryw drugaredd doedd neb wedi bod yn dyst i'r weithred a chadwais innau'r gyfrinach am flynyddoedd lawer. Cafwyd hyd i'r bŷs y noson honno, diolch byth, ym Manceinion.

Dwi'n cofio mynychu darlith yr un noson gan Ifan Gruffydd, 'Y Gŵr o Baradwys', yn Neuadd Idris, Dolgellau (Tŷ Siamas bellach). Bu'n protestio yn Nhryweryn drwy'r dydd, ac roedd yn darlithio yn Nolgellau ar ei ffordd adra. Ar ddiwedd y noson adnabu fi fel hogyn o Niwbwrch – roedd wedi fy meirniadu yn adrodd yng nghylchwyliau'r capel ac ati, a gofynnodd i mi be ro'n i'n ei wneud mor bell o Fôn. Atebais 'mod i wedi ymuno â'r heddlu. Gofynnodd o'n i wedi bod yn Nhryweryn yn cadw trefn y pnawn hwnnw, ac atebais yn negyddol. Ei ateb oedd, 'Ew, mi gaethon ni ordor yno!' Mae 'ordor' i ni bobol Môn yr un peth â'r 'craic' i'r Gwyddelod, sef miri a hwyl.

Doeddwn i ddim yn honni 'mod i'n genedlaetholwr nac yn tueddu i fod ar dân dros yr iaith a thranc y genedl, er bod rhywbeth na allwn ei egluro ar y pryd yn fy ngwneud yn gefnogol i Blaid Cymru. Efallai mai dylanwad Mam oedd hynny – roedd hi wedi cefnogi Plaid Cymru ym Môn yn gynnar iawn. Dwi'n cofio un etholiad pan aeth Mam a'i ffrind, Nan Hughes, Glyn Teg, i bleidleisio, a rhuban gwyrdd gan y ddwy yn eu cotiau. Mi ges i fy erlid am hynny yn yr ysgol drannoeth gan rai plant o deuluoedd Llafur, ond daeth fy nghyfaill Bill i'r adwy ac achub fy ngham.

Yn fuan ar ôl Tryweryn bu protest gan Gymdeithas yr Iaith yn Llythyrdy Dolgellau – ar y Sadwrn yr oedd y brotest. Unwaith eto, drwy ryw drugaredd, doeddwn i ddim ar ddyletswydd tan y gyda'r nos, a fu dim rhaid i mi luchio'r protestwyr (ro'n i wedi dod yn ffrindiau efo nifer ohonyn nhw yn y dre erbyn hynny) allan o Swyddfa'r Post. Pan gyrhaeddais fy ngwaith y noson honno roedd yno lawer o blismyn a phlismyn cudd, wedi eu gyrru i Ddolgellau o bob rhan o Wynedd i ddelio efo'r protestwyr di-drais. Mawr oedd y canmol a'r brolio yn yr orsaf, a'r dynion yn mawrygu eu hymddygiad treisgar, yn rowlio chwerthin am weithredoedd digon ffiaidd. Cofiaf Osmond Jones yn disgrifio â boddhad sut y bu iddo dynnu dyrnaid o wallt un ferch o'i phen wrth iddo ei llusgo o Swyddfa'r Post; eto, petai unrhyw drwbwl yn nawns Neuadd y

Milwyr Tiriogaethol ar nos Sadwrn, fy ngyrru i ac eraill i wynebu'r gyflafan wnâi o gan gymryd arno fod yn rhaid iddo wylio'r Bont Fawr. Bu rhai o drigolion Dolgellau yn frwnt a threisgar tuag at y protestwyr hefyd, ac ychydig iawn, iawn o'r heddlu a geisiodd eu rhwystro. Eu hannog wnaeth y rhan helaethaf ohonynt.

Doedd pob un ddim yn mawrygu'r trais – roedd rhai fel Cwnstabl Davies ('Beano'), Dinas Mawddwy, a Cliff Evans, gyrrwr car yr heddlu yn Nolgellau, yn hallt iawn eu beirniadaeth am ymddygiad y rhan fwyaf o'u cyd-blismyn y pnawn hwnnw, gan ychwanegu ei bod hi'n hawdd adweithio'n gorfforol i griw o bobol nad ydyn nhw'n barod i daro'n ôl. Cefais glywed yr ochor arall i'r stori hefyd gan ffrindiau o'r dre a oedd yn gefnogol i Gymdeithas yr Iaith; fel y bu'n rhaid iddyn nhw fynd â rhai o'r protestwyr i'w tai i'w hymgeleddu, yn gorfforol a meddyliol, ar ôl y fath gamdriniaeth. Byddai'r math yma o drais heddiw ar dudalennau blaen papurau newydd y byd – a hyd yn oed yr adeg honno roedd ymddygiad rhai o'r heddlu yn gwbwl eithafol ac anghyfreithlon.

Bu ymddygiad bwystfilaidd yr heddlu a rhai o drigolion y dre yn ystod y brotest honno yn ysbrydoliaeth i Saunders Lewis ar gyfer ei ddrama *Cymru Fydd* – yn y ddrama honno, digalonna Dewi, y prif gymeriad, â'r frwydr genedlaetholgar ar ôl cael ei siomi gan farbariaeth heddlu a rhai o drigolion Dolgellau ym mhrotest y Swyddfa Bost. Gellir hyd yn oed cymharu eu hymddygiad â heddluoedd taleithiau deheuol America yn ystod y cyfnod o wahanu ar sail lliw croen.

Doedd fy nghyfnod yn Nolgellau nac yn yr heddlu ddim yn amhleserus i gyd o bell ffordd. Bu i mi fwynhau'r dref a'r gymdeithas yn fawr iawn. Roedd eu hiaith yn wahanol iawn i f'un i – yn Nolgellau mae'r iaith yn rhyw ddechrau meinhau ac iaith y canolbarth i'w chlywed ymysg sgwrsio'r trigolion. Dwi'n cofio bod yn fy llety yn cael swper o sosej un noswaith, ac ar ôl i ni orffen dywedodd Mrs Griffith: 'Mae 'na bobi sosej ar ôl os oes rhywun isio un.' Bobi sosej? Dechreuais ddychmygu fod gan y teulu enwau i'w bwydydd megis Bobi y sosej, Tomi y daten neu Wili y foronen, ond ymhen amser deuthum i ddeall mai 'sosej bob un' oedd yr ystyr.

Ar ôl bod yn plismona yn y dref am ychydig fisoedd, ro'n i'n gorfod cymryd fy nhro i weithio'r shifft nos. Roedd Dolgellau yn ddistaw iawn yn yr oriau mân, haf neu aeaf, yr adeg honno, ond roedd cyfrifoldeb mawr ar ysgwyddau un mor ifanc. Ia, fi oedd yn gyfrifol am ddiogelu nid yn unig tref Dolgellau yn ystod oriau'r nos ond Sir Feirionnydd gyfan, o Lyndyfrdwy i'r Bermo ac o Benrhyndeudraeth i Bontarddyfi – yn bedair ar bymtheg oed a heb basio fy mhrawf gyrru eto! Y cwbwl oedd gen i i erlid drwgweithredwyr Meirion oedd beic – un mawr, du, trwm. Doedd ryfedd bod lladron Glannau Merswy a Manceinion yn cymryd mantais ar hyn yn awchus. Fedra i ddim cofio sawl gwaith y bu i rywun dorri i mewn i fodurdy Llanuwchllyn yn ystod y cyfnod hwnnw.

Ar adegau prin byddem yn cael ein gyrru ar gefn beics yn dyst i bresenoldeb cyfraith a threfn mewn llefydd mor wyllt ac afreolus â'r Ganllwyd, y Brithdir, Rhyd-y-main neu Lanfachreth. Un noswaith braf ro'n i'n dychwelyd o fod yn cadw trefn ar y Ganllwyd, ac yn reidio i fyny'r pwt o allt o flaen prif adeilad Ysgol Dr Williams, ysgol breswyl i ferched sydd wedi hen gau erbyn hyn. Roedd nifer o ferched y chweched dosbarth yn hongian allan o ffenestri eu hystafelloedd gwely ar lawr uchaf yr adeilad, a phan sylwodd rhai ohonyn nhw arna i'n cyrraedd ar gefn fy meic mi ddechreuon nhw weiddi a chwibanu. I ddangos fy hun i'r merched ifanc wnes i ddim dod oddi ar fy meic fel yr arferwn wneud wrth fynd i fyny'r allt, ond yn hytrach, sefais yn llanc ar y pedalau. Torrodd y tsiaen fel moronen, a syrthiais yn glewt ar far croes haearn y beic mawr trwm ... ar fan gwan a thyner iawn! Ro'n i yn fy nyblau a dagrau'n cronni yn fy llygaid. Rhoddodd hyn fodd i fyw i'r merched ifanc – os oedden nhw'n swnllyd cynt roeddan nhw'n llawer gwaeth wedyn, ac yn dweud pethau na ddylai boneddigesau ifanc Dr Williams fyth eu hynganu!

Ro'n i'n dal i fod ar goll yn gymdeithasol, ac yn teimlo fel petawn i wedi fy ngharcharu rywsut. Doedd dim modd i mi ddianc am Fôn gan fod y bysus yn cymryd drwy'r dydd i gyrraedd, felly bob hyn a hyn byddai rhai o'r teulu yn dod i fy nôl efo car. Ro'n i wedi bod yn dysgu gyrru er pan o'n i'n ddwy ar bymtheg oed, ond oherwydd amgylchiadau a difaterwch doeddwn i ddim wedi cymryd fy mhrawf gyrru. Doedd dim amdani felly ond rhoi fy enw i lawr i gymryd prawf gyrru'r heddlu, a phawb yn fy rhybuddio fod hwnnw'n brawf llawer iawn caletach na'r un cyffredin. Cefais y prawf yng Nghaernarfon dan ofal pennaeth Adran Drafnidiaeth a Cheir Heddlu Gwynedd, ac er syndod i bawb bûm yn llwyddiannus ar yr ymgais gyntaf gyda marciau uchel (ond roedd ambell un yn edliw mai dylanwad Yncl John oedd yn gyfrifol am fy llwyddiant). Beth bynnag oedd y rheswm, ro'n i bellach yn gallu gyrru car ar fy mhen fy hun – er na wnaeth hynny unrhyw wahaniaeth i fy amgylchiadau yn y gwaith gan nad oedd gan heddlu Dolgellau na char na fan, dim ond Zephyr mawr du oedd dan ofal Cliff, y gyrrwr swyddogol. Petai gan heddwas gar mi allai ei ddefnyddio, yn ddi-dâl, yn lle'r beic mawr trwm i fynd i gadw trefn ar yr ardaloedd cyfagos. Petai gen i gar gallwn, yn ogystal, neidio iddo a gyrru i Fôn fel y mynnwn. Felly mi es i at reolwr y banc, ond gyrrodd hwnnw fi yn ôl drwy'r drws yn ddiseremoni, gan ddweud y bysa fo'n ystyried fy nghais petawn i'n rhoi'r gorau i newid sieciau yn y Lion. Roedd heddwas yn y Bala yn gwerthu ceir ail law ar y slei, yn gwbwl anghyfreithlon wrth gwrs, a phrynais hen (a dwi'n golygu hen) Ford Anglia ganddo am ychydig bunnoedd – deunaw punt os cofia i'n iawn. Aeth yr heddwas Malcolm Griffiths efo fi i'r Bala i nôl y cerbyd, ac ar y ffordd adra, a finna'n falch o 'ngherbyd cyntaf, roedd Malcom yn fy nilyn. Gwelodd gymylau o fwg trwchus du yn dod allan o beipen ecsôst y Ffordyn, felly aeth Malcolm â fi a'm modur yn syth i Fodurdy'r Castell (Castle Motors). Allwn i ddim hyd yn oed agor y bonet, felly helpodd Malcolm fi, a phan dynnais y dipstic allan gallwn weld bod y car wedi mynd yn sych o olew. Prynais chwart, oedd bryd hynny'n dod mewn piser a phig arno, a dechreuais lenwi'r injan – ond clywais floeddio o'r tu ôl i mi. Roedd Malcom a pherchennog y modurdy yn rowlio chwerthin wrth edrych arna i'n trio rhoi olew yn yr injan drwy dwll y dipstic! Roedd y car yn beryg bywyd, a chan fy mod i'n blismon cafodd plismon y Bala yr Anglia yn ôl gyda'r troad. Ymhen sbel prynais gar arall hen a rhad gan werthwr ceir yn Nolgellau. Hillman Minx oedd hwnnw, ond roedd yn llawer gwell car na'r hen Anglia.

Ro'n i wedi cael fy nhraed yn rhydd am y tro cyntaf, a finna'n dal yn fy arddegau. Gallwn fynd adra heb boeni bod ogla diod ar fy ngwynt, a chawn fynd i'r dafarn bob nos os oedd gwaith yn caniatáu. Ro'n i'n gwneud hynny yn fwy mynych na pheidio – fel yr eglurais eisoes ro'n i'n hoff iawn o'r effaith yr oedd alcohol yn ei gael arna i. Ar ôl rhyw beint neu ddau ro'n i'n teimlo 'mod i 'run fath â phawb arall. Roedd diffyg hunanhyder yn fy llethu yr adeg honno, teimlad oedd yn cael ei fwydo gan rai swyddogion yn yr heddlu – y rhai yr oedd yn well ganddyn nhw dynnu rhywun i lawr yn hytrach na'i godi i fyny. Swyddogion yn Nolgellau oedden nhw – roedd y rhai y deuthum i'w hadnabod yn ddiweddarach yn gwbwl wahanol. Doeddwn i ddim yn teimlo 'mod yn perthyn yn nunlle ... nes i mi gael alcohol. Petawn i mewn bar neu dafarn roedd yn hawdd iawn medru yfed ar ôl amser cau, a chymerais fantais o hynny. Yn aml, fyddwn i ddim yn dychwelyd adra nes ei bod yn oriau mân y bore, a byddwn yn mynd i weithio y bore canlynol yn drewi o alcohol ac yn aml o dan ei ddylanwad. Yn ystod y cyfnod cyntaf yma ro'n i'n cymysgu efo criw llawer hŷn na fi neu gyd-aelodau'r heddlu, oedd wedi arfer ag yfed.

Ro'n i'n dal i fyw yn nhŷ Mrs Griffith, ac yn rhyw fath o fodoli yno rhwng fy nheithiau yn ôl i Fôn bob hyn a hyn. Doedd gen i ddim llawer i'w ddweud wrth wleidyddiaeth – roedd gen i dueddiadau cenedlaetholgar, efallai, ond dim byd o argyhoeddiad. Hynny ydi, hyd nes y ces i ryw fath o dröedigaeth, neu ddeffroad gwladgarol. Wir, dyna ddigwyddodd. Tydw i ddim yn gor-ramantu na bod yn chwydlyd o sebonllyd wrth ddisgrifio'r achlysur, ond mi ges i ryw deimlad ... tydw i ddim yn gyfforddus yn ei alw yn dröedigaeth, ond mi wnaeth i mi deimlo'n wahanol o'r funud honno ymlaen. Dwi'n cofio'r lle a'r amser hyd heddiw.

Gyda'r nos oedd hi, toc wedi chwech a finna yn fy nhŷ lojin yn yr Ardd Fawr, Dolgellau. Ro'n i newydd godi oddi wrth y bwrdd ar ôl swper cynnar ac yn sefyll yn y pasej ger gwaelod y grisiau pan glywais ganu Cymraeg yn dod o gyfeiriad teledu'r teulu. Roedd y sŵn yn wahanol, yn ddim byd tebyg i'r canu Cymraeg ro'n i wedi arfer efo fo. Roedd yn debycach i'r canu protest Americanaidd a oedd wedi gwneud cymaint o argraff arna i ryw flwyddyn neu ddwy ynghynt, y canwr fel rhyw Bob Dylan Cymraeg, a'r gân yn ymdebygu i 'Blowing in the Wind'. Mae'n rhaid i chi gofio na chlywais i ddim tebyg i hyn yn y Gymraeg o'r blaen. Stopiais ac agorais gil y drws a gweld Dafydd Iwan yn canu 'Wrth feddwl am fy Nghymru' ar raglen newyddion nosweithiol TWW, *Y Dydd*. Gwnaeth y geiriau 'Cofio Llywelyn, byddinoedd Glyndŵr, yn ymladd dros ryddid ein Gwlad' i mi deimlo rhyw ias i lawr asgwrn fy nghefn, a dringais inna'r grisiau y gyda'r nos honno â 'Fflam Glyndŵr dan fy mron'. Daeth Dafydd yn ffrind ac yn arwr i mi dros y blynyddoedd, a chreda i ddim bod neb wedi ysbrydoli cymaint o Gymry ifanc i weld gwerth mewn ymladd dros ryddid a hawliau ein gwlad a'n treftadaeth ag a wnaeth o. Os oes rhywun yn haeddu cael ei anrhydeddu gan ei wlad, Dafydd Iwan ydi hwnnw.

Roedd yn fraint ac yn bleser i mi i gael yr anrhydedd o fod yn was priodas i 'nghyfaill Bill yn ystod yr un cyfnod. Roedd o wedi bod yn canlyn merch olygus benfelen o Frynsiencyn o'r enw Evelyn am rai blynyddoedd, merch hynod ym mhob ystyr. Er fy hoffter o berfformio ro'n i'n hynod nerfus yn gwneud yr areithiau a dyletswyddau gwas priodas – roedd cymaint o areithwyr profiadol yn westeion – ond mi ddois i drwyddi rywsut. Braint oedd cael adnabod Evelyn, a mawr oedd croeso'r ddau ar eu haelwyd ym Mrynsiencyn. Bu eu cartref, Tre'r Dryw, yn ail gartref i mi ar hyd y blynyddoedd, ac mae i'w plant, Sian, Huw Llŷr, Llion a Trystan, le arbennig yn fy nghalon hyd heddiw. Bûm yn dathlu llwyddiannau ac yn boddi ambell siom a galar yn eu cwmni. Colled enbyd i mi, ac wrth gwrs yn fwy felly i'r teulu, oedd colli Evelyn yn ifanc; os bu gen i gyfaill erioed hi oedd honno, ac alla i ddim ond diolch o galon am gael y fraint o'i hadnabod. Colled i gyfeillion, colled i deulu a cholled i gymdeithas gyfan.

Ro'n i'n dal i chwilio am rai o'r un anian â fi yn Nolgellau gan nad oedd gen i griw iawn o ffrindiau. Yn raddol, dechreuais gyfeillachu â chriw o bobol ifanc oedd yn ymwneud â'r 'pethe' drwy Bob Gapper, trefnydd yr Urdd ym Meirion. Tyfodd fy nghyfeillgarwch efo Bob a chyflwynodd fi i amryw o'i ffrindiau ar hyd a lled y sir yn ogystal â staff yr Urdd megis John Eric, Als a threfnydd Môn, Thomas Prys Jones, un a ddaeth ymhen rhai blynyddoedd yn gyfaill agos iawn.

Roedd cnewyllyn ohonon ni'n cyfarfod bob nos Iau yn nhafarn y Gwernan ar ffordd Cader Idris; pobol megis Betty Lloyd, Corris, Elfyn Owen, Menna a Neu, Menna Thomas, Peredur Jenkins ac Euros. Ar ddiwedd pob noson mi fydden ni'n canu – roedd gan y gweddill leisiau ardderchog, ac ro'n i yn f'elfen. Mi ges i ambell noson hwyr iawn yno, ymhell ar ôl amser cau, a bu'n rhaid i mi grwydro'r strydoedd y bore wedyn mewn cyflwr bregus iawn sawl gwaith. Tyfodd peth chwedloniaeth yn fy nghylch yn ystod y cyfnod hwnnw, ond wn i ddim oedd chwarter y straeon yn wir. Roedd un hanes amdanaf yn arwain y canu yn y Gwernan yn blygeiniol un bore efo condom ar flaen fy nhrynshiwn. Dwi i ddim yn cofio gwneud, ond tydi hynny ddim yn golygu na ddigwyddodd y peth.

Roedd bri mawr ar ddawnsfeydd gwerin yr adeg honno, yn Nolgellau neu Ddinas Mawddwy. Byddwn wrth fy modd yn mynychu'r rhain yn rhinwedd fy swydd – doedd yno byth drwbwl nac ymladd, yn wahanol iawn i'r 'beat dances' yn Neuadd y Fyddin Diriogaethol. Ar ôl deg yr hwyr, doedd y rheini yn ddim ond un gyflafan o gwffio a bygwth. Fyddai Sarjant Jones byth yn mynd yn agos atyn nhw, dim ond fy ngyrru fi a fy nhebyg yno.

Ro'n i'n cael sgwrs a hwyl yn y dawnsfeydd gwerin, a chael cwrdd ag ambell ferch ifanc landeg. Bellach roedd gan yr heddlu yn Nolgellau fan: Austin A55 fawr, werdd, a lwmp o ola glas ar ei thop. Hon ro'n i'n ei gyrru pan fyddwn yn mynd i oruchwylio dawns werin Dinas Mawddwy, ac ambell nos Sadwrn rhoddais bàs adra i lodes ifanc ac aros ennyd ar ben bwlch Dinas i werthfawrogi'r olygfa ... boed law neu hindda!

Criw arall y deuthum i'w hadnabod yn ystod y cyfnod hwnnw oedd criw Llanuwchllyn; criw o hogia ifanc tua'r un oed â fi, a rhai yn ieuengach. Ro'n i'n gwybod yn iawn fod rhai ohonyn nhw'n yfed o dan oed, ond ro'n inna wedi bod wrthi hefyd, felly fy agwedd anaeddfed i yr adeg honno oedd gadael iddyn nhw. Roedd un yn sefyll allan gan fod ganddo wallt hir at ei ysgwyddau – Charlie oedd pawb yn ei alw, ond deallais mai George oedd ei enw iawn, George Lewis Jones. Daeth yn gyfaill agos iawn i mi, ac yn ei gwmni byddai Eurwyn Bro Aran, Huw Allt Gwinau, Jiff, Dei Charles ac amryw eraill. Roedd yna un hogyn distaw a golwg slei arno efo nhw, mewn côt wen, laes, ond doeddwn i ddim yn ei nabod o ar y pryd. Ffred oedd pawb yn ei alw, a synnais pan glywais yn ddiweddarach ei fod yn frawd i Dafydd Iwan. Faswn i ddim wedi'ch credu chi tasach chi wedi dweud wrtha i bryd hynny y byddai'r Ffred yma'n chwarae rhan ddylanwadol iawn yn fy mywyd. Ei enw llawn, wrth gwrs, ydi Alun Ffred Jones.

Doedd yr heddlu ddim wedi dechrau defnyddio'r brethaleisyr yn y cyfnod hwnnw, ac roedd yfed a gyrru yn beth reit gyffredin. Arferiad gwirion iawn gan lanciau Llanuwchllyn oedd rasio'i gilydd yn eu ceir ar eu ffordd adra ar nos Sadwrn ar ôl noson yn Nolgellau. Un nos Sadwrn, a finna ar ddyletswydd nos, mi es i'r orsaf am baned ac i wneud ychydig o waith papur ar ôl i bawb glirio o strydoedd y dre. Newydd eistedd i lawr o'n i pan ddaeth criw o hogia Llanuwchllyn i lenwi drws yr orsaf. Ro'n i'n nabod rhai ohonyn nhw'n dda, a gwelwn olwg ddigon gwelw ar eu hwynebau. Gwelais Dei Charles a sylweddolais eu bod wedi cael damwain – roedd gwaed yn llifo i lawr wyneb Dei ac roedd yr asgwrn i'w weld yn blaen. Mi es i â fo i ysbyty Dolgellau cyn mynd draw i gyfeiriad Rhyd-y-main efo'r gweddill. Roedd hi'n amlwg fod dau gar wedi bod yn rasio ac wedi taro'i gilydd – roedd darnau o geir hyd y gwrychoedd ym mhob man, ac roedd *wing* Ford Popular newydd ar ben coeden. 'Pwy pia hon?' gofynnais. 'Dew,' meddai Jiff, 'ma' hi'n debyg i *wing* yr hen Ford 'cw, wa.' Dyna oedd hi hefyd, a chefais stori wallgo ganddyn nhw i egluro be ddigwyddodd. Ar ôl clirio peth o'r llanast, adra â nhw i wynebu eu rhieni.

Ar ôl bod yn Nolgellau am ryw flwyddyn, roedd llawer o'm cyd-weithwyr yn fy nghydnabod fel cenedlaetholwr, ond ar y pryd, yng nghanol y chwe degau, doedd hynny ddim yn plesio'r penaethiaid o gwbwl. Pan fyddwn ar y shifft nos byddwn yn mynd i swyddfa'r Prif Arolygwr i ddarllen ei adroddiadau a'i lythyrau, er mwyn cael gwybod yn union be oedd yn digwydd yn yr orsaf a be oedd y sarjant yn ddweud amdana i. Un o'm cyd-blismyn ddysgodd hyn i mi, a dangos ble roedd y Prif Arolygwr yn cuddio goriad ei ddesg. Mewn un adroddiad a ysgrifennodd Sarjant Osmond Jones amdana i roedd y geiriau yma: 'he habituates with known nationalists, and his behaviour leaves a lot to be desired of a young police constable.' Y gwir amdani oedd bod diffyg disgyblaeth yn heddlu Dolgellau, felly cawn ryddid i wneud mwy neu lai fel y mynnwn heb fath o arweiniad, a finna ond yn fy arddegau hwyr, ac yn dal yn anaeddfed.

Ar ddiwedd fy mlwyddyn gyntaf, roedd yn rhaid i mi, fel pob heddwas arall, fynd yn ôl i'r ganolfan hyfforddi ym Mhen-y-bont ar Ogwr am fis er mwyn ychwanegu at fy nghymwysterau ac i sefyll yr arholiadau oedd yn dynodi fy mod hanner ffordd drwy fy hyfforddiant. Mwynheais bob munud o'r cwrs hwnnw, a bûm yn llwyddiannus gyda marciau uchel ar ei ddiwedd. Roedd bachgen ro'n i'n ei led-adnabod, o'r un ardal â mi ym Môn, ar ei gwrs dechreuol ym Mhen-y-bont yr adeg honno. Cawsom gyfle i fynd adra yn ystod y cwrs, a chan fod y cyfaill yn berchen car manteisiais ar y cyfle i gael fy nghludo ganddo i Fôn. Ar ôl mynd dros y mynydd o Gwm Ogwr i'r Rhondda dechreuodd ei gar fygu, a phan gyrhaeddom Dreorci wnâi'r car na thwsu na thagu. Drwy lwc roedd garej gerllaw, a gwthiwyd y car yno – a deall y byddai trwsio'r car yn golygu costau mawr. Doedd ganddon ni ddim dewis ond gadael y car druan yn y garej a llogi car gan y perchennog, ond daeth y cyw plismon o Fôn ataf a sibrwd yn fy nghlust nad oedd wedi pasio'i brawf gyrru! Petai o wedi cael ei ddal dyna fyddai diwedd ei yrfa, byth bythoedd amen! Rhaid oedd i mi logi'r car, ond doedd gen innau ond trwydded dysgwr, a darn o bapur yn dweud 'mod i wedi pasio fy mhrawf. Er eu bod yn gyfreithlon, anodd fyddai llogi car efo'r fath ddogfennau, ond wedi i mi ddangos fy ngherdyn adnabod plismon ches i ddim trafferth. Roedd y cerdyn bach hwnnw'n hwylus iawn ar sawl achlysur, swyddogol ac answyddogol. Rhaid dweud bod y cyfaill o Fôn wedi pasio'i brawf yn syth ac wedi cael gyrfa lwyddiannus yn blismon gwlad ardderchog.

Ro'n i'n mwynhau bywyd yn Nolgellau, ac roedd fy ymweliadau i weld Wil ac Anti Alice ym Môn yn mynd yn fwy anfynych. Erbyn hyn roedd Mam, Einion ac Owen fy mrawd wedi symud o Stevenage i fyw ger Banbury yn Swydd Rhydychen, lle o'r enw Woodford Halse, felly byddwn yn gwneud pererindod yno hefyd ryw unwaith y flwyddyn, yn fy hen Hillman du.

Teimlwn ryw anniddigrwydd yn yr heddlu erbyn hynny, ac ro'n i'n gwybod nad oedden nhw yn fy hoffi fi, ac yn sicr doeddwn i ddim yn eu hoffi nhw. Ro'n i'n cael rhyw hen deimlad bod yn rhaid i mi edrych dros fy ysgwydd drwy'r amser, a dechreuais fyw ar fy nerfau. Roedd yr hen deimlad hwnnw o beidio bod yn perthyn, fy mod y tu allan i'w byd nhw, wedi dechrau codi'i ben unwaith eto, a'r unig adeg ro'n i'n teimlo'n hapus oedd pan fyddwn yn yfed. O ganlyniad ro'n i'n yfed llawer gormod, yn sicr o ystyried mai cyflog bychan oedd un plismon, ond doedd dim ots gen i am hynny. Y ddiod a mwynhau fy hun ddôi gyntaf.

Erbyn hyn ro'n i wedi symud i fyw at Bob Gapper i fwthyn bychan yn Islaw'r Dref o'r enw Pen Clogwynau, a byddai cyfeillion yn dod i aros aton ni o bryd i'w gilydd. Roedd yn lle bendigedig a chefais amser braf iawn yno, ymhell o'r dref. Cawn wneud fel y mynnwn, roedd ein partïon yn chwedlonol, a difyr oedd y sesiynau tan yr oriau mân ar ôl i'r Gwernan gau ar nosweithiau Sadwrn. Byddai criwiau o bob cwr o Gymru yn dod acw yn eu tro.

Un oedd wedi bod yn byw ym Mhen Clogwynau o fy mlaen i oedd Robin Huws, oedd erbyn hynny'n rhan o Gwmni Theatr Cymru – cwmni newydd sbon a sefydlwyd gan Wilbert Lloyd Roberts efo cnewyllyn o actorion. Dyma'r tro cyntaf i mi glywed fod cwmni theatr proffesiynol yn y Gymraeg. Ro'n i'n meddwl fod swydd Robin yn un anhygoel, yn swydd na allwn i ond breuddwydio amdani. Bellach ro'n i wedi penderfynu fod yn rhaid i mi, yn hwyr neu'n hwyrach, adael yr heddlu. Sylweddolais hefyd, er na wyddwn yn sicr beth oedd fy uchelgais, y byddai'n rhaid i mi gael rhyw fath o gefndir addysgol academaidd gwell na'r un oedd gen i.

Un o sêr ein nosweithiau llawen anffurfiol oedd Geraint Edwards, athro Cymraeg Ysgol y Gader, Dolgellau, a chyfarwydd gyda'r gorau a glywais erioed. Mi ges i fy nghyfareddu gan Geraint, a dod yn agos iawn ato. Bwriais fy mol iddo, ac awgrymodd fy mod i'n gwneud cais i fynd i Goleg Harlech i gael gwell cefndir addysgol yn y Gymraeg. Rhoddodd Geraint fi ar ben ffordd o safbwynt dewis llyfrau i'w darllen, ac anfonais am ffurflen gais. Ar ôl ystyried yn hir gyrrais hi i Goleg Harlech.

Yn ystod fy nghyfnod yn Nolgellau ro'n i hefyd wedi

dechrau canlyn, ac wedi rhyw fath o ymbwyllo, er nad oedd awdurdodau'r heddlu yn cydnabod hynny. Roedd gan y ferch dan sylw dueddiadau cenedlaetholgar, a doedd hynny ddim yn plesio o gwbwl.

Mae'n rhaid i mi gyfaddef 'mod i bellach yn trin y swydd, a'r rhai oedd mewn awdurdod, â dirmyg; ac yn gwthio'r ffiniau'n eithaf pell. Gwnaethpwyd rhai cyhuddiadau ffug yn fy erbyn – un ohonynt oedd fy mod i a chyfaill i mi wedi mynd i orsaf yr heddlu berfeddion nos, y ddau ohonon ni, yn ôl y cyhuddiad, wedi cael diod, a'n bod ni wedi taflu a rhwygo ffurflenni a dogfennau uniaith Saesneg ar hyd y brif swyddfa (roedd pob ffurflen a dogfen yn uniaith Saesneg ar y pryd). Does gen i ddim cof o gwbwl o wneud y fath beth, ond adroddodd un o'm cyd-weithwyr y stori wrth y sarjant, ac roedd yr hanes yn fêl ar fysedd hwnnw. Cofiwch chi, wnaeth o erioed fy nghyhuddo wyneb yn wyneb, dim ond gwneud adroddiad yn fy nghefn i gan sicrhau y byddai'n dod i sylw Yncl John yn y pencadlys yng Nghaernarfon. Mi ges i fy nghyhuddo ar gam hefyd o gysgu yn y celloedd pan o'n i i fod ar ddyletswydd nos. Fyswn ni byth wedi iselhau fy hun i gysgu ar y matresi rwber a'r blancedi nad oeddynt wedi eu golchi ers degawdau. Roedd carcharor wedi bod yn aros dros nos yn y celloedd cyn ei gludo i garchar Amwythig wythnosau ynghynt, a doedd neb wedi cyffwrdd yn y gwely ar ei ôl o. Pan alwodd y Prif Gwnstabl heibio i'r orsaf a gweld y gwely anghymen, a dweud y drefn, rhoddwyd y bai yn syth arna i – er bod y ddynes lanhau wedi tystio nad oedd neb wedi cyffwrdd y gell ers i'r carcharor adael. Doedd hi ddim am gyffwrdd y lle rhag cael rhyw anfadwch. Bu llawer mwy o gyhuddiadau yn fy erbyn, ac er bod yn rhaid i mi gyfaddef fod sail i nifer go dda ohonynt, roedd llawer iawn hefyd yn gwbwl gelwyddog. Dylai'r Uwch-arolygydd Parry a Sarjant Jones fod wedi fy nghyhuddo o'r camwri a rhoi cyfle i mi amddiffyn fy hun. Wedyn, petaen nhw'n meddwl fod digon o dystiolaeth, fy rhoi ar 'charge' a'm rhoi i sefyll o flaen uwch-swyddogion y pencadlys. Yn hytrach, rhestrwyd y 'camweddau' i gyd, ynghŷd â nodi fy niffyg addasrwydd i fod yn yr heddlu, a gyrru'r cyfan i Yncl John yng Nghaernarfon, sef uwch-arolygydd a Phennaeth Heddlu Cudd Gwynedd, y C.I.D. Drwy dorri pob rheol fel hyn, bu Parry a Jones yn gyfrifol am achosi rhwyg boenus yn fy nheulu. Wyddwn i ddim am y mater, nes i'r Prif Arolygydd Parry ddweud wrtha i, wrth basio, fy mod i fynd i Gaernarfon ymhen deuddydd i weld fy ewythr. Ro'n i'n gwybod wedyn fod rhywbeth mawr o'i le a chysgais i 'run eiliad am ddwy noson. Roedd fy nerfau yn rhacs, a'r siwrne honno o Ddolgellau i Gaernarfon yn teimlo'n hirach na thaith i'r lleuad. Yn wir, mi fu'n rhaid i mi stopio i daflu i fyny ddwywaith ar y ffordd.

Cyrhaeddais dŷ fy ewythr a gweld Wil yno hefyd yn disgwyl amdanaf, a golwg syber ar wyneb y ddau. Aethant â fi allan i'r car a chefais fy hyd a'm lled gan Yncl John. Byrdwn y cyhuddiadau yn f'erbyn gan swyddogion Dolgellau oedd nad o'n i'n da i fawr ddim ond hel diod a hel merched, ac nad oedd f'ymddygiad yn gweddu i aelod o Heddlu Gwynedd. Roedd rhai o'r cyhuddiadau'n wir ac allwn i ddim dadlau yn erbyn y rheini, ond roedd rhan helaeth yn gwbwl gelwyddog a dwi'n dal i gredu hynny hyd heddiw. Ceisiais amddiffyn fy nghamweddau, ond sylweddolais nad oedd unrhyw bwrpas atal llif y dweud drefn gan fy ewythr. Cyhuddodd fi o dynnu ei enw fo ac enw Yncl Owen, oedd bellach yn Bennaeth Heddlu Môn, i'r baw, a thynnu gwarth ar fy nheulu i gyd, yn fyw ac yn farw. Cefais lith arall wedyn y noson honno ar ôl cyrraedd tŷ Wil yn Llangaffo. Mae hyn yn swnio fel taswn i'n llofrudd a threisiwr ac ysgymun y ddaear, ond mewn gwirionedd wnes i ddim byd gwaeth nag unrhyw fyfyriwr o'r un oed â fi. Y gwahaniaeth oedd fy mod i'n aelod o Heddlu Gwynedd.

Ddywedodd Anti Alice yr un gair, ac mi ges i lythyr cariadus a chadarnhaol gan Mam ac Einion. Bu'n rhaid i mi hefyd ymweld ag Yncl Owen yng ngorsaf heddlu Caergybi. Ro'n i'n disgwyl mwy o gerydd ond i'r gwrthwyneb – mi ges i sgwrs gall a defnyddiol efo'r gŵr bonheddig addfwyn. Roedd ei sylwadau yn bositif iawn a theimlwn yn well, a doethach, ar ôl ei adael o a'i wraig, Anti Ruth, gyda chinio blasus yn fy mol.

Dwi'n dal i gredu 'mod i wedi cael fy nefnyddio yn yr achos yma i ddial am rywbeth. Beth bynnag oedd y tu ôl i'r peth, canlyniad trist y digwyddiad oedd na fu i mi a'm hewythr siarad efo'n gilydd am rai blynyddoedd. Roedd gen i barch mawr at Yncl John – roedd yn ddyn cwbwl onest, yn rhy onest efallai, ac yn ddyn cymwynasgar tu hwnt. Roedd ganddo galon fawr, ac roedd gen innau feddwl mawr ohono. Braf yw cael dweud na pharodd y llid ond ychydig flynyddoedd, a bu'r ddau ohonom yn gryn ffrindiau am weddill ei oes.

Roedd fy nyddiau fel heddwas yn Nolgellau wedi eu rhifo, a daeth y newydd o Gaernarfon fy mod i am gael fy symud i Landudno. Daeth rhyw iselder drosta i – ro'n i'n hapus iawn yn Nolgellau ac yn meddwl y byd o bobl y dref. Penderfynais yn y fan a'r lle, petawn yn cael cynnig lle yng Ngholeg Harlech, y buaswn yn mynd yno.

Cyn cael fy symud bu'n rhaid mynd yn ôl i'r ganolfan hyfforddi ym Mhen-y-bont ar Ogwr i sefyll fy arholiadau terfynol. Penderfynais weithio'n galed tuag atynt ac mi wnes yn rhyfeddol o dda. Ddywedodd neb yn Nolgellau yr un gair am y canlyniadau.

Llandudno

Cyrhaeddais Landudno ryw wythnos cyn fy mod i gychwyn gweithio yno. Cefais fy nghroesawu gan Sarjant Robert Henry Jones, gŵr ro'n i'n ei nabod o ddyddiau 'mhlentyndod gan yr arferai fod yn blismon yn Niwbwrch. Byddai'n arfer dod acw i helpu efo'r cynhaeaf ac roedd hefyd yn ffrind agos i Yncl Owen. Aeth Bob Henry â fi i swyddfa wag a dweud wrtha i, yn ddi-flewyn-ar-dafod, y byddai'n rhaid i mi newid fy agwedd a f'ymddygiad, ac y bysan nhw'n siŵr o wneud dyn ohona i yn Llandudno. Dywedodd hefyd 'mod i wedi cael adroddiad gwael iawn gan heddlu Dolgellau. 'Cofia,' meddai, 'dwi 'di gweld rhai gwaeth, ond dim llawer.' Cefais ar ddallt hefyd fy mod yn cael fy ystyried yn rhy anghyfrifol i fyw mewn fflat gydag eraill o'r un oed, ac y byddai'n rhaid i mi letya efo teulu yr oedd yr heddlu yn ei gymeradwyo.

Felly y bu. Mi es i Fôn at y teulu am ryw wythnos cyn dychwelyd i Landudno i ddechrau ar fy ngwaith. Roedd Llandudno y math o orsaf y dylai rhywun ifanc a dibrofiad, yn syth o'r ganolfan hyfforddi, gael eu gyrru iddi er mwyn cael eu hyfforddi yn iawn, a'u gyrru allan i'r strydoedd dan ofal swyddogion profiadol a fyddai'n eu rhoi ar ben ffordd. Roedd llawer iawn mwy o ddisgyblaeth yno nag yn Nolgellau, ac wrth gwrs roedd llawer iawn mwy yn digwydd yno fel y gallai plismyn dan hyfforddiant gael profiadau ehangach. Ches i ddim o hyn gan swyddogion heddlu Dolgellau.

Ro'n i'n siŵr mai ar rota Bob Henry y byswn i, ond na. Rhoddwyd fi ar rota Sarjant Ken Owen (Uwch-arolygydd yn ddiweddarach), oedd yn wreiddiol o Garndolbenmaen ac yn gyn-aelod o'r Gwarchodlu Cymreig. Roedd gan Ken enw am fod yn ddyn caled a disgybledig – yn ôl y sôn roedd o wedi tawelu stad enwog Maesgeirchen ym Mangor ar ei ben ei hun pan oedd yn blismon yno, ac mae 'na rai yno yn dal i'w gofio fel 'Ken Cop'. Doeddwn i ddim llai nag ofn pan es i i'w weld o am y tro cynta – roedd o'n ddyn ifanc tal, golygus, efo pob blewyn yn ei le, ei iwnifform fel pin mewn papur a'i sgidiau'n sgleinio fel swllt. Cadwodd fi hyd braich, a dywedodd yn blwmp ac yn blaen beth roedd o'n ei ddisgwyl gen i, ac yn bwysicach, beth ddylwn i beidio'i wneud. Aeth â fi i'm llety yng Nghraig y Don – roedd pawb yn barchus ac yn ffurfiol ond sylwais fod llawer o ferched lluniaidd a deniadol o amgylch y tŷ. Mi es â'm stwff i'r llofft, a dywedodd Sarjant Owen wrtha i am fod yn yr orsaf yn brydlon y bore canlynol. Wedi i'r sarjant adael daeth fy nghyfle i gyfarfod Jean ac Emlyn Edwards, fy lletywyr, yn iawn. Rhoddodd y ddau groeso boneddigaidd i mi a'm gwneud yn gartrefol. Teimlais fel rhan o'r teulu o'r funud gyntaf honno – dyma i chi deulu hynod, hynod o garedig, a bu i mi fwynhau pob eiliad ar eu haelwyd gynnes. Deallais yn reit handi mai dawnswyr Cherry Willoughby oedd y merched siapus fyddai'n cydletya efo fi. Roeddan nhw'n gweithio dros yr haf yn Theatr yr Arcadia. Dyna eironig fod yr heddlu wedi fy ngyrru i aros i'r fath nefoedd – yn ôl cyfaill i mi roedd y sefyllfa fel anfon alcoholig i weithio mewn bragdy!

Pan ddechreuais weithio yn Llandudno sylweddolais mor wahanol oedd y dre i Ddolgellau, a synnai pawb cyn lleied ro'n i wedi'i ddysgu cyn hynny. Ro'n i'n cael rhan o stryd i'w gwarchod ac roedd yn rhaid i mi aros yno am ddwy awr, nes y byddwn yn cael fy rhyddhau gan blismon arall. Doedd wiw i mi fynd am baned, rhag ofn i Sarjant Owen basio a finna ddim yno. Doedd yr un cwnstabl ar ei ben ei hun petai rhywbeth yn digwydd, ac roedd rhywun wastad yno i'n rhoi ni ar ben ffordd. Petai cyw heddwas yn dangos diddordeb neu frwdfrydedd ynglŷn ag unrhyw agwedd ar y gwaith roedd Ken Owen yn hyfforddwr gwerth chweil, un a ddysgai drwy arweiniad.

O fewn ychydig wythnosau wedi i mi ddechrau yn Llandudno mi ges i gyfweliad yng Ngholeg Harlech, a chael fy nerbyn yno. Derbyniais inna'r cynnig yn syth. Roedd gen i bron i flwyddyn tan ddechrau'r flwyddyn academaidd nesaf, felly penderfynais aros yn yr heddlu a dweud dim wrth neb. Fel y datblygai fy mhrofiad, dechreuodd y swyddogion fagu ffydd yndda i, a sylweddoli y gallwn fod yn gyfrifol petai galw am hynny. Aeddfedais inna, magais dipyn o hyder a dechreuais fwynhau gwaith yr heddlu. Ar adegau, ro'n i hyd yn oed yn edrych ymlaen at fynd i fy ngwaith! I Ken Owen roedd y diolch – bu'r ddau ohonom mewn ambell sgarmes efo'n gilydd, a taswn i byth mewn brwydr, Ken Owen fyswn i'n ei ddewis i'w gael wrth fy ochor. A bod yn hollol onest, petawn i wedi cael fy ngyrru i Landudno yn y lle cyntaf, mi fyswn i wedi gwneud gyrfa yn yr heddlu.

Ro'n i'n dal i freuddwydio am yrfa yn ymwneud â'r llwyfan neu berfformio, ond yn yr heddlu doedd dim ffordd o wireddu'r freuddwyd gudd honno. Fel y dywedais eisoes mae pob elfen o 'mywyd a phob profiad wedi dylanwadu arna i a chyfrannu at fy newis o alwedigaeth. Un o'r cyfresi comedi sefyllfa a redodd hiraf yn y Gymraeg oedd *Glas y Dorlan*, cyfres a ysgrifennais ar y cyd â Meic Povey. Ym mhennod gyntaf y gyfres gyntaf bu i Inspector Vaughan, sef cymeriad yr actor Islwyn Morris, gloi ei hun yn y celloedd ar ddamwain. Digwyddodd hyn yn Llandudno, wrth i uwch-swyddog fynd i brofi a oedd cloeon newydd y celloedd yn gweithio. Bu dan glo drwy'r dydd, a'i wraig yn cario bwyd iddo drwy dwll yn y drws. Ond wrth gwrs, breuddwyd oedd pethau fel *Glas y Dorlan* i mi bryd hynny.

Yn ystod fy haf olaf yn yr heddlu cyn mynd i'r coleg daeth myfyriwr oedd ar gwrs pensaernïol i fwrw pwt o brentisiaeth gyda chwmni o benseiri ym Mae Colwyn. Roedd yn aros efo'i deulu yng Nghraig y Don, Llandudno, a'i enw oedd Dafydd Iwan. Ia, yr union ŵr oedd wedi fy nghyfareddu yn fy llety yn Nolgellau, ac a oedd bellach yn dipyn o arwr gen i. Mae hynny'n dal i fod yn wir hyd heddiw, oherwydd mae ei gyfraniad i'n cenedl yn amhrisiadwy. Dydw i ddim yn cofio sut, ond daethom yn gyfeillion, a threuliais fy amser rhydd i gyd yr haf hwnnw'n teithio o gwmpas Cymru yn ei fan fach A35 werdd. Roedd nifer yn synnu fy mod i, a oedd yn dal i fod yn blismon, yn cyfeillachu efo Dafydd, ac roedd ambell un yn amheus iawn o'r berthynas. Bellach ro'n i'n coleddu syniadaeth cenedlaetholdeb, ac wedi cael fy nghyflwyno i athroniaeth a dyheadau Cymdeithas yr Iaith. Cefais fynd i aros efo fo yng nghartref ei rieni yn yr Wyddgrug ar fwy nag un achlysur. Cofiaf yn dda fynd efo Dafydd unwaith i'r Neuadd Wen, Llanuwchllyn, sef cartref Mr a Mrs Ifor Owen. Roedd y glaslanc plorog, surbwch hwnnw y bu i mi ddod ar ei draws yn Nolgellau yn llechu yng nghornel y gegin, a chyflwynodd Dafydd o i mi fel ei frawd, Alun Ffred. Mae erbyn hyn yn gyfaill oes i mi. Mi ddes i adnabod ei frodyr eraill hefyd, Arthur Morus a'r diweddar anhygoel Huw Ceredig, cyfaill agos iawn arall.

Ychydig wythnosau cyn i mi adael yr heddlu, un pnawn Sul braf ym mis Awst, mi es efo Dafydd i Ros-lan i gyfarfod ag un a fu'n allweddol yn fy mywyd o'r foment honno. I Dyddyn Gwyn, Rhos-lan, yr aethon ni; cartref W. S. Jones, neu Wil Sam, ei wraig Dora a'u dwy ferch, Mair ac Elin. Tra oeddan ni'n trafod rhoi hufen iâ yn y popty, gofynnodd i mi a allwn i actio. Dywedais fy mod wedi bod wrthi ryw ychydig, a rhoddodd wahoddiad i mi ymuno efo nhw yng Nghwmni Theatr y Gegin. 'Mi ddei di o'r Harlach 'na mewn dim efo trên,' meddai. Wil Sam, Elis Gwyn ei frawd ac Emyr Humphreys oedd wedi sefydlu Theatr y Gegin yng Nghricieth, ac roedd cryn enw da i'r cwmni. Teimlwn wrth fynd adra y noson honno fy mod un cam bychan yn nes at fy mreuddwyd.

PENNOD XI

Bywyd Colegol

Coleg Harlech

Yn wythnos gyntaf Hydref 1967 dechreuais ar fy nghyfnod fel myfyriwr. Yn ystod yr haf hwnnw hefyd roedd Mam, Einion ac Owen fy mrawd wedi symud yn ôl i Gymru, ac yn byw yn Nhywyn, nid nepell o Harlech. Cafodd Einion swydd athro yn Ysgol Uwchradd Tywyn, ac yno y cartrefon nhw am weddill eu hoes. Dewisais astudio Cymraeg a Saesneg yng 'Ngholeg yr Ail Gynnig', fel yr oedd Coleg Harlech yn cael ei alw yr adeg honno.

Sefydlwyd y coleg yn 1927 gan Thomas Jones, Ysgrifennydd y Cabinet i Lloyd George a Baldwin, a thad y Farwnes Irene White, yr Aelod Llafur. Coleg oedd o yn bennaf i roi cyfle i weithwyr gael addysg a dychwelyd i'w hardaloedd i gyfoethogi eu gweithleoedd a'u cymunedau, ac roedd perthynas agos iawn rhyngddo a Chymdeithas Addysg y Gweithwyr, sy'n rhedeg y coleg bellach. Ychydig a lynodd at y ddelfryd yma mewn gwirionedd – yn hytrach, defnyddid y lle fel sylfaen ar gyfer mynd ymlaen i golegau a phrifysgolion (roedd rhai eithriadau, wrth gwrs). Yn fy nghyfnod i roedd pawb yn fyfyrwyr preswyl, ond bellach does neb yn aros yno gan eu bod wedi gorfod gwerthu'r neuaddau preswyl i godi arian.

Pan gyrhaeddais y coleg roedd y mwyafrif yno'n dilyn cwrs lefel A, ond penderfyniad pob unigolyn oedd sefyll yr arholiadau neu beidio. Deuai'r rhan fwyaf o'r myfyrwyr o ardaloedd diwydiannol de Cymru; doedd dim llawer, os cofia i, o'r meysydd glo, ond roedd dyrnaid da o feysydd glo swydd Derby yn Lloegr. Noddid amryw ohonynt gan undebau llafur, ac yn ogystal roedd y siroedd hynny oedd dan reolaeth y Blaid Lafur, megis Morgannwg, yn rhoi grantiau hael i'w myfyrwyr i fynychu'r coleg. Yn anffodus, gan fy mod yn byw yn Llandudno, yn yr hen Sir Gaernarfon, ches i ddim grant. Petawn i'n dal i fyw ym Môn byddwn wedi cael grant llawn!

Roedd dwy ysgoloriaeth ar gael o Sir Gaernarfon i fynychu Coleg Harlech; mi ges i un a 'nghyfaill Arthur Wynn Hughes o Landwrog y llall, a chawsom ein dau y swm anrhydeddus o £25.00 y tymor, oedd yn golygu ein bod yn cael £2/10s yr wythnos, sef £2.50 ym mhres heddiw. Roedd trigolion Môn a Meirionnydd yn cael £12.00 yr wythnos, felly tlodion y coleg oedd trigolion Arfon, oedd yn rhyfedd gan fod cymaint o chwarelwyr y sir wedi astudio yno a gwneud eu marc ar y genedl. Mae'n debyg mai undebau llafur a nawdd lleol oedd yn eu cynnal yno. Ro'n i wedi cael taliadau gwyliau ac ati wrth adael yr heddlu, a thrwy godi pres o 'mhensiwn gwaith medrais lwyddo rywsut yn y flwyddyn gyntaf, ac mi ges i swydd postmon yn Llandudno dros y Nadolig. Bob wythnos yn rheolaidd deuai dau lythyr i mi – un o Dywyn gan Mam a'r llall o Langaffo gan Anti Alice, a phapur chweugain ym mhob un.

Dyma'r tro cyntaf i mi ddod ar draws sosialaeth go iawn

Fi yn llyfrgell Coleg Harlech

ac undebaeth lafur. Yn wir, mi gymerodd beth amser i mi ddod i ddeall nifer yn siarad am eu bod yn defnyddio termau negydu yn y maes diwydiannol wrth drafod pethau bob dydd. Rhyw ddyrnaid bach ohonon ni oedd yn siarad Cymraeg yn y coleg – rhyw wyth neu naw allan o gant ac ugain. Dyma'r tro cyntaf hefyd i mi sylweddoli fod yna wir atgasedd yn bodoli tuag at yr iaith, yn enwedig ymysg aelodau Llafur di-Gymraeg o gymoedd y de, a sylweddolais nad ffenomenon unigryw oedd George Thomas, a ddeuai i ddarlithio i'r coleg o bryd i'w gilydd. Ro'n i, a'r mwyafrif a oedd yn astudio Cymraeg fel pwnc, yn coleddu teimladau cenedlaetholgar Cymreig, ac roedd hyn fel cynfas goch i darw i'r rhan fwyaf o'r myfyrwyr. Ymunai'r Stalinyddion a dilynwyr Trotsky gyda Maowyr a Marcswyr yr ILP yn erbyn unrhyw Gymreictod, a neidiai'r Blaid Lafur yn llechwraidd ar eu trol. Roedd y gair 'cenedlaetholdeb' yn wrthun i'r rhain, a waeth faint roeddan ni'n ceisio egluro'r safbwynt Cymreig, Cenedlaetholdeb oedd Cenedlaetholdeb, gydag ensynsiadaeth ffasgaidd eithafol yn perthyn iddo. Mae dylanwad Harlech yn dal i fod arnaf, sy'n golygu nad ydw i'n hapus yn defnyddio'r gair 'cenedlaetholwr', neu yn waeth byth, 'Nationalists', hyd heddiw. Ar ôl treulio peth amser yno deuthum i'w deall nhw, a hwythau i fy neall i a'm cyd-Gymry gwladgarol, ac mi ddois yn ffrindiau da iawn gyda chroestoriad eang o'r myfyrwyr yno. Dysgais lawer ganddyn nhw, yn enwedig am frwydr y gweithiwr i sicrhau hawliau, cyflog ac amodau teg am eu llafur. Nhw oedd yn gyfrifol am droi cyn-blismon asgell dde yn sosialydd o fath – neu beth bynnag ydi'r ymadrodd Cymraeg am 'trendy lefty'!

Ro'n i'n mwynhau bywyd coleg, yn enwedig ar ôl i mi ddechrau dygymod â'r ochr academaidd. Mi ges i gryn drafferth ailafael yn y Gymraeg gan nad o'n i wedi astudio'r pwnc ar ôl gadael Ysgol Llangefni yn un ar ddeg oed, ac ro'n i'n falch fy mod wedi derbyn cyngor Geraint Edwards yn Nolgellau i ddarllen y llyfrau yr oedd o wedi'u hawgrymu i mi. Dr Geraint Wyn Jones oedd darlithydd Cymraeg y coleg, ac mae fy nyled yn enfawr iddo. Roedd o'n ddarlithydd penigamp a chyflwynodd fi i geinion ein llên. Gwirionais ar gewri megis Daniel Owen, R. Williams Parry a John Gwilym Jones, a bûm yn ddigon ffodus i gael gwrando ar ambell ddarlithydd gwadd. Braint oedd cael darlithoedd gan yr Athro Henry Lewis, oedd yn Gadeirydd Bwrdd Rheoli'r coleg, ychydig fisoedd cyn iddo farw.

Doedd dim ond rhyw bedair blynedd ers i mi adael yr ysgol ac ro'n i wedi cael cefndir gweddol mewn llenyddiaeth Saesneg yno. Doedd Shakespeare a Chaucer a Marlowe ddim mor ddieithr i mi â Chanu Aneirin a Llywarch Hen. Roedd John Davies, Dirprwy Brifathro'r coleg a oedd bron yn ddall oherwydd anaf a ddioddefodd yn ystod yr Ail Ryfel Byd, yn ddarlithydd hynod ac wedi ei drwytho mewn llenyddiaeth Saesneg. Roedd wedi gwirioni ar James Joyce, a hyd heddiw cofiaf ei ddarlithoedd ar

Portrait of the Artist as a Young Man. Byddai John Davies yn fynych yn ymuno â ni'r myfyrwyr am beint neu ddau (neu fwy) yn nhafarn y Lion, a oedd yn cael ei chadw gan ddyn mewn gwth o oedran o'r enw Ted. Roedd Ted yn henwr hynaws, a'i unig fai oedd ei fod yn crynu yn arw, a byddai wedi colli o leiaf chwarter pob peint cyn ei roi i'r cwsmer.

Roedd John Davies yn gyfaill agos i'r Athro John Danby, pennaeth yr adran Saesneg yng ngholeg y brifysgol, Bangor ar y pryd, ac un o arbenigwyr y byd ar Shakespeare. Roedd hi'n fraint cael gwrando arno'n cymryd ambell ddosbarth. Byddai Danby a John Davies yn hoff o beint neu ddau, weithiau dri, ac os oedd Danby yn cynnal tiwtorial gyda grŵp bychan ohonon ni, byddai'n ei gynnal yn y Lion neu westy St David's. Fyddai fy nghyfaill Derfel Roberts (Bethesda bellach) a finna byth yn colli'r tiwtorials rheini – efallai fod hynny oherwydd y cwrw yn hytrach na'r diwylliant!

Criw bychan oedd y criw Cymraeg, felly roedd yn rhaid i ni frwydro am bopeth. Bryd hynny, fel mewn llawer sefydliad arall, doedd dim arwydd fod y Gymraeg yn bodoli o gwbwl yn y coleg, a maith oedd y dadlau yng nghyfarfodydd Undeb y Myfyrwyr, y mwyafrif yn gweld yr iaith fel arf i genedlaetholdeb asgell dde. Roedd y rhan fwyaf o'r myfyrwyr wedi cael profiad o areithio cyhoeddus trwy eu hundebaeth lafur a'u gweithgaredd gwleidyddol, felly roeddan ni'n lwcus bod Derfel yn siaradwr gwych – yn wir, fe'i dewiswyd yn un o ddau i gynrychioli'r coleg yng nghystadleuaeth Siarad Cyhoeddus yr *Observer*, a bu'n eithaf llwyddiannus. Serch hynny, chafodd o ddim llwyddiant yng nghystadleuaeth siarad cyhoeddus colegau Cymru, Brisgyll y Cymro, yn bennaf am mai fi oedd ei gyd-siaradwr! Roeddan ni'n rhan o ddalgylch Aberystwyth ar gyfer y gystadleuaeth honno, oedd yn cael ei darlledu'n fyw ar y radio. Hwn oedd fy mhrofiad cyntaf o ddarlledu ar y radio. Ro'n i'n crynu fel jeli, a bu'n rhaid i mi stopio am ennyd ym Machynlleth am wisgi neu ddau go nobl i leddfu'r nerfau. 'Corris o wlad ydi Cymru' oedd testun y ddadl, a'r Dr R. Tudur Jones yn beirniadu. Ychydig a wyddai'r un ohonon ni y byddwn yn ei ddynwared yn wythnosol ar y rhaglen *Y Cleciwr* rai blynyddoedd yn ddiweddarach. Roedd fy mherfformiad a'm deunydd mor druenus o wael y noson honno, fuasai neb wedi credu yr awn i wneud bywoliaeth o ddarlledu a pherfformio. Y cyfan wnaeth y wisgi oedd tewychu fy nhafod, ac ro'n i'n groes drom i Derfel druan ei chario. Yn ein herbyn roedd siaradwyr huawdl megis y diweddar Emrys Jones (y darlledwr), Eifion Lloyd Jones, Ainsley Davies a Pryderi Llwyd Jones, ac enwi dim ond rhai.

Ymysg fy nghyd-Gymry yn y coleg ar y pryd roedd y diweddar Tomos Roberts, yr archifydd a'r arbenigwr ar enwau lleoedd, y gwneuthurwr ffilmiau Michael Bayley Hughes, y Parchedig Wilbur Lloyd Roberts a'i wraig Alma, a merch ifanc o'r Wladfa o'r enw Elvira Austin – a Derfel ac Arthur Wynn Hughes, wrth gwrs. Er ein bod yn griw reit dynn i ddechrau, buan iawn y daethom i werthfawrogi cwmni'r myfyrwyr eraill a'u cefndiroedd a'u diwylliant. Mi ddysgon nhw lawer i mi, a gobeithio fy mod inna wedi dysgu ychydig iddynt hwythau am ein traddodiadau a'n diwylliant ni.

Roedd y bwyd yng Ngholeg Harlech ar y cyfan yn dda iawn. Wel, roedd o'n dda iawn i hen frid y wlad fel fi, yn lobsgóws a stwnsh rwdan ac ati, ond doedd o ddim at ddant pawb. Un o'r rheini oedd fy nghyfaill Graham Skinner, brawd yr Aelod Seneddol enwog, Dennis Skinner ('The Beast of Bolsover'), a gwynai'n gyson am yr arlwy. 'It's a lovely place, and the education and all that is great, but I can't stand snap!' meddai. 'Snap' fyddai glowyr swydd

Derby'n galw'r bwyd y byddent yn ei gario efo nhw i'r gwaith. A dweud y gwir, mi ddiflannodd un bore Gwener a welwyd mohono wedyn, i gyd oherwydd y lobsgóws.

Roedd yr ochr gymdeithasol yn Harlech yn weddol dawel o'i gymharu â cholegau eraill, yn bennaf oherwydd bod y myfyrwyr yn hŷn. Ro'n i'n un o'r rhai ieuengaf yno, ac roedd llawer o'r myfyrwyr eraill yn briod, ac o ganlyniad heb lawer o arian i gymdeithasu. Roedd pawb wedi dewis dod i'r coleg er mwyn ceisio gwella'u hunain, ac o'r herwydd roedd eu meddylfryd a'u hagwedd tuag at waith yn wahanol i'r rhan fwyaf o fyfyrwyr y cyfnod. Ond mi gawson ni ambell noson fythgofiadwy serch hynny, yn enwedig pan fyddai myfyrwyr Coleg Cartrefle, Wrecsam, oedd yn goleg i ferched yn unig ar y pryd, yn ymweld â dawns yr Hop ar nos Sadwrn unwaith y tymor. Roedd canran y merched yng Ngholeg Harlech cyn ised â chanran y Cymry Cymraeg, ac roedd cryn gystadleuaeth am sylw'r ganran lai byth oedd yn ferched sengl. Dim ond un penwythnos y tymor roeddan ni'n cael mynd adra, ond byddai sawl un yn dewis anwybyddu'r rheol hon, yn enwedig myfyrwyr priod a'r rhai hynny oedd yn byw yn lleol. Roedd fy ffrind Bob Pandy, cyn-berchennog stondin yn gwerthu hen ddillad milwrol ar Portobello Road yn Llundain (roedd hyn yn y cyfnod pan oedd record *Sgt Pepper...* y Beatles mewn bri mawr) yn rhannu ystafell gydag un a oedd yn dengid bob bore Sadwrn tan nos Sul. Manteisiai Pandy ar y sefyllfa yma, gan osod ei ystafell wely fechan am dair punt am ddwy awr i fyfyrwyr a oedd wedi dod o hyd i gymar ar nos Sadwrn. Pan ddeuai eu dwyawr i ben byddai Bob yn taflu'r cwpwl hapus allan yn ddiseremoni. Gwae pwy bynnag a adawai unrhyw offer atal cenhedlu ar eu holau yn ei ystafell – gan fod Bob yn Llywydd yr Undeb, byddai'n eu henwi ar goedd yn yr ystafell gyffredin. Rhaid dweud mai prin iawn oedd fy ngorchestion carwriaethol i yn ystod cyfnod Harlech, ond llwyddodd Derfel i gael gwraig o'r pentre. Da o beth, mae'n debyg, oedd prinder y rhyw deg, gan fod gen i ddigon o waith ailafael mewn bywyd academaidd.

Canol y chwe degau oedd hi, a phrotestio yn ei anterth yn fyd-eang. Yng Nghymru, roedd brwydr yr iaith yn dechrau magu stêm ond yng Ngholeg Harlech âi brwydrau eraill â bryd llawer iawn o'r myfyrwyr – rhai fel y brotest fawr tu allan i Lysgenhadaeth America yn Grosvenor Square, Llundain, yn erbyn rhyfel erchyll Vietnam. Aeth carfan o'r myfyrwyr yno.

Dyma pryd y cysylltodd aelod o'r heddlu cudd â fi. Roedd o wedi bod yn cydweithio efo fi yn Nolgellau fel aelod o'r CID, a derbyniais lythyr ganddo'n gofyn i mi ei ffonio. Gan mai dim ond ychydig fisoedd oedd ers i mi adael yr heddlu meddyliais ei fod isio gwybodaeth am ryw achos neu'i gilydd ro'n i wedi bod ynghlwm ag o, felly ffoniais o. Daeth i fy nghyfarfod y tu allan i'r coleg. Doedd o ddim isio cyfarfod yn y coleg, a synhwyrais ar y pryd fod hynny'n rhyfedd. Soniais am y peth wrth fy nghyfeillion, rhag ofn. Aeth y rhingyll â fi am beint i'r Ship Aground yn Nhalsarnau. Prynodd beint neu ddau i mi, a throdd y stori at yr elyniaeth oedd rhwng rhai carfanau o fyfyrwyr asgell chwith a'r Cymry Cymraeg yn y coleg, a statws yr iaith yn enwedig. Roedd yn amlwg ei fod yn gwybod am bopeth a oedd yn digwydd yn y coleg. Cymerodd arno ei fod yn genedlaetholwr pybyr, a dwi'n siŵr fod ganddo dueddiadau felly go iawn, ond byrdwn y cyfarfod oedd ei fod o am i mi fod yn glustiau iddo yn y coleg, ac yn arbennig, datgelu cynlluniau'r rhai hynny a oedd am fynychu'r brotest yn Llundain. Dywedais na wyddwn i ddim am hynny, ac nad o'n i'n gwneud rhyw lawer â'r bobol rheini (oedd yn gelwydd). Ceisiodd roi papur chweugain yn fy mhoced, gan awgrymu y cawn fwy petawn yn rhoi gwybodaeth iddo, ond dywedais na fyswn i hyd yn oed yn ystyried y peth. Chlywais i ddim ganddo fo na neb arall wedi hynny, er fy mod wedi fy nghyhuddo yn ddiweddarach o fod yn aelod o'r heddlu cudd. Ond mwy am hynny eto.

Ro'n i wedi ailddechrau chwarae rygbi erbyn hynny, ac yn cael lle yn rheolaidd yn nhîm y coleg – a oedd yn dîm aruthrol o gryf ar y pryd gydag amryw o'r aelodau wedi chwarae i dimau dosbarth cyntaf yn y de. Dysgais lawer am y gêm, ac am fywyd, wrth deithio ar hyd a lled y wlad efo'r sgwad. Yn aml byddem yn dychwelyd i Harlech ym mherfeddion nos ar ôl gêm i ffwrdd, oedd yn anghyfleus iawn i Gordon Jones, bachgen cydnerth o Lansanffraid-ym-Mechain a feddai ar lais bariton cryf iawn, ac a oedd yn rhannu ystafell efo fi. Roeddem ill dau yn cysgu yn yr hyn a elwid yn 'dorms', sef hen gytiau armi pren oedd i fod yno dros dro, a hynny ers y pedwar degau. Roedd yr ystafelloedd yma mor gul roedd hi'n amhosib i'r ddau ohonon ni fod ar ein traed yr un pryd, felly ro'n i'n ffodus fod Gordon yn dewis mynd i'w wely oriau o 'mlaen i, ac yn codi yn fore iawn. Ar ddydd Sul roedd hi waethaf, pan fyddwn i'n nyrsio pen mawr. Gan ei fod wedi clwydo mor gynnar byddai Gordon yn codi i fynd i'r eglwys tua saith, ac yn dechrau morio canu 'Oh what a Beautiful Morning'. Byddai'n gwneud hyn i 'mhryfocio, ac un bore Sul, ar ôl bod yn chwarae yn Aberystwyth, bu'n bloeddio'n uwch na'r arfer. Doedd dim amdani ond estyn am fy esgid rygbi wleb, fwdlyd, a'i hanelu tuag at ei ben. Wnaeth o ddim canu yn y boreau ar ôl hynny.

Y pleser mwyaf ro'n i'n ei gael yn y cyfnod hwnnw oedd bod yn rhan o Theatr y Gegin yng Nghricieth. Mi ddois i i adnabod Wil Sam, Dora a'r genod, a threuliais nosweithiau lawer yn eu cartref yn Nhyddyn Gwyn. Yn ystod y gaeaf cyntaf hwnnw roeddan ni'n ymarfer ar nos Fawrth, a hefyd ar nos Iau fel yr oedd dyddiad perfformiad yn agosáu. Yn rhyfedd iawn, am rai wythnosau bu hi'n bwrw eira fel ro'n i'n cyrraedd Tyddyn Gwyn ar nos Fawrth, a galwai Mair ac Elin fi 'y dyn eira'.

Wrth ddarllen gwaith Wil sylwais mor wych o rwydd oedd ei ddeialog, fel yr iaith y ces i fy magu yn ei chanol. Roedd rhythm a mydr naturiol ei Gymraeg yn falm i glustiau rhywun, a bryd hynny dysgais mai sgwrsio deialog y mae actor i fod i'w wneud ar lwyfan, nid ei lefaru. Dysgais lawer mwy, a mwynhau llawer mwy, yng nghwmni Wil a'r teulu. Ro'n i'n teimlo 'mod i wedi cyrraedd rhyw binacl yn fy mywyd, ac wrth edrych yn ôl, ro'n i yn llygad fy lle. Braint oedd cael galw Wil yn gyfaill agos i mi, gan ei fod yn un o'r bobol fwyaf diwylliedig dwi wedi cael y fraint o'i adnabod erioed. Roedd yn athrylith na welwn mo'i fath eto, yn sicr, ac mae ei ddylanwad yn drwm ar bopeth a ysgrifennais erioed.

Trwy'r Gegin y deuthum i adnabod Alun Jones (Mac) y nofelydd, Guto Roberts ac un arall o fy 'nghyfeillion oes, Stewart Jones. Yn ogystal, un noson yng ngwesty'r Marine yng Nghricieth, ar ôl rhyw berfformiad, bu i mi gwrdd â hogyn ifanc hirwallt oedd yn gwisgo sbectol, a'i gôt yn hongian dros ei ysgwyddau. Roedd hwn yn gweithio efo cwmni theatr a oedd newydd ddechrau – Cwmni Theatr Cymru. Wel, ro'n i'n edmygu'r llanc ifanc yma, ac yn genfigennus ohono, a byddwn yn gwrando ar bob gair ddywedai o. 'Micalions' oedd Wil Sam yn ei alw fo – bachgen lleol o Garndolbenmaen oedd o, a chyn-aelod o gwmni'r Gegin, o'r enw Meical Povey. Wyddwn i ddim ar y pryd y byddai'n dod yn rhan bwysig o 'mywyd a'm gyrfa.

Daeth haf 1968. Ro'n i wedi sefyll fy arholiadau, felly doedd gen i ddim i'w wneud ond disgwyl am y canlyniadau. Cyrsiau blwyddyn oedd cyrsiau Coleg Harlech yn y bôn, ond roedd tua 25% o'r myfyrwyr yn cael mynd yn ôl i astudio am flwyddyn ychwanegol. Roedd pawb yn trio cael dychwelyd yno, rhag ofn iddyn nhw fethu'r arholiadau, ac mi fues i'n ddigon ffodus i gael fy nerbyn am flwyddyn arall. Felly hefyd llawer o'm cyfoedion o'r gymdeithas Gymraeg, gan gynnwys Arthur a Derfel. Mi geisiodd Derfel a finna am ysgoloriaeth Pantyfedwen i helpu i ariannu'r flwyddyn, a bu'r ddau ohonon ni'n llwyddiannus.

Doedd dim llawer o waith ar gael dros yr haf yn y gogledd, felly perswadiodd Bob Pandy fi i ddychwelyd efo fo i Lundain i chwilio am waith. Roedd 'Summer of Love' y flwyddyn flaenorol yn dal yn ei anterth ac roedd fflat Pandy yng nghuriad calon y meddylfryd yma yn Ladbroke Gardens, Notting Hill. Dyma agoriad llygad i mi – roedd pawb yn gwisgo dillad lliwgar, pawb â gwalltiau hir a phawb yn caru'i gilydd, a doedd dim amdani ond ymuno efo nhw. Fel y gallwch ddychmygu, roedd hyn yn newid byd aruthrol i lanc a oedd yn blismon ryw naw mis ynghynt. Er fy mod wedi bod yn byw am flynyddoedd nid nepell o Lundain roedd y cyfnod hwnnw fel oes wahanol i 1968. Doedd cyffuriau ddim wedi sefydlu eu hunain fel rhan o'r isddiwylliant pan o'n i yn yr ysgol yno, diolch i'r nefoedd, neu mi fyswn yn siŵr o fod wedi arbrofi efo nhw, o nabod fy anian fy hun. LSD neu asid oedd y cyffur poblogaidd yn haf '68, a gwelais ferch mewn parti un nos Sadwrn yn mynd trwy uffern ar ôl ei gymryd. Roedd hynny drwy drugaredd yn ddigon i'm dychryn i, a chadwais draw. Roedd y ffilm *Yellow Submarine* yn y sinemâu ar y pryd, ac es i'w gweld efo criw o ffrindiau. Cyn i'r ffilm ddechrau tynnodd un ohonyn nhw bapur blotio o boced ei gôt a rhoi cornel bach ohono i bawb i'w roi yn eu cegau. Ro'n i'n amheus ohono, felly smaliais ei roi yn fy ngheg a'i daro yn fy mhoced. Ymhen ychydig funudau roedd un neu ddau yn beichio crio wrth wylio'r ffilm gartwnaidd, ac aeth pawb i ryw wewyr. Y bore trannoeth gofynnodd pawb sut brofiadau oedd y naill a'r llall wedi eu cael. 'Far out man,' oedd y gri gyffredinol, ac ychwanegais innau'n llechwraidd, 'Yes, far out!'

Cefais waith dros yr haf hwnnw ym mecws Lyons yn Cadby Hall yn Olympia. Fy nghyfrifoldeb i oedd bwydo toes trwm llawn ffrwythau i beiriant a oedd yn gwneud 35,000 o fyns yr awr o dan gytundeb i Marks and Spencer. Roedd yn waith poeth, caled, ond gan nad oedd y llywodraeth yn trethu myfyrwyr bryd hynny ro'n i'n gwneud dwy shifft y dydd, ac felly'n ennill arian mawr – digon o gelc ar gyfer y flwyddyn golegol a oedd o 'mlaen.

Yn Llundain ro'n i pan glywais fy mod wedi bod yn lled lwyddiannus yn fy arholiadau. Bûm yn llwyddiannus iawn yn y Gymraeg a rhoddodd hynny foddhad mawr i mi. Dychwelais i ddechrau fy ail flwyddyn yn Harlech, a'm bwriad oedd ailsefyll fy arholiad Saesneg i gael gwell graddau, a dilyn cwrs Hanes Gwleidyddol. Yn ffodus iawn deallais yn fuan yn yr ail flwyddyn fy mod wedi fy nerbyn yn ddiamod i goleg prifysgol Bangor, felly ofer fyddai sefyll y Saesneg, a chynghorwyd fi i ddarllen yn eang i roi gwell cefndir academaidd i mi fy hun. Ro'n i'n rhydd o bwysau arholiadau, ac felly'n rhydd i wneud fel y mynnwn. Dewisais barhau i ddilyn y cwrs Hanes Gwleidyddol, a chwrs Cymraeg a Hanes Cymru, ond rhaid i mi gyfaddef 'mod i wedi diogi llawer a mwynhau fy hun.

Ro'n i bellach wedi symud o'r cytiau pren yn nhwyni tywod Harlech i neuadd foethus a oedd newydd ei hadnewyddu, o'r enw Crown Lodge. Mi ges i a Tomos Roberts stafell foethus, enfawr, ar lawr ucha'r neuadd, a chyfeiriai pawb ati fel y Penthouse. Byddwn yn cau fy hun yno am ddyddiau weithiau. Oherwydd y diffyg pwysau academaidd (a'm diffyg hunanddisgyblaeth) cynyddodd fy ymweliadau â'r tafarndai lleol, a byddwn yn manteisio ar unrhyw esgus i ddathlu. Bellach, ro'n i wedi dod yn ffrindiau gydag Alun Ffred a oedd yn ei flwyddyn gyntaf ym Mangor, a thrwyddo fo y des i adnabod criw o fyfyrwyr yn y ddinas honno. Dechreuais ymuno efo nhw ar dripiau i gemau rygbi rhyngwladol – yn wir, teimlwn mai dyna oedd bywyd myfyriwr go iawn. Roedd yr hedoniaeth bur yma'n hollol groes i ethos Coleg Harlech. Byddwn yn dal i wneud ymddangosiad achlysurol i dîm rygbi'r coleg.

Un peth ro'n i'n ei gymryd o ddifri oedd fy ymrwymiad i Theatr y Gegin yng Nghricieth, ac yn ogystal, sefydlwyd cymdeithas ddrama yn y coleg. Roeddan ni'n ffodus fod myfyrwraig yn y flwyddyn gyntaf yn actores broffesiynol – Miriam Raymond, mam yr actores Angela Pleasence a chyn-wraig Donald Pleasence. Bu i ni gynhyrchu dwy ddrama, un yn y Gymraeg a'r llall yn Saesneg. Y cynhyrchiad Saesneg oedd *The Bear* gan Chekhov, efo Miriam yn y brif ran a finna'n was bach. Yn y Gymraeg, llwyfannwyd *Y Wraig* gan Wil Sam, gydag Arthur Wynn Hughes yn cynhyrchu. Perfformiwyd nhw yng Ngŵyl Ddrama Dolgellau, ac afraid dweud na fu i ni ennill unrhyw wobr. Dywedodd y beirniad, Edwin Williams, fod Miriam yn dangos fflach o dalent – mae'n amlwg na wyddai ei bod wedi troedio prif lwyfannau Lloegr! Roedd *Y Wraig* yn stori wahanol, a bu Edwin yn garedig iawn efo ni o dan yr amgylchiadau. Medwen Scourfield oedd yn actio'r prif gymeriad benywaidd ac am reswm sy'n dal i fod yn ddirgelwch i mi roedd Gordon Jones, y canwr, yn ein promptio o ochr y llwyfan. Ni fedrai Gordon yr un gair o Gymraeg yr adeg honno. Anghofiodd Medwen ei llinellau, yr unig beth oedd ganddi i'w ddweud oedd fy ateb i efo 'Faint?' felly gwaeddodd Gordon o'r ochrau, yn Saesneg, 'Faint, you've got to fall down and faint!' Roedd Gordon yn credu fod Medwen i fod i lewygu, a chlywodd y gynulleidfa bob gair, yn ôl eu chwerthin. Heglodd y cast oddi yno'n reit handi ar ôl y perfformiad rhag llach ein cyfarwyddwr, Arthur Wynn Hughes.

Roedd Cwmni Teledu Harlech newydd ennill yr hawl i ddarlledu teledu annibynnol i Gymru, gan ddisodli'r hen gwmni, TWW. Ar y pryd nifer fach iawn, iawn o actorion proffesiynol oedd yn gweithio drwy'r Gymraeg, ac roedd llawer o'r rheini o dan gytundebau'r BBC neu Gwmni Theatr Cymru, a ffurfiwyd ychydig flynyddoedd ynghynt. Roedd Cwmni Harlech, fel y'i gelwid cyn 1971, yn awyddus i ddarlledu dramâu, yn enwedig comedïau sefyllfa yn y Gymraeg, oedd yn beth newydd iawn yn y cyfnod. Roedd hyn, cofiwch, cyn dyfodiad *Fo a Fe*. Mae'n rhaid talu teyrnged yn y fan hyn i HTV am fod yn barod i arloesi a chymryd risg i dorri tir newydd yn y Gymraeg – cawsant sawl methiant ond bu llwyddiannau mawr yn ogystal. Daeth patrwm i'r amlwg, sef bod y BBC yn neidio ar y llwyddiannau yma a cheisio gwneud yr un math o raglenni eu hunain, ond efo mwy o arian. Beth bynnag, roedd Harlech wedi comisiynu Wil Sam i ysgrifennu cyfres gomedi sefyllfa iddynt o'r enw *Ma' Pawb Isio Byw*, wedi ei lleoli mewn meddygfa yng nghefn gwlad Cymru. Rhaid oedd cael actorion, felly teithiodd y cynhyrchydd, Ieuan Davies, o gwmpas y wlad i chwilio am actorion. Wrth gwrs, mi ddaeth i Theatr y Gegin, a chefais ran mewn pennod: rhan plismon! Rhaid i mi ddweud mai dyma un o'r ychydig droeon i mi chwarae plismon yn Gymraeg, er 'mod i wedi gwneud hynny lawer gwaith mewn cynyrchiadau Saesneg. Wel, ro'n i ar ben fy nigon, yn cael gwireddu breuddwyd drwy actio ar y teledu a chael mynd i stiwdio go iawn yng Nghaerdydd am dridiau – a chael fy nhalu'n hael am y gwaith ar ben hynny!

Mi ges i lifft i lawr i'r de gan Brian Owen, y Groeslon, a'i wraig, Meinir. Roedd Brian yn actio cymeriad rheolaidd yn y gyfres. Pan gyrhaeddais y stiwdio ym Mhontcanna, Caerdydd, ro'n i bron yn methu cymryd fy ngwynt, cymaint oedd fy nghynnwrf. Wyddwn i mo hynny ar y pryd, ond o fewn rhyw bedair blynedd mi fyddai'r stiwdio honno fel ail gartref i mi. Ymysg y cast roedd Huw Ceredig, a dyma'r tro cyntaf i mi weithio gyda'r gwron hynod hwnnw. Yno hefyd roedd actores ifanc o Abersoch oedd yn actio un o'r prif gymeriadau, sef Kathleen Dafydd. Newidiodd ei henw proffesiynol ymhen amser i Catrin Dafydd, gan gipio calonnau'r genedl yn actio rhan Lydia Thomas yn *C'mon Midffîld*.

Doeddwn i'n dallt dim am actio teledu, na fawr ddim am actio'n gyffredinol a dweud y gwir, felly faswn i byth yn hoffi gweld y rhaglen honno heddiw! Ro'n i, yn ôl y sôn, yn erchyll ynddi, ond ar y pryd ro'n i'n credu fy mod yn ail i Richard Burton ei hun. Ta waeth, ro'n i'n cael colur gan golurwraig broffesiynol, cefais ystafell wisgo a rhywun i fy helpu i roi fy ngwisg amdanaf – popeth y breuddwydiais amdano ar gaeau Cefn Mawr Uchaf yn Niwbwrch ers talwm. Pan ddarlledwyd y bennod ro'n i ar wyliau o'r coleg ac yn aros efo Wil yn Llangaffo, a'r unig ymateb ges i yn y pentre oedd dynas yn y siop yn gofyn, 'Chdi o'dd yn talsythu ar y telifision 'na neithiwr?' Cerddais strydoedd Bangor gan ddisgwyl cael fy adnabod, ond wrth reswm chymerodd neb sylw ohona i. Ro'n i'n credu 'mod i wedi cyrraedd yr uchelfannau ac y byswn yn derbyn galwadau di-ri yn gofyn am fy ngwasanaeth fel actor, ond mud fu'r ffôn.

Weddill fy amser yn Harlech bûm yn protestio yn erbyn yr arwisgo, yn magu bloneg a chynyddu fy nyled i'r banc. Roedd dinas Bangor a'i rhyfeddodau yn fy nisgwyl.

PENNOD XII

1969: Blwyddyn yr Arwisgo

Cyn i mi gyrraedd y Brifysgol ym Mangor, roedd haf hir a chythryblus 1969 i'w oroesi, a seremoni arwisgo'r Sais Charles Windsor yn dywysog ar Gymru. Ro'n i, fel yr esboniais eisoes, yn genedlaetholwr o arddeliad bellach, ac yn ystyried fy hun yn dipyn o chwyldroadwr. Roedd 'Chwedeg Nain' yn flwyddyn o brotest i lawer ohonon ni a mynychais hynny o brotestiadau gwrth-arwisgo a allwn, o Fôn i Fynwy. A bod yn onest, ro'n i'n mwynhau'r achlysuron hyn yn fawr iawn, yn enwedig y cymdeithasu a'r gyfeddach ar ôl y protestiadau. Byddwn yn gwrando'n gegrwth ar y rhai oedd yn trin a thrafod y sefyllfa yng Nghymru ar y pryd yn ddwys ac athronyddol. Roedd llawer ohonyn nhw'n dyfynnu'r Athro J. R. Jones a'i sylwadau ar hanfod ein hunaniaeth. Rhaid cyfaddef mai rhyw nodio ac amenio gan drio ymddangos yn ddeallus fyddwn, i gan fod y rhan helaethaf o'r drafodaeth uwch fy mhen i yr adeg honno mewn gwirionedd. Ni fyddwn yn cyfrannu nemor ddim at y sgwrs.

Un o'r protestiadau mwyaf cofiadwy oedd honno yn

Eisteddfod Genedlaethol yr Urdd yn Aberystwyth. Roedd yr Urdd yn eu doethineb wedi gwahodd Charles i fod yn Llywydd y Dydd, gan ei fod ar y pryd yn 'astudio' y Gymraeg yng Ngholeg Prifysgol Aberystwyth. Roedd criw ohonon ni wedi ymgynnull yn hen dafarn yr Hydd Gwyn yn y dre, ac amryw wedi archebu swp o docynnau ymlaen llaw i fynd i'r pafiliwn. Aethom fesul un a dau i'r Maes. Arthur Morus oedd fy mhartner i, ac aethom i mewn yn ddidrafferth i eistedd yn ein seddau. Pan gododd Charles a dechrau ar ei anerchiad cododd criw ohonon ni ar ein traed a thorri ar ei draws, cyn cerdded allan dan weiddi 'brad!' ac ati, a chwifio posteri dan ei drwyn ac arnynt sloganau fel 'Cofiwch 1282'. Pan fydd rhaglenni teledu'n dangos protestiadau ynglŷn â'r arwisgo, maent yn aml yn dangos pwt o ffilm ohona i yn bloeddio'n groch dan drwyn Carlo.

Roedd fy nyddiau yn Harlech yn dirwyn i ben, felly yn haf 1969 penderfynais symud i Fangor er mwyn paratoi am fy nghyfnod yn y Brifysgol. Roedd Michael Bayley Hughes, un o 'nghyd-fyfyrwyr yn Harlech, eisoes ym Mangor ac roedd wedi cael tŷ teras bychan i'w rentu ar fy nghyfer i, Alun Ffred ac yntau; tŷ bychan, tamp, tlodaidd a di-raen yn Stryd Fictoria, Bangor Uchaf. Ar ôl cyfnod yn aros gyda chyfeillion symudodd Alun Ffred a finna i'r tŷ ym Mehefin 1969, a rhywsut mi lwyddon ni i gael gwaith fel labrwyr i gwmni Taylor Woodrow, oedd yn adeiladu tanciau dal dŵr enfawr ym Mhenmynydd, Môn, er mwyn atgyfnerthu'r cyflenwad dŵr ym Môn yn ystod hafau sych. Gwaith Alun Ffred a finna oedd cario tunelli o bridd mewn berfa i orchuddio'r ddau danc enfawr fel y gellid hau gwair drostynt. Rhaid dweud fod y system wedi gweithio – erbyn heddiw dim ond dwy boncen llawn eithin sydd i'w gweld.

Roedd yno swyddog yn gofalu fod y gwaith yn foddhaol. Dyn o Eifionydd oedd o, ac yn ei garafán o, a oedd yn rhyw fath o swyddfa, roeddan ni'n gwneud paned neu fochel rhag y glaw. Roedd yn ddyn doniol a storïwr da, a threuliwn lawer o amser yn ei gwmni. Byddai'n sôn yn aml am ei fab, ond doedd gen i ddim syniad ar y pryd pwy oedd o. Yn ddiweddarach deallais fod gan y mab dipyn o enw fel cenedlaetholwr gweithredol, ond feddyliais i ddim mwy am y peth. Un nos Sadwrn yn ystod y cyfnod hwnnw bu rali gwrth-arwisgo yng nghyffiniau Bangor, a gŵyl bop i'w dilyn yn y nos. Mewn tafarn gyfagos ymosodwyd arnaf gan ffrind i fab fy nghyd-weithiwr oedd yn fy nghyhuddo o fod yn aelod o'r heddlu cudd, ac yn honni 'mod i wedi fy mhlannu ym Mhenmynydd i gadw llygad ar y gwron o Eifionydd! Ro'n i wedi dychryn am fy mywyd – nid oherwydd yr ymosodiad ond oherwydd y cyhuddiad, ond gwawriodd arna i ei bod hi'n rhesymol i rywun fod yn amheus ohona i, o ystyried fy nghefndir fel cyn-blismon. Roedd y cyhuddiad yn un anodd iawn ei wadu, oherwydd gwadu fyddai heddwas cudd go iawn yn yr un sefyllfa: Catch 22 os gwelais i un erioed. Rhaid i mi ddweud i'r dyn a ymosododd arna i ymddiheuro ychydig fisoedd yn ddiweddarach. Mi ddes i i'w adnabod yn dda a'i gael yn ŵr bonheddig. Serch hynny, aeth y si ar led mai aelod o'r heddlu cudd o'n i, felly doedd fy sefyllfa yr haf hwnnw ddim yn un hawdd. Gallwn ddeall pam, ond doedd hynny ddim yn lleihau'r boen.

Roedd pob cyhuddiad yn brifo yn ofnadwy. Unwaith neu ddwy, clywais rai ro'n i'n eu hedmygu'n fawr yn cyhoeddi'n uchel pan gerddwn i mewn i'r un ystafell â nhw: 'Mae 'na fradwr yn ein plith ni, bois!' Ta waeth, does neb yn credu hynny bellach, ac roedd y cyfnod yn un tanbaid, a phawb yn tybio bod aelodau o'r heddlu yn llechu dan bob gwely. Bu fy ffrindiau agos yn driw iawn i mi yn ystod y cyfnod, yn achub fy ngham ar bob achlysur, diolch iddyn nhw i gyd. Dwi'n cofio Arthur Morus yn mynd â fi o'r

Yn rhan y Tywysgog yn Romeo & Juliet *yn Theatr Clwyd, 2002*

neilltu un tro a dweud wrtha i nad oedd yn credu yr un o'r cyhuddiadau yn fy erbyn, ac y gallai ymddiried yn llwyr yndda i, ond ychwanegodd: 'Os dallta i dy *fod* di yn un ohonyn nhw, mi lladda i di!' Dwi yma o hyd. Aeth blynyddoedd lawer heibio heb i neb grybwyll y peth, tan yn lled ddiweddar. Daeth y cyhuddiad hwnnw o le annisgwyl a dweud y lleia. Ro'n i'n actio yn *Romeo and Juliet* yn Theatr Clwyd, ac ar ddiwedd un perfformiad daeth dyn ataf wrth i mi adael y theatr drwy'r prif ddrysau, a chyflwyno ei hun i mi fel cyn-aelod o Heddlu Gwynedd. Wrth sgwrsio, gofynnodd i mi faint o amser oedd ers i mi adael yr heddlu. Atebais fy mod wedi gadael yn 1967, ddeugain mlynedd ynghynt. Atebodd yntau: 'Ia, ond roeddat ti'n gweithio i ni wedyn, doeddat? Ti'n gwybod be dwi'n feddwl!' Winciodd arna i yn gynllwyngar. Be? Oedd yr heddlu hefyd yn meddwl 'mod i'n gweithio i'r gwasanaethau cudd? I ddyfynnu fy *alter ego*, Arthur Picton: 'BLYDI HEL!'

Treuliodd Alun Ffred a finna ddiwrnod yr arwisgo yn

cario pridd ym Mhenmynydd – oedd yn addas iawn, ym mhentref Ednyfed Fychan, distain Llywelyn Fawr. Yn y cyfamser roedd Ffred a finna wedi prynu fan lwyd A35 gan Wil Sam am £8.00 i'n cludo'n ôl ac ymlaen i'r gwaith. Daeth y gwaith cario pridd i ben ychydig wedi hynny, ond cefais hanes swyddi i ni ar safle adeiladu gwaith alwminiwm Rio Tinto ym Mhenrhos ger Caergybi. Roedd y swyddog personél, Mr Stan Thomas, yn gyn-athro ysgol Sul i mi yn Niwbwrch, felly es i'w weld, a'r bore trannoeth roedd Alun Ffred a finna'n dechra gweithio, fel dau nafi, yn agor sylfeini enfawr y gwaith. Gwyddelod oedd y rhan helaethaf o'n cyd-weithwyr, a'r fformyn i gyd. Roedd yno hefyd griw mawr o chwarelwyr o Ddinorwig, gan fod y chwarel yno wedi cau ryw ychydig ddyddiau cyn yr arwisgo. Yn eironig ddigon, ar lechfaen o'r chwarel honno yr arwisgwyd etifedd brenhiniaeth Lloegr yng Nghaernarfon. Roedd y creaduriaid yma ar goll yn llwyr yng nghanol y gwaith ym Mhenrhos, gan eu bod wedi arfer crefft chwarelwr ers cenedlaethau. Mi gawson ni wyliau o'r gwaith i fynychu'r Eisteddfod Genedlaethol yn y Fflint, ond aeth Alun Ffred ddim yn ôl yno wedi'r Eisteddfod. Dal i labro wnes i hyd at ddechrau'r tymor newydd ym Mangor.

PENNOD XIII

1969 – 1972: Dyddiau Difyr Coleg Prifysgol Bangor

Ro'n i'n gyfarwydd â nifer helaeth o fyfyrwyr coleg prifysgol Bangor trwy fy nghysylltiad ag Alun Ffred, ond roedd llawer o'r un flwyddyn â fi yn ddieithr i mi ar y dechrau, ar wahân i Charlie, neu George Lewis Jones o Lanuwchllyn, oedd yn un o selogion nos Sadwrn tafarn y Gwernan yn ystod fy nghyfnod yn Nolgellau. Erbyn gweld, mi fyswn i wedi medru ei fwcio fo am yfed dan oed bryd hynny, ond wnes i ddim, diolch byth. Mi wnes i ffrindiau da ac agos yn ystod y tymor cynta hwnnw, efo cyd-efrydwyr dawnus a disglair fel Dewi Thomas Davies (Dewi Twm) o Gwmtirmynach, Ieuan Parry o Ben-y-groes a'r cyfansoddwr dawnus Emyr Huws Jones. Mae'n rhaid dweud, roedd criw dawnus tu hwnt ym Mangor ar y pryd – dau brifardd, sef Alan Llwyd a Gwynn ap Gwilym, a gwleidyddion o fri yn Alun Ffred, wrth gwrs, a Dafydd Elis-Thomas. Roedd rhai o'm cyfeillion o Goleg Harlech, Derfel ac Arthur Wynn, wedi cyrraedd y Coleg ar y Bryn hefyd, ac roedd Wilbur Lloyd Roberts a Michael Bayley Hughes yno ers blwyddyn. Fel y soniais, efo Michael Bayley roedd Alun Ffred a finna'n rhannu tŷ, ac mae'n deg dweud y byddai landlord yn cael cosb lem iawn y dyddiau yma petaen nhw'n gosod tŷ yn y fath gyflwr truenus i fodau dynol fyw ynddo. Byr fu ein harhosiad yno, cyn i ni gael lle gwell (ac mae hynny'n ddweud mawr) sef y Poplars ar Ffordd y Coleg, oedd yn lle digon enwog am sawl rheswm yn y cyfnod.

Fi yng Ngholeg Bangor

Coleg y brifysgol oedd yn berchen ar y Poplars, ac er y byddai'n ddrwg arnynt hwythau petaen nhw'n gosod lle yn y fath gyflwr heddiw, roedd yn balas o'i gymharu â Stryd Fictoria. Cymerodd Michael Bayley y llawr uchaf, gan mai fo oedd wedi cael y lle i ni, gan adael Ffred a finna i drigo mewn dwy ystafell ac ystafell molchi yng nghrombil selerydd tamp a digysur yr adeilad. Mae'n rhaid i mi gyfaddef yn fama nad oeddan ninnau y ddau mwyaf twt a thaclus. Ar un o'r achlysuron prin hynny pan oeddan ni ar ganol cymoni a glanhau, galwodd Dr Dafydd Glyn Jones heibio ar ryw berwyl neu'i gilydd. Wedi iddo weld be oeddan ni'n wneud, gofynnodd yn syn: 'Ew, be dach chi'n neud hogia, carthu?' Er gwaetha popeth, mi gawson ni sawl cyfeddach a sbort a sbri yno ... gwell fyddai peidio â manylu. Digon ydi dweud y byddai Dr Enid Pierce Roberts yn rhybuddio merched ifanc, glandeg oedd yn cyrraedd y coleg am y tro cyntaf i '... ochel rhag selerydd tywyll, tamp, Bangor Uchaf.'

Y peth cyntaf wnes i yn y coleg oedd ymuno efo Cymdeithas y Ddrama Gymraeg, a bwrw iddi i gymryd rhan mewn amryw o'u dramâu. Y cynhyrchiad cynta y bu i mi ymddangos ynddo oedd cyfieithiad o *The Lover* gan Harold Pinter. Drama i ddau ydi hon, a'r diweddar Elin Mair a finnau oedd yr actorion, gydag ymddangosiad byr gan Derfel Roberts fel dyn llefrith. Eifion Lloyd Jones oedd y cyfarwyddwr, a chafodd ein perfformiad dderbyniad gwresog.

Roedd un brif ddrama yn cael ei llwyfannu bob blwyddyn o dan gyfarwyddyd Dr John Gwilym Jones, ac yn ystod fy mlwyddyn gyntaf, *Amser Dyn* gan Gwyn Thomas oedd y ddrama. Cafodd Alun Ffred a Sian Miasinska (Jones wedyn) chwarae'r prif rannau, a finna a Dafydd Elis-Thomas yn chwarae dau Aelod Seneddol Llafur! Roedd yn orfodol ar bawb a oedd yn astudio drama fel pwnc i fod ynghlwm mewn rhyw ffordd â phrif gynhyrchiad drama'r coleg.

Cast a chriw Amser Dyn, *fy nrama gyntaf yng Ngholeg Bangor yn 1970. Ro'n i'n actio Aelod Seneddol Llafur, a dwi'n sefyll yn y llun yma rhwng Alun Ffred a Dafydd Elis-Thomas!*

Cymraeg, Drama ac Addysg oedd fy mhynciau yn fy mlwyddyn gyntaf. Cefais gyflwyniad eang i'n llenyddiaeth gan ddarlithwyr a oedd yn cael eu hystyried yn feistri yn eu maes – Bedwyr Lewis Jones, Gwyn Thomas, Dafydd Glyn Jones, Brynley Rees, Geraint Gruffydd, Enid Pierce Roberts ac, wrth gwrs, John Gwilym Jones neu John Gwil i bawb ohonon ni fyfyrwyr. Braint oedd cael profi eu hysgolheictod, ac erbyn hyn dwi'n difaru f'enaid na fyswn i wedi cymeryd mwy o sylw o gynnwys y darlithoedd a manteisio mwy ar y cyfleoedd gwych ges i. Dwi'n difaru na afaelais i ynddi a gweithio'n galetach, a thrwytho fy hun yn yr hyn a oedd yn cael ei gynnig i mi. Wnes i ddim – yn hytrach, gwastraffais fy amser, ond mwy am hynny eto.

Roedd John Gwilym Jones yn ddyn arbennig iawn, a chyffyrddodd a dylanwadodd ar genedlaethau o fyfyrwyr. Cefais y fraint o fod ym mhob un o'i gynyrchiadau yn ystod fy nghyfnod yn y coleg, a dysgais lawer iawn wrth draed y cawr yma. Melys iawn yw fy nghof amdano'n stwffio hances boced i'w geg, weithiau mewn gorfoledd ac weithiau mewn anobaith. Roedd clywed ei eiriau: 'Roeddat ti'n dda iawn, iawn heno, boi,' yn fy nghodi i lefel uchel iawn. Pleser mawr hefyd oedd cael mynd i Angorfa, ei gartref yn y Groeslon, i gael te ar ddydd Sul. Cofiaf unwaith gael teisen ffrwythau wedi ei gwneud efo wisgi, ac meddai wrtha i, gan edrych dros ei sbectol, a'i dafod yn ddwfn yn ei foch; 'Dwi 'di prynu hon yn arbennig i chdi, yli.'

Emyr Humphreys oedd pennaeth yr adran Ddrama, ac roedd Meirion Edwards yn ddarlithydd yno. Drwyddyn nhw, mi ges i gyfle i ddysgu cefndir y theatr ryngwladol o'i dechreuad cyntefig, a chefais gyflwyniad i ddramodwyr mawr Ewrop a'u gwaith – ond unwaith eto, bu i mi wastraffu llawer o'r cyfleoedd yma. Wedi dweud hynny, dysgais ddigon i roi cefndir ardderchog i mi fy hun sydd wedi bod yn amhrisiadwy ar hyd fy ngyrfa.

Llywelyn Fawr, *Coleg Prifysgol Bangor*

Ym Mangor hefyd y cefais gyfle i ddechrau sgwennu, yn cynnwys sgetshys dychanol ar gyfer ein rifíw blynyddol. Roedd yna griw da o dalentau cerddorol a llafar yn perfformio'r rifiwiau yma, a dysgais lawer ganddyn nhw. Mi fyddwn i'n gwneud ychydig o ddynwared – ambell ddarlithydd neu wleidydd i ddechrau, ond fy nghyfaill, y dramodydd William Lewis, oedd yn serennu yn y maes yma. A dweud y gwir, ei ddynwared o yn dynwared eraill wnawn i lawer iawn o'r amser.

Ar wahân i berfformio yn y coleg dechreuais gymryd rhan yn sioeau dychanol Cymdeithas yr Iaith, a oedd bryd hynny'n cael eu perfformio'n flynyddol yn yr Eisteddfod Genedlaethol. Sioeau oedd y rhain megis *Rhaid yw eu Tynnu nhw i Lawr* a *Peintio'r Byd yn Wyrdd*. Roedd enwogion y genedl yn perfformio yn y sioeau yma ar y pryd, yn ogystal â gwpiau pop amlwg y dydd fel y Tebot Piws, y Dyniadon Ynfyd ac yn y blaen. Bu'r sgwennu a'r perfformio dychanol yma'n sail gadarn i mi, yn enwedig ar gyfer fy ngwaith ar raglenni fel *Y Cleciwr*, *Pelydr X* ac ati. Ysgrifennais ddrama ar y cyd â Dewi Thomas Davies a daethom yn fuddugol yn yr eisteddfod ryng-golegol. Dechreuais fagu blas, a phrofiad, yn y maes ysgrifennu, maes yr ydw i wedi mwynhau bod yn rhan ohono byth ers hynny.

Roedd fy nghyfnod i ym Mangor yn cydredeg â chyfnod o brotestio cyson a brwd ar ran Cymdeithas yr Iaith, ac ro'n i'n amlwg yn y rhan helaethaf o'r protestiadau. Cyfnod y carcharu am gynllwynio oedd hwn, ac yn wythnosol, bron, roeddan ni yn Aberystwyth, Caerfyrddin, Caerdydd neu Abertawe. Afraid dweud mai ychydig iawn o waith academaidd oedd yn cael ei wneud, ond gadewch i mi brysuro i ddweud nad fy ngweithgarwch chwyldroadol oedd yn gyfrifol am y ffaith na wnes i ddim llwyddo cystal â'r disgwyl yn y coleg!

Pan oedd Dafydd Iwan yng ngharchar Caerdydd, trefnodd Eifion Lloyd Jones ein bod ni'n cerdded o Fangor i Fetws-y-coed fel protest – tydw i ddim yn gwybod yn iawn pam, ond cerdded wnaethon ni. Pan oeddan ni ger Llyn Ogwen gyrrodd fan mini yr heddlu heibio i ni, ac ynddi roedd Sarjant Robert Henry Jones, a oedd yn Llandudno yr un pryd â fi, ac a fu hefyd yn blismon yn Niwbwrch. Arafodd y fan ac agorodd Robert Henry'r ffenest gan ddweud, a gwên fawr ar ei wyneb: "Rhen John! Ti isio lifft i Betws? Fydd gin ti swigod fel wya 'di ffrio erbyn y diwedd!' Gwir pob gair, ac mae gen i draed drwg a phoenus hyd heddiw ... diolch i Dafydd Iwan ac Eifion Lloyd Jones.

Ar achlysur arall ro'n i'n rhan o griw a feddiannodd orsaf drosglwyddo teledu sydd wrth droed mast Nebo ger Pen-y-groes, Gwynedd un nos Wener. Aethom i mewn i'r orsaf yn ddi-lol, ond ar ôl cyrraedd, wyddai 'run ohonon ni beth oeddan ni i fod i'w wneud yno. Gwelodd Charlie nobyn go fawr o'i flaen. 'Be ma' hwn yn neud, sgwn i?' gofynnodd, a chyn i neb ddweud dim pwysodd y nobyn, ac o ganlyniad duwyd holl sianel HTV Llŷn ac Eifionydd y noson honno. Wrth gwrs, cyrhaeddodd y glas cyn hir, gan amgylchynu'r lle a sbecian drwy'r ffenestri i weld pwy oedd y dihirod tu fewn. Nabododd un o'r plismyn fi yn syth, a chan gyfeirio ataf wrth fy rhif yn yr heddlu gynt, galwodd: 'Dew, ylwch pwy sy 'ma! Eiti nein – hôp an salfeshion y Welsh langwej!'

Bu canlyniadau un brotest yn fwy difrifol. Roedd Cymdeithas yr Iaith wedi trefnu ymgyrch dros gael sianel deledu Gymraeg, ac i ddechrau'r protestio roedd aelodau celloedd Bangor, Aberystwyth a Chaerdydd i fod i feddiannu gwahanol sefydliadau yn Llundain bob dydd am wythnos. Bangor oedd i fod i ddechrau pethau drwy feddiannu prif fynedfa'r BBC yn Portland Place. Rhaid oedd llogi car i fynd i lawr yno – doeddwn i ddim wedi bwriadu mynd, ond gan nad oedd ond ychydig ohonom dros un ar hugain oed, ac felly yn gymwys i logi car, bu'n rhaid i mi fynd fel gyrrwr. Gyrrais drwy'r nos i Lundain ac mi es i ac eraill i eistedd yn nrws y BBC fore trannoeth. Ychydig iawn barodd y brotest, a chawsom ein bwndelu'n ddiseremoni i gefn fan heddlu Black Maria a'n cludo i gelloedd gorsaf heddlu gyfagos. Roedd llond cell ohonon ni, ac oherwydd diffyg cwsg y noson flaenorol syrthiais i gysgu yn syth ar fatres fochaidd y gell. Pan ddeffrais doedd neb ond fi yno, a hithau'n oer a thywyll. Mi es i at y twll bach yn y drws a gweiddi: 'Oes 'na rywun arall yma?' Doedd dim ateb, dim ond ebychiadau anweddus gan garcharorion eraill. Gwaeddais eto: 'Oes 'na rywun yma?' O'r diwedd daeth ateb, gan Charlie (George Lewis Jones): 'Dwn i'm, wa, ma' hi'n *select* iawn yma!' Roedd pawb arall wedi eu dosbarthu rhwng celloedd gorsafoedd heddlu cyfagos gan ei bod hi'n benwythnos, a chan nad oedd sesiynau yn y llysoedd lleol tan yr wythnos ganlynol anfonwyd y rhai ohonom a oedd dros ugain oed i garchar Brixton, a'r gweddill i ryw fath o forstal lleol.

Ar ôl cyrraedd Brixton rhoddwyd tri ohonon ni o Fangor, fi, Ieuan Bryn a'r (Prifardd bellach) Ieuan Wyn, i sefyll mewn llinell ymysg amryw o garcharorion eraill a'n gorfodi i dynnu ein dillad i gyd er mwyn cael ein harchwilio'n fanwl, fanwl (yn llythrennol, bob twll a chornel). Bu'n rhaid i ni wisgo gwisg y carchar, gan gynnwys y dillad isa, a chafodd Ieu Bryn, sydd ddim yn ddyn mawr a dweud y lleia, drôns Airtex anferthol. Gan fod fy nhrôns i ychydig yn llai, doedd dim amdani ond ffeirio tronsiau. Roedd trôns Ieu Bryn yn fawr i mi, felly gallwch ddychmygu fod Ieu yn ymdebygu i Ghandi ynddyn nhw! Cyn i ni gael ein rhoi yn ein celloedd roedd yn rhaid cael bwyd. Y swper ffiaidd cynta gawson ni oedd *spam fritters*, oedd â llynnoedd o saim du yn nofio arnyn nhw. Ychydig cyn y Nadolig oedd hi, a daeth yn amlwg i ni fod un hen ŵr o ogledd Lloegr wedi troseddu'n fwriadol er mwyn cael bod i mewn dros y Nadolig. Roedd yr hen ŵr wedi bod yn holi'n daer beth oedd i swper, a phan gafodd wybod, daeth gwên lydan i'w wyneb. 'Eee, wwww, Spam fritters! Ww, I love them,' gwaeddodd. Llowciodd ein *fritters* ninnau hefyd.

Roedd Cymry eraill yn cyrraedd carchar Brixton bob dydd o'r protestiadau eraill, ac erbyn diwedd yr wythnos gyntaf roedd criw o Gaerdydd wedi cyrraedd. Yn eu mysg roedd aelodau o'r grŵp y Dyniadon Ynfyd Hirfelyn Tesog, a Huw Jones, a ddaeth yn nes ymlaen yn Brif Weithredwr a Chadeirydd y sianel yr aeth i'r carchar i'w chael. Dai oedd y wardeiniaid yn ei alw – mae'n debyg mai David Huw Jones ydi ei enw iawn o. 'Lofty' oedd fy llysenw i oherwydd fy nhaldra. Rhaid dweud na chlywodd carchar Brixton y fath ganu yn y gwasanaeth dydd Sul erioed o'r blaen. Ar ôl ychydig dros wythnos rhyddhawyd ni'n ddiamod. Dychwelais i Dywyn at Mam, Einion ac Owen dros y

Nadolig a chefais groeso cynnes, ond mi gymerodd hi rai misoedd i'r teulu ym Môn ddod i ddygymod â'r ffaith i mi fod mewn carchar.

Er fy mod i ar y pryd yn derbyn grant llawn gan Gyngor Môn i fynychu coleg prifysgol Bangor, erbyn diwedd pob tymor doedd gen i ddim arian. Byddwn yn disgwyl yn eiddgar am fy mhecyn bwyd wythnosol o Fôn – byddai Wil yn ei ollwng wrth ddrws cefn selar y Poplars, ac ro'n i'n dra diolchgar am yr ambell bapur punt mewn llythyr gan Mam ar fore Llun. Ar un achlysur, ar ddiwedd y flwyddyn, roedd Alun Ffred a finnau heb ddim ac ar ein cythlwng, felly doedd dim amdani ond mynd i ddwyn llysiau o erddi ffrwythlon Bangor Uchaf. Yr ardd a ddewison ni oedd gardd y diweddar Frank Price Jones, yr hanesydd a'r colofnydd. A ninnau ar ein boliau yn y rhesi tatws cynnar, agorwyd y drws cefn a daeth Frank Price allan i gael awyr iach a gollwng ei nosweithiol wynt. Wrth i'r drws agor taenwyd golau llachar dros yr holl ardd, a gorweddodd Ffred a finna mor ddistaw a llonydd â llygod ymysg y gwlydd, a'n calonnau yn ein gyddfau. Dychwelodd i'r tŷ ymhen ychydig a rhedodd Ffred a finna nerth ein traed yn ôl i'r Poplars heb na ffeuen na letysen. Felly, diolch byth, aflwyddiannus fu gyrfa'r ddau ohonom fel lladron.

Roedd llawer o f'arian yn mynd i dafarndai Bangor Uchaf. Ro'n i'n cael fy nghyfri'n un o yfwyr trwm y coleg, rhywbeth ro'n i'n ymfalchïo ynddo ar y pryd, gwaetha'r modd. Rydw i wedi dioddef, ac yn dal i wneud, o ddiffyg hyder, ond unwaith y cawn i alcohol, ro'n i gystal sgolar â 'run a oedd yn y coleg. Fyddwn i byth yn mynd i'r dafarn ar ddiwedd y noson i gael peint, a mynd adra – roedd yn rhaid i mi gael llond fy mol neu ddim. Mwya'n y byd a yfwn, mwya'n y byd o hyder oedd gen i. Wnes i ddim ystyried bod fy yfed yn broblem ar y pryd, ond wrth edrych yn ôl roedd arwyddion clir o'r hyn oedd i ddod. Wrth gwrs, heb yr yfed a'r bywyd hedonistaidd byddwn wedi gwneud yn llawer gwell, yn lle gwastraffu cyfleoedd mor werthfawr.

Ro'n i'n dal i fwynhau chwarae ychydig o rygbi – dyma'r unig gêm dwi wirioneddol yn ei hoffi. Mi fues i'n chwarae i Heddlu Gogledd Cymru ac i dîm Llandudno, a bûm yn chwarae'n gyson, fel y soniais, i Goleg Harlech, oedd â thîm eithriadol o dda ar y pryd. Pan es i i Fangor rhoddais heibio'r bêl hirgron, heblaw am chwarae dipyn i gymdeithas Gymraeg y coleg, y Cymric, ond yn ystod fy mlwyddyn olaf cefais wahoddiad gan Lynn T. Jones i ymuno â chlwb a oedd yn cael ei sefydlu yn Llangefni. Aeth Dewi Twm a finnau draw atyn nhw a chwarae'n weddol gyson i'r tîm yn ystod eu blwyddyn gyntaf.

Tua'r un cyfnod daeth criw o aelodau newydd Cwmni Theatr Cymru i Fangor fel rhan o'u cynllun hyfforddi; actorion a ddaeth cyn bo hir yn enwau adnabyddus – Dafydd Hywel, Gwyn Parry, Grey Evans, Dyfan Roberts, Marged Esli a Sharon Morgan. Daeth criw ohonom yn ffrindiau agos efo'r rhain. Daeth Dewi Pws i ymuno â nhw ymhen ychydig, a chafodd y fraint o gydletya efo ni yn y Poplars (byddai hefyd yn dod efo fi i Langefni i chwarae rygbi pan oedd o ar gael). Un arall a oedd ar gynllun hyfforddi'r Cwmni Theatr ar y pryd fel technegydd trydanol oedd Mici Plwm, a dyna ddechrau cyfeillgarwch ac anturiaethau a bery hyd heddiw. Drwy gymysgu efo'r criw yma sylweddolais ei bod yn bosib gwneud bywoliaeth fel actor drwy gyfrwng y Gymraeg, a daeth llygedyn o obaith y gallwn wireddu fy mreuddwyd.

Drama a pherfformio oedd fy mhrif gariad o hyd, a manteisiais ar bob cyfle i gymryd rhan mewn cymaint o gynyrchiadau ag y gallwn yn ystod fy amser yn y coleg. Un gaeaf daeth Aled Eames ataf a gofyn a fyddai gen i ddiddordeb mewn actio yn un o ddramâu Theatr Fach

Llangefni. Doedd dim rhaid iddo ofyn ddwywaith – i hogyn o Fôn roedd y Theatr Fach fel yr Old Vic yn Llundain – a chefais gyfle yno i weithio efo George Fisher, a sefydlodd y theatr. Ei wraig o oedd wedi plannu'r hadyn actio yn fy mhen flynyddoedd ynghynt yn Ysgol Llangefni, felly ro'n i wrth fy modd. Ymysg y cast roedd Glyn Williams, Glyn Pen-sarn i bawb, a ddaeth yn ffrind da i mi. Yn drist iawn, bu George Fisher farw yn ystod ymarferiadau olaf y ddrama, ond cymerodd Hazel Eames yr awenau, a chynhaliwyd y perfformiad cyntaf o'r ddrama, *Rhwng Cyfnos a Gwawr*, ar ddiwrnod angladd George Fisher fel teyrnged iddo.

Yn ystod gwanwyn fy nhrydedd flwyddyn ym Mangor, roedd John Gwilym Jones wedi dewis drama fydryddol Thomas Parry, *Llywelyn Fawr*, fel prif gynhyrchiad y coleg. Wil Lewis oedd yn chwarae Llywelyn Fawr, a fi oedd Ednyfed Fychan. Roedd cael ein cyfarwyddo i lefaru drama fydryddol gan John Gwil yn fraint a phrofiad amhrisiadwy. 'Dos am yr ystyr, boi bach, sgwrsia hi, mi ddaw y farddoniaeth wedyn.' Dyna'r geiriau a ddaeth i fy nghof ddegawdau'n ddiweddarach wrth i mi ymlafnio efo gwaith Shakespeare. Ar ôl un perfformiad daeth Wilbert Lloyd Roberts, cyfarwyddwr artistig Cwmni Theatr Cymru ac un o arloeswyr y theatr broffesiynol Gymraeg, i gefn y llwyfan i'n llongyfarch ni. Daeth ata i a gofyn a fyswn i'n mynd i'w weld o yn swyddfeydd y cwmni yn Stryd Waterloo, Bangor, y bore Llun canlynol. Dyna'r bwrw Sul hiraf a dreuliais i erioed, a fedrai'r bore Llun ddim cyrraedd yn ddigon cynnar. Es yno, a dywedodd Wilbert wrtha i fod Cwmni Theatr Cymru yn dechrau cwmni newydd i bobl ifanc a oedd yn astudio drama mewn colegau. Gofynnodd a oedd gen i ddiddordeb mewn cael fy ystyried ar gyfer eu cynhyrchiad cyntaf yn Eisteddfod Hwlffordd yr haf hwnnw. Y ddrama oedd *Y Rhai a Lwydda* gan Bernard Evans a'r cyfarwyddwr oedd Wynford Ellis Owen. Cefais gyfarfod efo Wynford a chynigiwyd y brif ran i mi. Ro'n i ar ben fy nigon, a'm troed bellach ar ris ysgol y byd actio. Roeddem i ddechrau cael ein hyfforddi fis Gorffennaf 1972 yn ystafelloedd ymarfer y Cwmni Theatr yn y Tabernacl ym Mangor.

Y nos Wener cyn dechrau'r ymarferion ro'n i yn fy ystafell yn y Poplars pan glywais gnoc ar y drws cefn. Gwelwn ddyn yn sefyll yno, wyneb lled gyfarwydd ers fy nyddiau yn Nolgellau. Gwynfryn Roberts, neu Til i bawb drwy Gymru benbaladr bron, oedd o – roedd Alun Ffred wedi dweud y câi aros yn ei wely fo nes y byddai'n dod o hyd i le parhaol i aros. Roedd yntau'n dechrau ar gytundeb blwyddyn efo'r Cwmni Theatr. O'r funud honno daeth y ddau ohonon ni'n ffrindiau agos, cyfeillgarwch a barodd nes colli Til ryw flwyddyn neu ddwy yn ôl. Ro'n i'n ystyried Til yn un o fy nghyfeillion agosaf, ac yn sicr yn un o'r rhai mwyaf triw.

Dechreuais ymarfer efo'r Cwmni ar y bore Llun canlynol. Y peth cyntaf i'w wneud oedd cyfarfod yr actorion eraill – yn eu plith roedd Elliw Haf, Ian Saynor, Siôn Eirian, Malcolm (Slim) Williams, Emyr Glasnant, Dilwyn Young Jones ac actor ifanc o Fôn o'r enw Mei Jones. Cawsom wybod ein bod i berfformio am wythnos yn yr Eisteddfod cyn teithio o amgylch Cymru drwy'r mis Medi. Roeddan ni'n cael aros mewn gwestai a'n trin fel actorion proffesiynol. Doedd dim amheuaeth bellach: actor fyddwn i. Yn ystod y daith ym Medi, cefais wybod gan y coleg nad oedden nhw'n awyddus i mi ddychwelyd yno ar gyfer y flwyddyn academaidd newydd. Clywodd Wilbert Lloyd Roberts am hyn, a chynigiodd rheolwr Cwmni Theatr Cymru, Lynn T. Jones, waith parhaol i mi efo'r cwmni – gwaith fyddai'n rhoi cyfle i mi ddysgu fy nghrefft ar yr un pryd. Daeth y freuddwyd yn wir.

PENNOD XIV

Gwireddu'r Freuddwyd

Ar y Llun cyntaf ym mis Hydref 1972, codais yn anarferol o fore o'm gwely yn y Poplars, a gwneud fy hun yn barod i fynd i'r gwaith. Ymlwybrais i lawr allt Pen Rallt, Bangor, a cherdded yn sionc tuag at adeilad y Tabernacl ym Mangor. Roedd sgript anterliwt Twm o'r Nant, *Tri Chryfion Byd*, yn fy mag, felly ro'n i'n barod i ddechrau ymarfer fy nghynhyrchiad cyntaf fel actor proffesiynol. Does dim rhaid i mi ddweud wrthach chi fod fy nghalon yn curo'n gyflym iawn, iawn, a 'mod i'n hynod o nerfus wrth ddringo'r grisiau i gyfarfod â gweddill y cast.

Pan agorais y drws a cherdded i mewn i'r ystafell gwelais wynebau a oedd yn gyfarwydd i mi fel hoelion wyth y byd actio Cymraeg. Daeth un wyneb cyfarwydd iawn ata i, ysgwyd fy llaw a chyflwyno'i hun.

'Charles ydw i, pwy dach chi plis?'

'John,' atebais yn wylaidd.

'John! Ac un o le ydi John?'

'O Niwbwrch,' atebais.

'Argian! Un o Niwbwrch!' Gwaeddodd ar draws yr

ystafell ar aelod arall o'r cast. 'Mrs Jones – ma' hwn o Niwbwrch! Dos i neud panad i ni, 'ngwas i.'

Y 'Mrs Jones' yr oedd o'n cyfeirio ati oedd Elen Roger Jones, ac wrth gwrs y 'Charles' oedd y cawr o Fodffordd, Môn, Charles Williams. Ymysg y cast roedd Iona Banks, Grey Evans, Dyfan Roberts, Wynford Ellis Owen, Elfed Lewis, Marged Esli a Gwynfryn Roberts (Til). Rosalind Lloyd oedd y delynores, roedd Owen Huw Roberts yn dawnsio, a Wilbert Lloyd Roberts ei hun oedd yn cynhyrchu. Ro'n i'n ffodus 'mod i'n adnabod yr actorion ieuengaf yn dda iawn, ac wedi cymdeithasu efo llawer ohonyn nhw; ac ro'n i newydd orffen teithio cynhyrchiad Theatr yr Ifanc efo Wynford Ellis Owen ychydig ynghynt.

Bu i Charles Williams ac Elen Roger Jones edrych ar ôl Til, Marged Esli a finna yn ystod y daith honno, a phleser pur oedd cael eu cwmni a'u cynghorion. Charles oedd y storïwr gorau dwi erioed wedi ei glywed, a dydw i erioed yn fy mywyd wedi chwerthin cymaint ag a wnes i ar y daith honno. Edrychwn ymlaen yn eiddgar at bob bore Llun, pan fyddwn yn mynd i gyfarfod y bỳs mini fyddai'n ein cludo i'r gwahanol ganolfannau perfformio, oherwydd byddai gan Charles stori wahanol ar gyfer pob milltir o'r daith. Nid jôcs mohonynt ond hanesion Charles neu gymeriadau ei fro, a'r hyn oedd yn eu gwneud yn felysach i mi oedd fy mod yn nabod llawer iawn o'r cymeriadau y cyfeiriai atyn nhw, megis Twm Nan Ifans ac Owen John Bodffordd.

Rhan fechan iawn oedd gen i yn rhan gyntaf yr anterliwt. Roedd Wynford yn actio Angau, felly roedd ganddo olygfa rymus efo Marged Esli, oedd yn chwarae Cariad. Ar un achlysur roedd Wynford wedi gorfod mynd i weithio ar un o raglenni plant HTV yng Nghaerdydd, a doedd o ddim ar gael i berfformio y noson honno. Gofynnodd Wilbert i Charles a fuasai yn fy nghyfarwyddo i i chwarae'r rhan – roedd gan Angau fwgwd mawr ar ffurf penglog yn cuddio'i wyneb, felly doedd neb yn gwybod pwy oedd yn y wisg. Bûm yn ymarfer y rhan felly am sawl pnawn efo Charles (oedd yn gyfarwyddwr arbennig) a Marged Esli. Daeth y noson fawr, ac er mai fi oedd yn actio Angau, enw Wynford oedd yn y rhaglen. Drwy gyd-ddigwyddiad llwyr, roedd adolygydd *Y Faner* yn y gynulleidfa y noson honno, a'r wythnos ganlynol roedd canmoliaeth fawr i'r cynhyrchiad yn y papur. Tynnwyd sylw yn arbennig at berfformiad 'Wynford Ellis Owen' – felly cefais fy adolygiad cyntaf fel actor o dan enw actor arall.

Doedd dim llawer o foethusrwydd yn y neuaddau roeddan ni'n perfformio ynddyn nhw, ac yn aml iawn byddai'n rhaid i ni newid yn y tŷ bach. Prin iawn fyddai'r goleuadau tu ôl i'r llwyfan mewn amryw o'r neuaddau – un noson, dim ond dyfalu ble i roi ein colur oeddan ni. Ro'n i ac Elen Roger Jones yn dod ar y llwyfan ar yr un pryd ar gyfer un olygfa, ond o wahanol ochrau, ac roedd hi'n amlwg wedi cael trafferth efo'r colur. Safai Charles y tu ôl i mi yn disgwyl ei dro i fynd ar y llwyfan, ac fel ro'n i'n camu ar y llwyfan, sibrydodd yn fy nghlust: 'Yli gwynab Elen Roger, mae o 'fath â 'sat ti 'di 'i chwipio fo efo baw ci!' Fedrwn i ddweud na gwneud dim pan es i ar y llwyfan, dim ond chwerthin.

Fel y dwedais i, Charles oedd yr athro drama gorau allai neb ei gael, ac roedd yn rhannu o'i brofiad yn hael â rhywun oedd yn fodlon gwrando arno, ac yn sicr ro'n i'n glustiau i gyd. Cefais lu o gynghorion ganddo ar hyd y blynyddoedd, yn enwedig ym maes comedi. Tydw i erioed wedi gweld na chlywed neb efo amseru gwell na Charles. Roedd o'n gwybod ei grefft tu chwith allan, ac mi oedd hefyd yn feistr ar y radio. Cefais y fraint o weithio efo fo ar sawl cyfres radio yn hen Neuadd y Penrhyn ym Mangor, ac addysg wych yn sgil hynny. Bu'n gyfaill triw iawn i mi ar hyd y blynyddoedd, ac yn ddieithriad, petawn wedi ymddangos ar ryw raglen neu'i gilydd, Charles fyddai'r cyntaf i godi'r ffôn – roedd yn hael ei ganmoliaeth, a hyd yn oed pan fyddai'n feirniadol byddai'r feirniadaeth honno'n un adeiladol bob tro. Felly taith bleserus a bythgofiadwy oedd fy nhaith gyntaf fel actor llawn amser.

Yn ystod y daith o gwmpas y de efo'r anterliwt, mi ges i gyfle i ymddangos ar ychydig o raglenni plant cwmni HTV. Peter Elias Jones oedd yn eu cynhyrchu, ac ro'n i'n ei gofio fo'n dda o ysgol Llangefni – fo fyddai'n chwarae'r ffidil yng ngwasanaethau boreol yr ysgol. Meic Povey oedd yn cydactio efo fi, ac roeddan ni'n dau'n nabod ein gilydd ers ei gyfnod efo'r Cwmni Theatr ym Mangor. Mwynheais y profiad o weithio ar y teledu yn fawr iawn, a daeth Meic a Peter i chwarae rhan bwysig iawn yn fy ngyrfa fel actor ymhen rhyw flwyddyn.

Mi es i ymlaen i weithio ar daith nesaf Cwmni Theatr Cymru, sef y pantomeim *Gweld Sêr*. Dyma'r ail bantomeim Cymraeg proffesiynol i deithio Cymru, ac ar ôl llwyddiant ysgubol yr un cyntaf yr un prif gymeriadau oedd yn hwn hefyd, yn cael eu chwarae gan Dyfan Roberts, Dewi Pws a Wynford Ellis Owen. Roedd Beryl Hall a'i chi, Ben Hall, Iona Banks a Huw Tudor hefyd yn serennu yn y cynhyrchiad. Rhan fach iawn fel gwas ufudd y Brenin Da oedd gen i, ond cefais hefyd gyfle i fod yn un o'r criw cefn llwyfan ar y daith, oedd yn brofiad gwerthfawr iawn mewn mwy nag un ystyr. Ymysg y criw llwyfan efo fi oedd Alwyn Evans, Will (Gwynfryn Davies), a 'nghyfaill Til.

Roedd y ci, Ben Hall, yn cydganu â'i feistres mewn un olygfa, ac am ryw reswm sydd y tu hwnt i mi, mynnodd Beryl fod Wynford, Dyfan a Dewi Pws i fod ar y llwyfan yn ystod ei chân efo'r ci. Camgymeriad dybryd. Roedd Wynff wedi ei wisgo fel tylwythen deg (Fairy Nyff) ac yn ystod y gân tynnai amryw o fân bethau o'i fag llaw, a gweu efo symudiadau doniol. Wrth gwrs, roedd hyn yn tynnu sylw'r gynulleidfa, a doedd Pws yntau ddim yn ddieuog o'r hyn y gellid ei alw'n 'ypstejio'. Roedd si ar led fod Beryl, ar ôl taenu ei chlogyn o gwmpas Ben fel nad oedd ond ei ben yn y golwg yn ystod y ddeuawd, yn gwasgu ei geilliau er mwyn iddo gyrraedd y nodau uchaf. Does gen i ddim prawf o gwbwl o hyn. Byddai Dewi Pws yn cymeradwyo Ben o'r llwyfan pan gyrhaeddai'r ci y nodau uchaf, ac wrth wneud byddai'n troi aton ni yn ochrau'r llwyfan ac yn cynyddu maint y bwlch oedd rhwng ei ddwylo fel yr âi'r curo dwylo rhagddo, ac edrych yn syn yr un pryd at ran ôl y ci, gan awgrymu fod maint un o aelodau ei gorff yn cynyddu wrth iddo gynhyrfu. Hogyn drwg.

Un nos Sadwrn roeddan ni'n perfformio yn Llambed. Gan nad oedd ganddon ni sioe yn y pnawn penderfynodd Dyfan Roberts a finna fynd i weld gêm rygbi ryngwladol yng Nghaerdydd, a chawsom fenthyg mini fan gan Arthur Morus i fynd. Roeddan ni wedi penderfynu gadael y maes ryw ddeng munud cyn diwedd y gêm er mwyn cael cychwyn o flaen y traffig mawr a chyrraedd Llambed mewn da bryd ar gyfer y sioe nos.

Mi gawson ni le hwylus i barcio ar waelod Heol y Gadeirlan, ond pan gyrhaeddon ni'r fan a'i thanio, daeth y nobyn yn rhydd yn fy llaw wrth i mi ei rhoi mewn gêr. Doedd dim gobaith ei thrwsio, felly doedd dim i'w wneud ond chwilio am gar i'w logi – a'r unig le y gallai rhywun logi un ar nos Sadwrn oedd maes awyr Caerdydd gryn ugain milltir o'r ddinas. Roedd amser y perfformiad yn nesáu – doedd hi fawr o ots am fy rhan i oherwydd mi allai unrhyw un fod wedi ei chwarae, ond roedd Dyfan yn chwarae un o'r prif gymeriadau. Neidiodd y ddau ohonon ni i dacsi aeth â ni i'r maes awyr. Yn ffodus roeddan ni newydd gael ein cyflog am yr wythnos (£17.50 oedd f'un i) a gwariwyd y cwbwl rhwng y car a'r tacsi. Roedd amser yn mynd yn brinnach a phrinnach, a doedd dim traffordd yr adeg honno, felly roedd yn rhaid anwybyddu pob cyfyngiad cyflymder. Rhoddais fy nhroed i lawr yr holl ffordd, a gyrrais drwy Rydaman ar tua saith deg milltir yr awr! Wn i ddim pam ond roedd colur Dyfan ganddo fo yn ei boced, ac fel yr oeddan ni'n bownsio ar hyd lonydd gwledig Sir Gâr roedd yn trawsnewid ei hun yn Ianto y Dewin Dwl.

Wrth reswm, roeddan ni'n hwyr iawn. Bu Dewi Pws yn diddanu'r gynulleidfa yn y cyfamser drwy ganu caneuon y Tebot Piws – ond roedd wedi canu pob cân a doedd dim arwydd o Dyfan a finna. Doedd dim amdani ond gwisgo Til yng ngwisg Ianto a'i wthio ar y llwyfan efo sgript yn ei law, ond doedd Pws a Wynff ddim wedi cadw at y sgript o'r perfformiad cyntaf bron iawn felly roedd Til druan ar goll yn llwyr! Pan gâi eiliadau prin oddi ar y llwyfan roedd Huw Tudor yn ei ddisgwyl yn yr ochor i'w ffanio efo tywel gan ei fod yn chwys diferol, a Iona Banks yn tywallt brandis enfawr i lawr ei gorn gwddw. Yr olygfa a welais i pan gyrhaeddais y neuadd oedd top pen Ianto'r Dewin Dwl yn ymddangos o'r tu ôl i sgript fawr ac yn llusgo, ar goll yn lân, ar ôl Wynff a Dewi. Ceryddwyd y ddau ohonom yn llym, a haeddiannol, gan Lynn T. Jones, rheolwr y cwmni, fore trannoeth. Wnaethon ni erioed y fath beth wedyn.

Ar y daith honno hefyd gofynnodd Wilbert Lloyd Roberts i Til a finna oruchwylio blaen y tŷ yn y pnawniau er mwyn i Lynn T. gael cyfle i wneud ei waith papur. Roedd hon yn swydd barchus, ac roedd gofyn i ni wisgo côt, coler a thei i'w gwneud. Un wythnos arbennig, a ninnau'n teithio yng Nghlwyd, rhybuddiwyd ni ymlaen llaw fod aelod pwysig o fwrdd rheoli'r cwmni'n dod i weld y sioe un pnawn yn Rhuthun – neb llai na'r Dr Kate Roberts. Rhybuddiwyd ni hefyd ein bod i gadw dwy sedd iddi yn agos i'r blaen ond ar ochor rhes gan ei bod wedi torri'i choes ac wrth ei baglau. Roedd gyrrwr ein lorri wrth law hefyd i'n helpu, dyn o Fethesda oedd yn fawr o gorffolaeth ac yn gyn-aelod o'r Gwarchodlu Cymreig. Roedd ganddo datŵs i gofnodi ei gyfnod yn y fyddin – roedd hyn, wrth gwrs, yn y cyfnod cyn i datŵs fod yn ffasiynol. Roedd wedi cael damwain yn Eisteddfod Hwlffordd ac wedi anafu ei ysgwydd yn ddrwg, ac oherwydd hynny eisteddai y tu ôl i'r ddesg yn cymryd y tocynnau tra oedd Til a finna'n hebrwng y gynulleidfa i'w seddi. Roedd cryn siarad y pnawn arbennig hwnnw am ddyfodiad Dr Kate, ac roedd Til a finna'n brysur yn hebrwng plant dwy ysgol i'w seddi pan welais Kate Roberts yn cyrraedd y ddesg a chael ei chyfarch gan yrrwr y lorri. Gwelais o'n tynnu ei gôt a datod botymau ei grys, cyn dinoethi ysgwydd fawr datŵog a'i rhoi o dan drwyn Kate Roberts. 'Be dach chi'n feddwl o hon, Dr Kate? Oes 'na wella i fod iddi hi? Ma'n well gin i drystio hen ddoctoriaid 'fath â chi na'r petha modern 'na.' Tynnais sylw Til at hyn mewn panic llwyr, a phan welodd y sefyllfa swreal rhuthrodd i'r adwy a llusgo Brenhines Gloff ein Llên, yn ddiseremoni braidd, oddi yno; ond nid cyn i yrrwr y lorri ychwanegu: 'Wyddoch chi be, Dr Kate, chi ydi'r bishyn handïa sy 'ma heddiw!'

Ar ddiwedd taith y pantomeim yn nechrau 1973, pan oeddan ni'n aros mewn gwesty yng Nghaerfyrddin, cefais ar ddallt fod Wilbert Lloyd Roberts isio gair efo fi. Dywedodd wrtha i fod John Hefin o'r BBC yng Nghaerdydd wedi cysylltu, ac yn awyddus i mi chwarae rhan mewn cyfres ddrama newydd a oedd yn cael ei recordio: addasiad o nofel Marion Eames, *Y Rhandir Mwyn.* Teithiais i Gaerdydd i gyfarfod John Hefin a Gwenlyn Parry, a chefais ran mewn pum pennod o'r gyfres yn actio rhan tafarnwr yn nociau Philadelphia. Rhyddhawyd fi'n gynnar o 'nghytundeb efo Cwmni Theatr Cymru, a bu'n rhaid i 'nghyfaill Til ymlafnio efo rhan y gwas ffyddlon yn fy lle.

Es i Gaerdydd i ddechrau ymarfer *Y Rhandir Mwyn* yn ystafelloedd ymarfer y BBC yng nghefn Capel Ebeneser, Stryd Charles, yng nghanol y ddinas. Ro'n i'n nerfau i gyd yn mynd yno y bore cynta gan fy mod ar fin dechrau actio mewn drama go iawn ar deledu'r BBC. Roedd y llythrennau 'BBC' yn codi rhyw barchedig ofn arna i yn y cyfnod hwnnw (wrth gwrs, buan iawn y newidiodd hynny!). Drwy ryw drugaredd ro'n i'n adnabod rhai o'r cast yn barod, sef Sharon Morgan, Gwyn Parry, Clive Roberts a Meic Povey. Ro'n i hefyd wedi cwrdd â Stewart Jones yn Theatr y Gegin yng Nghricieth. Roedd llawer iawn o'r cast, er eu bod yn wynebau a lleisiau cyfarwydd iawn, yn ddieithr i mi, a dwi'n siŵr fy mod yn edrych yn gegrwth ar y rhai oedd, i mi, yn sêr y teledu a'r radio Cymraeg.

Eisteddodd y cast i gyd o gwmpas bwrdd yng nghanol yr ystafell ymarfer ar gyfer y darlleniad cyntaf, a finna'n nerfus yn eu plith ac yn hynod falch fy mod newydd gael paned o de mewn hen gwpan hyll efo'r llythrennau 'BBC' mewn du ar ei hochor. Cyrhaeddodd fy ngolygfa i, ac mae'n siŵr 'mod i'n erchyll yn darllen y rhan – os cofia i'n iawn ro'n i'n ymdrechu i wneud rhyw ddynwarediad gwael o Ifans y Tryc. Dwi'n cywilyddio wrth feddwl am y peth. Tra o'n i'n darllen gwelwn, drwy gil fy llygad, John Hefin a Gwenlyn Parry yn edrych yn syn ar ei gilydd; y math o edrychiad oedd yn dweud 'Be goblyn dan ni wedi'i neud yn rhoi rhan i'r jolpyn yma!' Cyn i ni ddechrau ymarfer go iawn aeth John Hefin â fi o'r neilltu i drafod y cymeriad efo fi. Dywedodd wrtha i yn union sut yr oedd o yn gweld y cymeriad, a meddyliais yn syth am rywun ro'n i'n ei nabod yn Nolgellau. Dechreuais adeiladu ar hynny, a chydag arweiniad John Hefin mi lwyddais. Erbyn diwedd yr ymarferion newidiwyd rhai o'r cymeriadau, a chefais fwy o benodau. Bu John Hefin a Gwenlyn Parry yn gefnogol iawn, a rhoesant lawer o hyder i mi. Ro'n i wedi dechrau actio ar y teledu go iawn, ond ar y llaw arall, yn sylweddoli fod gen i lawer iawn, iawn mwy i'w ddysgu.

Ro'n i eisoes wedi cyfarfod Rhydderch Jones, wedi cydberfformio efo fo yn rhai o rifiwiau Cymdeithas yr Iaith, a chydgymdeithasu ag o mewn sawl Eisteddfod Genedlaethol. Felly, mi ges i wahoddiad i aros yn ei gartref yn Heol Hir, Llanisien, tra o'n i'n gweithio yng Nghaerdydd. Roedd Stewart Jones hefyd yn aros efo Rhydd, a Mici Plwm hefyd yn ei dro pan fyddai yn y ddinas yn cyflwyno *Disg a Dawn*. Byddai drws tŷ Rhydd yn agored i ddegau o actorion, awduron a cherddorion ifanc a oedd yn dechrau ar eu gyrfaoedd yn y brifddinas. Roedd ganddo galon enfawr, ac mae llawer ohonom yn ein dyled i'r dyn anhygoel yma. Mi fu'r ddau ohonon ni'n ffrindiau da hyd at ei farwolaeth, oedd yn rhy gynnar o lawer.

Roedd Rhydd, Stew a finna fel rhyw driawd direidus ar hyd y brifddinas. Mawr Mawr fyddai Rhydd yn galw Stew gan mai fo oedd yr hynaf, a fi, yr ieuengaf, oedd Mawr Bach. Rhaid dweud 'mod i'n ei chyfri'n fraint aruthrol cael galw'r ddau ohonyn nhw'n ffrindiau agos.

Ar ôl gorffen ffilmio *Y Rhandir Mwyn*, mi es yn syth yn ôl at Gwmni Theatr Cymru ar gyfer eu taith wanwyn flynyddol o amgylch ysgolion Cymru. Yr un oedd y cast â'r pantomeim, mwy neu lai, ac eithrio Dewi Pws ac ychydig o rai eraill, ac ro'n i wrth fy modd ar y daith, yn cael crwydro siroedd Cymru yn nechrau'r haf, yn gorffen bob dydd am dri y pnawn a chael mynd adra i fwrw'r Sul. Y Poplars ym Mangor oedd adra o hyd, ond bellach roedd Alun Ffred wedi gadael i fynd i ddysgu i'r Wyddgrug ac Emyr Huws Jones ac Ieuan Parry, Pen-y-groes wedi ymgartrefu yno yn ei le. Cefais aros yno yn sgil y ddau gan eu bod nhw'n dal yn y coleg yn gwneud ymarfer dysgu, ond roedd fy nyddiau yn y fflat anllad yn prysur ddirwyn i ben.

Erbyn dechrau Mehefin 1973 ro'n i'n ddi-waith. Doedd dim i'w weld ar y gorwel, ac roedd fy nghyfaill Til hefyd yn yr un sefyllfa. Penderfynais bryd hynny y byswn yn rhoi tair blynedd i'r gwaith actio, er mwyn gweld a allwn wneud bywoliaeth ohono. Os na allwn, fy mwriad oedd gafael ynddi a mynd i ddysgu (drwy drugaredd, arbedwyd plant Cymru!).

Doedd gen i ddim syniad sut oedd mynd o gwmpas cael gwaith fel actor, ond galwodd Clive Roberts heibio a dweud ei fod yn mynd i Gaerdydd i actio mewn dau o gynyrchiadau'r Theatr Awyr Agored yno dros yr haf: *Toad of Toad Hall* ac *Oh What a Lovely War*. Dywedodd fod y cwmni'n chwilio am griw llwyfan ac y byddai'n rhoi gair da dros Til a finna i'r rheolwr, Roger Nott. Drwy ryfedd wyrth, penodwyd Til yn Rheolwr Llwyfan a minnau'n ddirprwy iddo, felly paciais fy magiau ac ymfudo o'r Poplars i'r ddinas fawr ddrwg yng Ngorffennaf 1973. Dros dro yn unig ro'n i'n bwriadu bod yno, a'r cynllun oedd dychwelyd i Fangor ar ôl diwedd y cytundeb. Mae dros ddeugain mlynedd ers hynny ac mi ydw i'n dal yma!

PENNOD XV

Caerdydd: y Ddinas Fawr Ddrwg

Felly, ym mis Gorffennaf 1973, mudais i Gaerdydd. Cefais aros unwaith yn rhagor yn nhŷ Rhydderch a dechreuais weithio efo Til fel criw cefn llwyfan yn Theatr Awyr Agored Caerdydd, yn eu safle ger y llyn ym Mharc y Rhath. Rhaid dweud nad fi oedd y technegydd theatr gorau a welwyd, a doedd gen i ddim llawer o gariad at y swydd, ond roedd o'n waith. Cefais ychydig o amser rhydd yn nechrau Awst ac es i'r Eisteddfod Genedlaethol yn Rhuthun i weld Alan Llwyd, fy nghyfaill o goleg Bangor, yn ennill y dwbwl – y Gadair a'r Goron. Mawr fu'r dathlu yng ngwesty'r Bull yn Ninbych yr wythnos honno.

Roedd hi'n fis Awst a doedd gen i ddim gwaith, felly doedd dim amdani ond mynd yn ôl i Gaerdydd i guro drysau, a'm cap yn fy llaw fel petai. Rhaid i mi ddweud, dyma un o'r gorchwylion anodda i mi orfod ei wneud. Roedd hi'n haws mynd i swyddfeydd y BBC a HTV yn y cyfnod hwnw – gallech alw heb wneud unrhyw apwyntiad a begera am waith. Ar y cyfan mi ges i dderbyniad gwresog gan y rhan fwyaf, ond roedd ambell un yn edrych i lawr eu trwynau arna i a gwneud i mi deimlo fel baw isa'r domen. Roedd gen i un fantais – roedd Gwenlyn Parry a Rhydderch Jones wedi fy nghyflwyno i sawl darpar gyflogwr, ac mi agorodd hynny lawer drws i mi. Cefais waith yn actio mewn dramâu a chyfresi adloniant ar y radio i'r adran ysgolion, adran oedd yn ffon fara ardderchog i actorion ifanc yr adeg hynny.

Yn brysur wrth fy nesg

Cefais waith hefyd gan Peter Elias Jones a oedd newydd ei benodi'n Bennaeth Rhaglenni Plant HTV, ac a oedd awydd chwyldroi'r arlwy teledu ar gyfer plant. Cyn hynny rhaglenni neis neis, diddrwg didda oedd yn cael eu hanelu at blant, yn cael eu cynhyrchu gan y BBC bron yn ddieithriad – rhaglenni fel *Ar lin Mam* a *Twm Taten*. Roedd Dewi Pws, Michael Povey a Clive Roberts wedi dechrau ysgrifennu cyfres o'r enw *Miri Mawr*, a dan arweiniad Pete datblygodd *Miri Mawr* yn rhaglen wrthryfelgar, amharchus oedd yn mynd dros ben llestri mewn ffordd led ddiniwed. Bu'r rhaglen yn llwyddiant ysgubol, ac adlewyrchai'r ysbryd anturus, mentrus oedd yn perthyn i HTV ar y pryd.

Cefais gyfle yn ystod yr un cyfnod i dorri 'nannedd yn y maes ysgrifennu drwy gyfieithu ambell gyfres o gartwnau i'r Gymraeg ar gyfer HTV, oedd yn agwedd arloesol arall ar waith y sianel. Galluogodd hynny fi i ennill digon i 'nghynnal fy hun, bron iawn – cael a chael oedd hi weithiau, a fuaswn i ddim wedi llwyddo heblaw am haelioni aruthrol Rhydderch yn gadael i mi aros yn ei gartref yn ddi-dâl.

Yn Hydref 1973 cefais alwad gan George P. Owen, oedd yn gynhyrchydd yn adran ddrama'r BBC. Meddyliais yn syth fy mod am gael cynnig rhan sylweddol mewn rhyw gyfres ddrama newydd, ond cefais fy siomi. Cynigiodd George swydd i mi fel rheolwr llwyfan ar daith theatr yr oedd ar fin ei chyfarwyddo. Yr unig gwmni theatr proffesiynol Cymraeg bryd hynny oedd Cwmni Theatr Cymru ym Mangor, ac roedd rhai o'r actorion, ysgrifenwyr ac ati a oedd yn byw yng Nghaerdydd a'r cylch yn teimlo y dylent gael theatr cyfrwng Cymraeg yn y Brifddinas. Dyna'r ysbrydoliaeth tu ôl i ffurfio Theatr yr Ymylon. Roeddan nhw wedi llwyfannu cynhyrchiad neu ddau yng Nghaerdydd cyn hynny ond heb eu teithio, ac yn awr cawsant arian i gynnal eu taith gyntaf, sef sioe deyrnged i Saunders Lewis. Cyflwyniad theatrig o ddarnau o waith Saunders oedd y sioe, i ddathlu ei ben-blwydd yn bedwar ugain oed.

Roedd yn rhaid cael rheolwr llwyfan oedd yn deall Cymraeg a chan fod pob un o'r rheini yn gweithio i Gwmni Theatr Cymru, fi oedd yr unig un ar gael gyda'r llygedyn lleiaf o brofiad. Roedd llawer o groestorri rhwng golygfeydd yn y cynhyrchiad, a'r unig ffordd o allu gwneud hynny yn llwyddiannus oedd drwy daflu lluniau ar sgrin yng nghefn y llwyfan a newid goleuadau. Felly, roedd yn rhaid cael cynllunydd goleuadau a oedd yn hyddysg yn y Gymraeg – a'r unig un oedd ar gael oedd â phrofiad yn y maes oedd Mici Plwm, a oedd bellach wedi newid ei yrfa i ganolbwyntio ar berfformio. Daeth Plwm a finna at ein gilydd i ddwys ystyried y cynnig. Doedd yr un o'r ddau ohonon ni ar y plwy, ond mi benderfynon ni dderbyn. Petaen ni'n gwneud y ffafr yma i George Owen, fallai y byddai ynta'n cofio amdanon ninnau yn y dyfodol pan fyddai'n castio ar gyfer y teledu. Math o fwrw ein bara ar wyneb y dyfroedd gan obeithio y deuai'n ôl fel teisen Dolig, ys dywed yr hen air.

Agorodd y cyflwyniad yn theatr newydd sbon y Sherman yng Nghaerdydd. Roedd y daith wedi ei threfnu yn ofnadwy – doedd dim trefn o gwbwl. Efallai y bysan ni'n gorffen un noson ym Mangor ac yn agor y noson ganlynol yn Llundain – felly gorfodwyd Plwm a finna a gweddill y criw i deithio dros nos er mwyn cael digon o amser i godi'r set drannoeth. Pwysleisiaf eto nad fi oedd y technegydd gorau a welwyd erioed. Cofiaf un noson berfformio ym Merthyr, ac agor yn Llanelli y noson wedyn. Ar ôl gosod y set yn Llanelli a rhyw awr go dda i fynd cyn i'r llenni godi, daeth Mrs Parry, mam yr actor Gwyn Parry a meistres y gwisgoedd, ataf a golwg bryderus ar ei hwyneb – roedd hanner y gwisgoedd wedi eu gadael ym Merthyr y noson cynt! Dim ond gwisgoedd y merched oedd ganddon ni, a dim ond Mici Plwm oedd â'r hawl i yrru'r fan, felly bu'n rhaid i rywun arall weithio'r goleuadau tra oedd Plwm yn gyrru mor gyflym ag y gallai'r fan fynd i Ferthyr i nôl y dillad. Aeth y perfformiad yn ei flaen, efo'r merched i gyd yn eu gwisgoedd cywir a'r dynion yn eu dillad eu hunain. Roedd Christine Pritchard yn chwarae Siwan mewn un rhan, mewn gwisg gyfnod ysblennydd, a Stewart Jones yn chwarae Llywelyn Fawr mewn jîns, crys T a hen siaced ledr oedd wedi gweld dyddiau gwell. Cyrhaeddodd Plwm efo'r dillad ychydig cyn y diwedd. Wedi i'r perfformiad ddarfod roedd George Owen a'r cast yn anhapus a dweud y lleiaf, a throdd George at Meic Povey gan ddweud, yn ddigon uchel i mi fedru clywed: 'Cachu'n 'radwy Povey, cachu'n 'radwy!' Ro'n i'n deall y sentiment os nad yr ymadrodd.

Pan gyrhaeddon ni Fangor ar y daith, roedd pawb ar flaenau eu traed ac eisiau gwneud argraff dda ar aelodau Cwmni Theatr Cymru, oedd yn sicr o ddod i weld ein perfformiad yn Neuadd J. P., y Coleg Normal. Roedd David Lyn ac aelodau o fwrdd rheoli Theatr yr Ymylon wedi teithio o Gaerdydd i Fangor i oruchwylio popeth. Fel y soniais, taflunio delweddau ar gefn y llwyfan oeddan ni er mwyn newid golygfa, ac ar ddiwedd pob perfformiad byddwn yn mynd drwy'r sleidiau er mwyn gwneud yn siŵr eu bod mewn trefn ar gyfer y perfformiad nesaf, cyn cloi'r peiriant yn saff. Ym Mangor roedd rhywun o blith gwybodusion Caerdydd wedi bod yn ymyrryd â'r lluniau, i wneud yn siŵr eu bod yn iawn mae'n rhaid. Rhwng pob golygfa roedd yna sleid ddu i fod, i dywyllu'r sgrin gefndirol. Rhan o *Brad* oedd y darn olaf o ddrama yn y cyflwyniad, cyn i Stewart gloi drwy adrodd darn adnabyddus o *Buchedd Garmon*. Ar y noson arbennig hon ym Mangor rhoddais yr arwydd i'r technegydd i symud ymlaen i sleid *Brad*, ond daeth golau llachar o'r ddwy sgrin gefndirol dros y llwyfan. Symudodd y technegydd ymlaen yn sydyn i'r sleid nesaf a bu düwch, oedd yn well. Camodd Stewart ymlaen a dechrau arni: 'Gwinllan a roddwyd ...' Llun pen Saunders Lewis oedd i fod ar un sgrin a Thafod y Ddraig oedd i fod ar y llall, ond beth ymddangosodd ond llun o Hitler ar un ochor a swastica ar y llall – y delweddau oedd i fod yn gefndir i *Brad*. Roedd Plwm yn sgrechian ar y radio yn fy nghlustiau a llwyddais i ddiffodd y peiriant. Digon yw dweud na weithiais i fel technegydd llwyfan byth wedyn.

Ychydig wedi hynny roedd Michael Povey a finna'n cael peint neu ddau dros ginio yn nhafarn y Conway ym Mhontcanna, Caerdydd. Dechreuais adrodd rhai o'r hanesion o 'nghyfnod yn yr heddlu, a dywedodd Meic fod deunydd cyfres gomedi dda ynddyn nhw. Aeth y ddau ohonon ni dros y ffordd i fflat Meic i ddechrau llunio cymeriadau a stori gefndir fras i'r syniad. Rhoddwyd y papurau mewn drôr yn fflat Meic ac mi anghofiais am y peth am wythnosau lawer. Wnaeth Meic ddim anghofio, diolch byth, a ffoniodd fi ryw ddiwrnod gan ddweud fod y syniad comedi plismyn 'ma yn werth gwneud rhywbeth efo fo.

Ro'n i'n dal i fyw yn nhŷ Rhydderch Jones, a oedd ar y pryd newydd ddechrau cydysgrifennu *Fo a Fe* efo Gwenlyn Parry, ac roedd y ddau'n fy ystyried i'n brentis iddyn nhw. Fy swydd i oedd rhoi min ar eu pensils, a dysgais lawer wrth wrando ar y ddau'n cydweithio. Aeth Meic a finna atyn nhw i ddweud beth oedd ein syniad, a chawsom anogaeth a chymorth i lunio pennod ac, yn ddiweddarach, ei chyflwyno i adran adloniant ysgafn y BBC, oedd dan arweiniad Jack Williams bryd hynny gan fod Dr Meredydd Evans newydd ymuno â staff Prifysgol Cymru, Caerdydd. Cawsom gomisiwn i ysgrifennu rhaglen beilot a galwyd y ddrama yn *Glas y Dorlan.*

Yn nechrau'r saith degau roedd teledu lliw wedi dechrau ennill ei blwy, a'r mawrion yn y BBC wedi datgan nad oedd stiwdio ddrama'r Gorfforaeth yn Broadway yn ardal Sblot, Caerdydd, yn ddigon da ar gyfer y dechnoleg newydd. Rhaid felly oedd recordio pob drama ac unrhyw gynhyrchiad sylweddol arall yn stiwdio newydd y BBC yn Pebble Mill, Birmingham. Neu, yn hytrach (ac yn nes at y gwir) roedd y Gorfforaeth wedi adeiladu canolfan anferth yn Birmingham a doedd neb yn ei defnyddio, felly roedd yn rhaid i ni fynd yno i gyfiawnhau bodolaeth y lle. Cafodd *Disg a Dawn* ei chynhyrchu yno am gyfnod a bu rhai grwpiau'n protestio yn erbyn mynd i Loegr – dyna oedd ysbrydoliaeth cân y Tebot Piws, "Dyn Ni Ddim yn Mynd i Birmingham'. Rhaid i mi ddweud na wnes i ddeall y brotest honno yn llawn, ond ta waeth, dyna pam y recordiwyd peilot *Glas y Dorlan* yn Birmingham.

Roedd Meic a finna'n bendant mai Stewart Jones oedd i fod i chwarae Sarjant Puw, a Robin Griffith i chwarae rhan Ifan y siopwr. Maureen Rhys oedd i chwarae rhan Rosi, Islwyn Morris yn rhan Inspector Vaughan a J. O. Roberts i chwarae'r uwch-arolygydd. Ond bu cryn drafod pwy oedd i chwarae Gordon Hughes, y prif gymeriad. Cafodd enwau megis Gareth Lewis eu crybwyll, ond cafodd Rhydderch a Jack Williams y syniad gwych o gastio Geraint Jarman, felly pan oeddan ni'n ysgrifennu'r sgriptiau roeddan ni'n gwybod yn union ar gyfer pwy roeddan ni'n ysgrifennu.

Ar ôl wythnos o ymarfer yng Nghaerdydd teithiodd pawb, fel carafán o gamelod yn yr anialwch, i Birmingham i recordio'r bennod gyntaf o flaen cynulleidfa o Gymry oedd yn byw yng nghanolbarth Lloegr. Roedd llawer o'r hiwmor yn chwarae ar eiriau a *double entendres* rhywiol a lled amrwd – ar y pryd roedd hyn yn torri cwys newydd sbon ym myd comedi Cymraeg. Wrth edrych yn ôl mae'n siŵr fod llawer o'r hiwmor yn gwrs a phlentynnaidd, ond dyna fo, roedd o'n newid ar y pryd ac roedd tân ym moliau Meic a finna i newid pethau. Roedd yr hiwmor ymhell o afael llawer o gynulleidfa Cymry Birmingham – chafwyd yr un ebychiad am y jôcs amlwg, ond os oedd yr actorion yn crybwyll capel neu flaenor roeddan nhw'n glana chwerthin. Un peth a barodd ddiddanwch mawr iddyn nhw oedd yr ieir. Sefydlwyd yn y bennod gyntaf honno fod ieir yn cael eu cadw yng nghelloedd gorsaf heddlu y Dorlan. Yr awdur, a'r diweddar erbyn hyn, William Jones (Wil Sir Fôn) oedd is-reolwr llawr y cynhyrchiad, ac roedd o wedi cario hanner dwsin o ieir mewn caetsys o Gaerdydd i Birmingham. Ar ôl gorffen ffilmio'r olygfa agorodd rhywun ddrws y gell yn y stiwdio, a gwelodd yr ieir druan, a oedd wedi bod yn gaeth ers amser hir, eu cyfle i gael rhyddid a hedfan yn wyllt wallgo i ganol Cymry parchus Birmingham – gan adael eu hôl drewllyd ar ambell un. Roedd yn rhaid i Wil redeg ar eu holau ar hyd canolfan newydd y BBC yn Pebble Mill er mwyn trio'u dal. Daeth atom yn flin ar y diwedd gan ebychu: 'Peidiwch byth â sgwennu blydi ieir i'r un sgript eto!' Wnaethon ni ddim.

Ar ôl i Jack Williams, Rhydderch a Gwenlyn weld y bennod honno cawsom gyfarfod neu ddau yng nghlwb y BBC yn Newport Road, Caerdydd, a chael cynnig comisiwn i ysgrifennu cyfres o chwe phennod hanner awr. Aeth Meic a finna ati, gyda help Emyr Huws Jones i ysgrifennu'r gerddoriaeth a grŵp ifanc o'r enw Mynediad am Ddim i ganu'r gân agoriadol. Bu'r gyfres yn llwyddiant ysgubol ymysg y mwyafrif o'r gwylwyr yn syth, bron, a thyfodd ei phoblogrwydd o gyfres i gyfres ym mhob cwr o Gymru. Braf iawn oedd cael y fath ymateb, yn enwedig pan glywson ni fod un tîm dartiau yn y gogledd wedi newid eu noson chwarae oherwydd bod *Glas y Dorlan* ar y teledu. Mi wnaethon ni saith cyfres i gyd, a darlledwyd mwy o gyfresi ohoni ar y teledu na'r un gomedi sefyllfa Gymraeg arall erioed. Ar hyd y cyfresi bu newidiadau ac ychwanegiadau i'r cast, oherwydd argaeledd actorion ac yn y blaen, a bu Sue Roderick, Dafydd Hywel, Dyfed Thomas, Ronnie Williams a John Glyn Owen yn chwarae rhannau amlwg yn y gyfres. Bu cyfraniad yr actorion i gyd yn amhrisiadwy i lwyddiant y gyfres.

Rhaid i mi beidio â chanmol gormod arna i fy hun, oherwydd roedd 'na garfan o'r gwylwyr Cymraeg oedd yn gwirioneddol gasáu'r cyfresi oherwydd eu hiaith, eu diffyg moesau a'r ensyniadau rhywiol. Roedd y BBC yn cael cwynion byth a hefyd, ac fel dwi'n deall, cafodd y rhaglen ei chondemnio gan amryw o sefydliadau crefyddol a henaduriaethau ledled y wlad. Fel ymateb i hyn dechreuodd dau ddisgybl yn Ysgol Eifionydd, Porthmadog, ddeiseb yn cefnogi'r gyfres – y ddau ifanc oedd Gerallt Pennant a William Owen Roberts, yr awdur bellach, ac un y bûm yn cydysgrifennu â fo ymhen blynyddoedd wedyn (cyfres a greodd fwy o stŵr o lawer na *Glas y Dorlan*, gyda llaw). Owen Edwards oedd pennaeth y BBC ar y pryd, ac er nad oedd y gyfres at ei ddant o gwbwl, amddiffynnodd hi ar goedd ac mewn print oherwydd ei phoblogrwydd a nifer y gwylwyr – diolch amdano. Roedd yn ddigon eangfrydig i gydnabod cryfderau'r rhaglen, ac mae colled ar ôl arweinydd cyfryngol doeth a deallus fel Owen. Heddiw, fyddai *Glas y Dorlan* byth yn cael ei chomisiynu gan fod y byd darlledu Cymraeg wedi mynd mor ofnus ac ansicr.

Ro'n i, fel y dywedais, yn gweithio llawer i Peter Elias Jones yn adran rhaglenni plant HTV – fel actor ac yn lleisio ac ysgrifennu cartwnau. Roedd rhaglen *Miri Mawr* wedi ennill ei phlwy ymysg plant Cymru. Bu Dewi (Pws) Morris yn ei hysgrifennu am flwyddyn gydag un cymeriad yn unig, sef Llew y ci. Meic Povey oedd yn gweithio'r pyped. Ehangwyd y gyfres a daeth Meic Povey a Clive Roberts yn awduron arni, oedd yn rhyddhau Dewi i actio cymeriad newydd o'r enw y Dyn Creu. Cyflwynwyd twrch enfawr o'r enw Caleb, a Dafydd Hywel oedd yn actio'r cymeriad hoffus hwnnw o'r tu mewn i siwt flewog. Yn raddol, ymddangosodd cymeriad arall, sef siani flewog, wedi iddi gael ei chyflwyno fel sŵn yn y wal i ddechrau. Ar ôl misoedd cyntaf y rhaglen ar ei newydd wedd derbyniodd Meic Povey swydd golygydd sgriptiau yn adran ddrama'r BBC yn Llandaf, yn rhannol i ddechrau gweithio ar gyfres newydd arfaethedig o'r enw *Pobol y Cwm*. Roedd angen rhywun i gymryd ei le a chynigwyd y gwaith cyd-awdur i mi, felly yn Ionawr 1974 dechreuais weithio i HTV fwy neu lai yn llawn amser am bron i chwe blynedd.

Roedd hyn yn gyfle gwych i fwrw prentisiaeth fel awdur teledu, gan fod Clive a finna'n ysgrifennu tair rhaglen yr wythnos am 46 wythnos bob blwyddyn. Ar ôl y misoedd cyntaf, dechreuodd Clive ysgrifennu un wythnos a finna'r nesa, a dod at ein gilydd bob mis i blotio'r storïau ymlaen llaw. Trodd y siani flewog yn y wal yn gymeriad llawn a chynlluniwyd hi ar ddelw un o staff HTV, yn ôl y sôn, gan y cynllunydd o Borthmadog, Hywel Morris. Ar ôl gweld y lluniau a chyfarfod â'r adran penderfynwyd y byddai'r cymeriad yma'n ogleddol a chyfeillgar, hefo rhyw ochor goman iddi; ac er bod ganddi galon fawr gwae pwy bynnag a'i croesai. Margaret Elin Griffith, dirprwy bennaeth yr adran, roddodd yr enw Blodyn Tatws arni, a chastiwyd Robin Griffith i chwarae'r rhan a gweithio'r pyped. Ychydig yn ddiweddarach cyflwynwyd cymeriad arall i'r teulu llon, un oedd yn byw o dan y dŵr. Ei enw, yn addas ddigon, oedd Dan Dŵr; a gofynnwyd i mi chwarae'r rhan, felly treuliais y rhan fwyaf o weddill y saith degau wedi fy ngwisgo mewn rwber, fflipars am fy nhraed a menig bocsio am fy nwylo.

Roedd actio Dan Dŵr eto'n brentisiaeth werth chweil i actor teledu – ac yn fedydd tân! Roedd y tair rhaglen bob wythnos yn cael eu recordio fel rhaglenni byw, a phechod o'r mwyaf fyddai stopio ac ailddechrau gan y byddai rhywun yn gorfod golygu'r tâp. Felly roedd yn rhaid i mi wybod yn union pa gamera oedd arna i a phryd. Dyma un o gyfnodau hapusaf fy ngyrfa, yng nghanol criw o actorion da a hwyliog ddaeth i gyd yn ffrindiau agos i mi. Un asgwrn cynnen fu. Roedd Dafydd Hywel a finna'n cael punt y rhaglen yn fwy na John Ogwen a Robin Griffith gan ein bod ni'n gorfod dysgu ein llinellau – i fod. Mewn gwirionedd, pan fyddai hi'n mynd yn nos ar D. H. a finna roedd John neu Robin yn ein tynnu ni i'r lan bob tro trwy ddweud petha fel, 'ti ddim i fod i gyflwyno Calimero rŵan, Dan!' Aeth y ddau ar streic a gwrthod ein helpu, a phan ofynnodd Caleb i Blod un tro, 'Be dwi i fod i neud nawr 'te, Blod?' cafodd yr ateb, 'Gei di neud beth bynnag leci di, cyw!'

Roedd *Miri Mawr* yn hynod boblogaidd nid yn unig efo plant ond oedolion hefyd, gan ein bod yn sgwennu rhai pethau a oedd yn amlwg dros ben y plant – neu, yn hytrach, roeddan ni'n gobeithio eu bod nhw. Mi ddeallon ni unwaith fod swyddogion tân mewn gorsaf yng Ngwynedd yn wylwyr brwd a dwi'n dal i gofio Blod yn dweud wrth ffarwelio un noson, 'Nos da yr hen blantos ... o, ia, hwyl fawr i hogia brigâd dân Llanberis. Peidiwch â llithro gormod i lawr y polyn, hogs!'

Mae un stori a ddigwyddodd yng nghyfnod *Miri Mawr* sy'n chwedlonol bellach, ond mi rof fy fersiwn i o'r stori beth bynnag. Yn ystod y cyfnod yma roedd undebau'n rheoli'r diwydiant, yn enwedig felly teledu annibynnol. Mae hi wedi mynd yn hollol i'r gwrthwyneb bellach, a tydi hynny ddim yn dda i gyd chwaith. Roeddan ni'n recordio'r rhaglenni yn y stiwdio fawr ym Mhontcanna, a doedd dim modd gostwng gwres y stiwdio yno yn ystod y recordio oherwydd sŵn y peiriant oeri, felly o dan y goleuadau roedd hi'n mynd yn boeth iawn, iawn. Roedd gan undeb y technegwyr ddeddf fod yn rhaid cau'r stiwdio am gyfnod pe byddai'r tymheredd yn mynd yn uwch na 80 gradd Fahrenheit, ac roedd y thermomedr cofnodi yn cael ei osod ar flaen bŵm y meicroffon, yn uchel ac yn agos at y goleuadau. Fel y gallwch ddychmygu, roedd yn cyrraedd y tymheredd perthnasol yn aml iawn.

Un prynhawn, yn syth ar ôl cinio, roeddan ni i gyd yn ein gwisgoedd yn barod i recordio pan gyrhaeddodd gwres y stiwdio 80 gradd. Bu'n rhaid i bawb adael, a gan fod Dafydd Hywel a finna mewn gwisgoedd oedd yn anodd symud rhyw lawer ynddyn nhw, aeth y ddau ohonon ni i eistedd tu allan i'r stiwdio yng nghyntedd yr orsaf deledu. Ymunodd Robin Griffith a John Ogwen â ni, ynghyd â Dewi Pws oedd wedi ei wisgo fel y Dyn Creu: gwallt hir, hir, barf hirach, sêr wedi eu peintio hyd ei wyneb, cap nos am ei ben a chrys nos cwta, cwta oedd yn cuddio ei fannau dirgel o drwch blewyn. Ar y diwrnod arbennig hwnnw roedd yr Arglwyddes Plowden yn ymweld â HTV fel rhan o'i hymchwil ar gyfer adroddiad ar ddyfodol teledu annibynnol ym Mhrydain, sef Adroddiad Plowden. Gwilym Owen, Pennaeth Newyddion a Materion Cyfoes HTV ar y pryd, oedd wedi cael y fraint o'i chroesawu i Bontcanna. Daeth Gwilym Owen i lawr y grisiau o'r ystafell newyddion mewn siwt newydd ysblennydd, wedi ei phrynu yn siop G. O. Griffith, Caernarfon yn unswydd i groesawu'r Arglwyddes, a dychrynodd am ei fywyd pan welodd Caleb, Dan Dŵr a'r Dyn Creu yn eu gwisgoedd efo Robin a John yn eistedd yn y brif dderbynfa. Gwnaeth y camgymeriad o ymbil arnon ni i symud oddi yno ac, wrth gwrs, mi wrthodon ni yn blwmp ac yn blaen. Tra oedd o'n ceisio ein darbwyllo i symud cyrhaeddodd yr Arglwyddes Plowden yng nghar mawr HTV. Fel yr oedd Gwilym yn mynd i agor y drws iddi, cafodd Dewi Pws y blaen arno yng ngwisg y Dyn Creu, ac meddai yn llais main ac uchel y cymeriad hwnnw: 'Welcome to HTV, Lady Plowden.' Gwthiodd Gwilym Owen Dewi o'r ffordd gan gochi a dweud, ' Yes ... yes ... Lady Plowden, they're characters from a very popular Welsh language children's series.' Ond torrodd Pws ar ei draws: 'Take no notice of him, Lady Plowden, he's usually very pissed by this time every afternoon.' Gafaelodd Gwilym Owen yn ddiseremoni ynddi a'i hebrwng i gorff yr adeilad.

Aethom yn ôl i'r stiwdio i ddechrau recordio. Blod oedd yn agor y rhaglen a rhoddodd Henry Chambers Jones y ciw iddi efo'i fys i ddechrau. Gwnaeth y camgymeriad o giwio'r pyped yn lle Robin Griffith a oedd yn gweithio'r pyped tu ôl i wal, allan o olwg Henry. Ciwiodd a chiwiodd Henry y pyped, a chlywais o'n dweud wrth rywun yn y bocs rheoli: 'I am cueing her but she does not respond.' Atebodd Blod yn syth: 'Yes, Henry, but you're cueing me – you should cue Robin Griffith, he's the one with his hand up my arse.'

Ar amrantiad rhuthrodd Peter Elias i'r stiwdio, ei wyneb cyn goched â'i wallt, a gwnaeth yntau'r un camgymeriad o siarad efo'r pyped. 'Hisht ... hisht, taw, paid â rhegi! Ma' Ledi Plowden yn clywed pob peth ...'

'Lady Plowden, Peter?' atebodd Blod, yn Saesneg i wneud yn siŵr fod yr Arglwyddes yn deall. 'Lady Plowden ... who the hell is Lady Plowden? I didn't swear, Peter, I didn't say fuck, did I Peter?' Yn yr oruwchystafell roedd Lady Plowden a phenaethiaid HTV yn gwrando ar ddigwyddiadau'r stiwdio ar set deledu. Rhuthrodd Gwilym Owen yno a thynnu'r plwg o'r wal i ddiffodd y set.

Roedd HTV yn lle anhygoel i weithio ynddo, pawb yn cymysgu ac yn ffrindiau, oedd yn wahanol iawn i agwedd 'ni a nhw' y BBC. Melys iawn fyddai'r sgyrsiau dros ginio yng nghwmni Gwyn Erfyl, Aled Vaughan, Huw Davies, Eirwen Davies a Huw Llywelyn Davies. Roedd carfan dda o hogia Môn yno hefyd: Gwyn Llewelyn, Gwilym Owen, Vaughan Hughes ac Owen Griffith. Cawsom nosweithiau bythgofiadwy yng nghlwb y Blewog, sef clwb cymdeithasol yr orsaf.

Er fy mod yn gweithio yn llawn amser bron ar *Miri Mawr*, ro'n i'n cael cyfle i actio mewn ambell ddrama yma ac acw hefyd. Bûm yn ddigon ffodus i gael fy nghastio gan Huw Davies, pennaeth adran ddrama HTV ar y pryd, yn ei gyfres arloesol *Y Gwrthwynebwyr*, dramâu am bobol ledled y byd oedd wedi gwrthryfela yn erbyn y drefn. Ysgrifennwyd y rhain gan rai o awduron amlycaf Cymru ar y pryd, a ches innau rannau da – rhannau ddaeth â fi i sylw'r cyhoedd am y tro cyntaf, gan nad oedd neb yn fy adnabod fel Dan Dŵr. Cefais fy rhan gyntaf ar deledu Saesneg gan Huw, sef rhan ffarmwr ifanc mewn drama o'r enw *Country Dance*. Ro'n i'n chwarae rhan brawd yr actores o Abertawe, Margaret John. Penderfynais wneud defnydd da o'm hamser rhydd dros yr haf hefyd, a llwyddais i gael rhannau mewn amryw o gynyrchiadau

Theatr Awyr Agored Caerdydd, yn Saesneg, ym Mharc y Rhath.

Yn ystod y cyfnod yma roedd y BBC yn Llundain yn paratoi i gynhyrchu cyfres ryngwladol, ar y cyd â Twentieth Century Fox yn America, sef addasiad o'r nofel *How Green was my Valley*. Roedd Stanley Baker a Siân Phillips eisoes wedi eu castio yn y prif rannau, ac roeddan nhw'n castio rhannau llai yn y BBC yng Nghaerdydd. Roedd y rhan fwyaf o actorion Cymru yn cael eu cyfweld gan y cynhyrchwyr yn Llandaf, gan fod pennaeth cytundebau BBC Cymru ar y pryd wedi rhoi eu henwau ymlaen. Chafodd Clive Roberts na finnau alwad i'w gweld, felly penderfynodd y ddau ohonon ni fynd draw i'r BBC ar ddiwrnod y cyfweliadau, a dweud celwydd ein bod wedi cael galwad. Mi weithiodd y cynllun, a dim ond Clive a finna o'r holl griw oedd yno y diwrnod hwnnw gafodd rannau yn y gyfres.

Cefais fy hun mewn sefyllfa hynod debyg pan glywais fod adran ddrama BBC Llundain yn castio yng Nghaerdydd ar gyfer un o ddramâu'r gyfres *Play of the Month*. Roedd y cyfweliadau'n cael eu cynnal yn stiwdio Broadway, Sblot, ac unwaith yn rhagor, ches i ddim gwahoddiad. Ta waeth am hynny, mi es i lawr i Sblot i fysnesu, a tharo i mewn i glwb y BBC yn Newport Road. Fel roedd hi'n digwydd bod, roedd Mici Plwm yn gweithio tu ol i'r bar yno gan ei fod yn ddi-waith ar y pryd. Soniais wrtho am y cyfweliadau ac ar ôl iddo gau'r bar am y pnawn aethom draw i'r stiwdio rhag ofn y byddai cyfle i ni gael ein gweld. Roeddan ni'n debyg iawn i weithwyr y dociau yn y dau ddegau, yn mynd at giatiau'r dociau i edrych oedd gobaith am waith. Mi gawson ni ein gweld – a do, mi gafodd Plwm a finna rannau yn un o'r dramâu misol: *Strife* gan Galsworthy. James Cellan Jones oedd yn cyfarwyddo a Cedric Messina yn cynhyrchu – dau o hoelion wyth drama deledu yng ngwledydd Prydain ar y pryd.

Teithiodd Plwm a finna efo dyrnaid go dda o actorion o Gymru i ddechrau ymarfer yn ystafelloedd ymarfer y BBC yn Acton, Llundain. Yn eu mysg roedd Huw Ceredig, Gareth Lewis, Olwen Rees, Eilian Wyn a John Ogwen (roedd gan John Ogwen ran fwy na'r gweddill ohonon ni). Roedd actor ifanc o Abertawe ro'n i wedi ei chyfarfod ar *How Green was My Valley* yno hefyd, sef Victoria Plucknett. Wyddwn i ddim ar y pryd y byddwn yn cael perthynas agos iawn efo hi ymhen blynyddoedd.

Roedd rhai o sêr y cyfnod yn y ddrama hefyd – enwau fel Nerys Hughes, oedd yn ymddangos yn *The Liver Birds* ar y pryd, Clifford Evans, Angela Down a'r actor Gwyddelig Colin Blakeley – a'r adeilad ymarfer yn ferw gwyllt. Roedd actorion a pherfformwyr di-ri yn paratoi ar gyfer gwahanol gynyrchiadau, ac yn yr ystafell oddi tanon ni roeddan nhw'n paratoi peilot rhaglen gomedi newydd o'r enw *Porridge*. Ro'n i'n gegrwth yng nghanol yr holl sêr.

Pan gyrhaeddais y stiwdio, y peth cynta feddyliais i oedd mor anferth oedd hi o'i chymharu â rhai Caerdydd. Roedd giatiau dur enfawr o amgylch y brif set, lle roeddan ni'n ffilmio, ac roedd un neu ddau o geffylau gwedd a throliau ar lawr y stiwdio. Yn fy ngolygfa i, roedd gan Colin Blakeley araith hir danbaid, a tua diwedd yr araith ro'n i i fod i dorri ar ei draws efo f'unig linell yn y cynhyrchiad: 'What about the women?' Wrth i'r recordio ddechrau, ymgollais yn llwyr yn fy myd bach fy hun yng nghanol y set a'r stiwdio anghyfarwydd, ond yn sydyn sylwais ar ddistawrwydd llethol yng nghanol araith Colin Blakeley, ac ambell besychiad. Clywais y rheolwr llawr yn sisial yn fileinig dan ei wynt, 'Blacksmith! ...' Doedd gen i ddim syniad mai fi oedd y 'Blacksmith' hyd yn oed nes i'r rheolwr llawr weiddi, 'You ... hey you! You're the bloody blacksmith!' Dywedais fy llinell a churodd y gweddill eu dwylo yn sarcastig. Flynyddoedd yn ddiweddarach, wrth ffilmio *C'mon Midffîld*, petai rhywun yn araf efo'i linell neu'n anghofio ei linellau, y gri fyddai 'Blacksmith!'.

Roedd llwyddiant *Miri Mawr* yn cynyddu yn flynyddol, ac roedd gan y cymeriadau ddilyniant enfawr. Pan oeddan ni'n mynd yng ngwisgoedd ein cymeriadau i agor digwyddiad neu i ymweld â'r Eisteddfod byddai cannoedd yn ymgynnull o'n cwmpas. Dwi'n cofio cannoedd lawer yn croesi Pont Menai i weld Caleb yn Eisteddfod yr Urdd ym Mhorthaethwy yn 1976. Yn Eisteddfod Genedlaethol Bro Dwyfor, a gynhaliwyd yng Nghricieth yn 1975, roedd Caleb (Dafydd Hywel) a finna fel Dan Dŵr i fod i berfformio sioe ym Mhorthmadog, ond roedd cymaint o alw am docynnau fel y bu'n rhaid cynnal tri pherfformiad. Yn ystod yr un wythnos clywsom nad oedd HTV am gynhyrchu cyfres arall o *Miri Mawr* y mis Medi canlynol – dwi'n credu mai dial arnon ni oedd y cwmni am i ni ennill anghydfod undebol y flwyddyn cynt. Dechreuodd y newyddiadurwr Clive Betts ddeiseb yn y *Western Mail* i'n cael ni'n ôl ac arwyddwyd y ddeiseb honno gan filoedd. O ganlyniad bu'n rhaid i HTV ailgomisiynu'r gyfres, a daeth y rhaglen i ben yn naturiol yn 1979.

Ar ôl cael aros yn nhŷ Rhydderch Jones am fy neunaw mis cyntaf yng Nghaerdydd, roedd yn rhaid i mi ddechrau sefyll ar fy nhraed fy hun, yn enwedig gan fy mod wedi dechrau gwneud bywoliaeth yn y diwydiant. Cefais dŷ ar rent yn Elan Road, Llanisien; roedd Clive Roberts a Meic Povey yn byw yno efo fi i gychwyn, wedyn daeth Dewi Pws ac Emyr Huws Jones i gyd-fyw yno ata i. Dwi'n edrych yn ôl ar y cyfnod hwnnw fel un llawn hwyl a miri – roedd y partïon roeddan ni'n eu cael yn enwog. Mi gawson ni hefyd y fraint o gael cewri fel Charles Williams, Glyn Williams (Glyn Pen-sarn), Stewart Jones, Rhydwen Williams a Delme Bryn Jones yn galw heibio yn eu tro, rhai ohonyn nhw'n aros weithiau. Roeddan ni'n griw gwyllt a'n bryd ar fynd allan, ond pan fyddai'r mawrion yma'n galw, mi fyddwn i'n fwy na bodlon aros i mewn i wrando ar eu straeon a'u hanesion hynod, oedd yn fraint wirioneddol. Symudodd Emyr Huws Jones, Emyr Wyn a finna i fyw mewn tŷ yn Llandochau am gyfnod, a bu Gwynn ap Gwilym, Ifor ap Gwilym a Dyfed Thomas yn eu tro yn cydletya efo ni yno.

Gan fy mod yn y sefyllfa anhygoel o fod ar gytundeb parhaol bron gyda HTV roedd pawb yn fy nghynghori i brynu tŷ. Yn y cyfnod hwnnw doedd y banciau a'r cymdeithasau adeiladu ddim yn lluchio morgeisi at bobol – roedd yn rhaid dangos cyfrifon am dair blynedd i ddangos eich enillion. Dyna wnes i, ac mi ges i forgais, felly roedd yn rhaid dechrau chwilio am dŷ. Y peth pwysicaf oedd y lleoliad – roedd yn rhaid iddo fod o fewn cyrraedd hwylus i ganolfan HTV ym Mhontcanna, fel na fyddai'n rhaid i mi godi'n rhy fore i gyrraedd fy ngwaith mewn pryd. Yn ffodus, ro'n i wedi dod yn hoff o ardal Pontcanna, ac roedd Meic Povey yn canu clodydd y lle er ei fod o bellach yn byw yn y Tyllgoed. Roedd tŷ ar werth yn Stryd Pontcanna – rhif 67, oedd yn dŷ teras Fictorianaidd gweddol fawr a phedair llofft ynddo. Roedd o newydd gael ei adnewyddu a'i foderneiddio yn hynod ddi-chwaeth, ond doedd fawr o ots gen i am hynny ar y pryd. Y cwbwl ro'n i isio oedd rhywle y gallwn symud i mewn iddo'n syth, felly mi brynais y tŷ.

Pan ddywedais wrth fy nghyd-weithwyr yn HTV am y pryniant, rhybuddiwyd fi gan bawb, yn enwedig y merched, 'mod i wedi gwneud camgymeriad trychinebus. Colli arian wnawn i efo eiddo mewn lle mor ofnadwy, meddan nhw. Rhybuddiwyd Dafydd Meredydd, a oedd newydd brynu tŷ yn yr un ardal ychydig ynghynt, am yr un peryglon hefyd. Roedd gweddill y tai wedi'u troi'n fflatiau, a doedd dim modd gwybod sut fath o bobol oedd yn byw ynddyn nhw. Ar ben popeth, yng nghefn fy nhŷ i roedd simnai tŷ golchi enfawr oedd â stêm yn mygu ohoni'n barhaus bob dydd o'r flwyddyn, gan fod yr adeilad yn golchi dillad holl ysbytai Caerdydd.

Dwi'n cyfaddef fod peth gwirionedd yn y rhybuddion a ges i – doedd Pontcanna ddim yn llawn o'r dosbarth canol ffug-drendi fel mae o heddiw. Ia, fflatiau oedd llawer iawn o'r tai, ond roedd cymysgedd difyr o wahanol bobol o amrywiol gefndiroedd yn byw ynddyn nhw. Roedd rhai yn wych ac eraill yn wachul, ac yn nosweithiol bron roedd yr heddlu yn y stryd yn arestio'r gŵr neu'r wraig drws nesa ond un i mi, ond y bore wedyn byddai'r ddau wastad i'w gweld yn cerdded law yn llaw hyd y stryd. Roedd teulu mawr o dinceriaid Gwyddelig yn byw yn y stryd oedd yn croesi ein stryd ni, a thestun diddanwch oedd mynd heibio'u tŷ a gweld pen mul yn ymddangos rhwng llenni'r ystafell ffrynt. Dros y ffordd, yn y fflat isaf, roedd cangen o Angylion y Fall (Hell's Angels) yn byw, ac ambell noson byddai'r rhain yn llosgi coelcerth anferth yn y cefn a dod â dodrefn y fflat allan o gwmpas y tân ac yfed seidr cryf. Cafodd Emyr Huws Jones a fi ambell noson ddifyr yn eu cwmni, ac roeddan nhw'n hael iawn efo'u seidr.

Felly symudais i 67 Stryd Pontcanna ble bûm yn byw am ddeng mlynedd ar hugain. Roedd Mam, Einion ac Owen, fy mrawd, wedi bod yn galw i Gaerdydd i'm gweld yn rheolaidd ar hyd y blynyddoedd, a daethant i lawr pan symudais i'r tŷ i fy helpu i osod llenni a gofalu bod y manion angenrheidiol i gynnal tŷ gen i. Roedd Wil yn dal i fyw yn Llangaffo, felly hefyd Anti Alice ac Yncl Dic, ac atyn nhw y byddwn yn mynd i aros pan fyddwn yn gweithio yn y gogledd. Byddwn yn cael gwaith o bryd i'w gilydd efo Cwmni Theatr Cymru, gan gynnwys rhan yng nghynhyrchiad J. O. Roberts o *Lefiathan* gan Huw Lloyd

Edwards. Bellach roedd gen i gartref i wahodd Wil iddo i aros, ac mi ddaeth ata i unwaith neu ddwy, ac er na fentrodd Anti Alice i Gaerdydd, dwi'n siŵr y byddai Yncl Dic wedi bod wrth ei fodd yno. Llundain oedd dinas Wil er hynny – doedd Caerdydd ddim yn cymharu yn ei farn o. Rhaid i mi ddweud fod y teulu i gyd wedi ymfalchïo yn hynny o lwyddiant ges i, ac yn hynod gefnogol i bob dim ro'n i'n ei wneud.

Cwmwl Du

Gwanwyn 1978 oedd hi, ac roedd popeth yn mynd yn ardderchog. Cefais fy mhrif ran gyntaf yn nrama deledu Rhydderch Jones i'r BBC, *Broc Môr*, efo George P. Owen yn cyfarwyddo. Hon oedd drama Gŵyl Ddewi'r BBC yn 1979. Roedd yn rhan ardderchog – ro'n i'n chwarae mab i gymeriadau Charles Williams a Nesta Harris – ymysg cast ardderchog oedd yn digwydd bod yn gyfeillion i gyd, sef Marged Esli, Meic Povey, Clive Roberts a Dyfan Roberts. Cawsom amser ardderchog yn ei ffilmio i gyd ar leoliad yn Llanberis.

Yn ystod y ffilmio ro'n i'n aros mewn gwesty yn Llanberis, ond ar ôl gorffen penderfynais fynd am seibiant bach am wythnos neu ddwy i aros efo Wil yn Llangaffo. Ar yr wyneb roedd o mewn hwyliau ardderchog ac yn edrych ymlaen at fynd ar ei wyliau blynyddol i Lundain ymhen rhyw fis neu ddau, ac eisoes wedi archebu tocynnau i weld sioeau yn y West End. Ffarweliais ag o ar ddiwedd fy ngwyliau, gan fod yn rhaid i mi ddychwelyd i Gaerdydd i ddechrau ysgrifennu cyfres arall o *Glas y Dorlan* efo Meic Povey. Mi wnes i drefniadau i ddod yn ôl ato i Fôn am ychydig dros yr haf heb wybod, wrth adael y bore hwnnw, mai dyma'r tro olaf y gwelwn Wil.

Ar ddiwrnod braf o haf cynnar roedd Meic a finna wrthi yn fore yn llunio straeon *Glas y Dorlan* yn fy nhŷ yn Stryd Pontcanna. Rywbryd ganol y bore canodd cloch y ffôn – Yncl John oedd yno. Byddai'n fy ffonio o bryd i'w gilydd felly doedd yr alwad ei hun ddim yn anarferol, ond y bore hwnnw, am ryw reswm, gwyddwn yn syth fod rhywbeth o'i le. Meddyliais i ddechrau fod rhywbeth wedi digwydd i Anti Alice, ond lloriwyd fi pan ddywedodd Yncl John fod Wil wedi marw. Cynyddodd y sioc pan ddaeth Anti Alice ar y ffôn i egluro mai cyflawni hunanladdiad wnaeth Wil.

Roedd y stafell yn troi fel top, a diolch i'r nefoedd fod Meic yno efo fi. Mi wnaeth o banad a cheisio 'nghysuro, ond ro'n i'n bendant nad oedd dim amdani ond cychwyn i Fôn. Aeth Meic â fi i wneud mân bethau o gwmpas y ddinas – dwi'n cofio cael wisgi anferth gan Rhydderch, a thawelodd hynny ryw chydig arna i. Darbwyllodd Meic fi na fyddai'n beth doeth meddwl am yrru i Langaffo, felly

Wil

aeth â fi i'r orsaf drenau a daliais drên i Fangor. Does gen i ddim cof o gwbwl o'r daith na sut yr es i o Fangor i dŷ Anti Alice, ond dwi'n cofio bod llond tŷ yno pan gyrhaeddais i, a bod Mam ac Einion yn eu plith. Roedd hi'n amlwg i bawb fy mod mewn sioc, felly roedd Mam yn ceisio fy nhawelu gymaint ag y gallai. Ffoniodd rhywun am y meddyg a daeth Dr John Griffiths heibio a rhoi tawelyddion i mi i'w cymryd bob dydd tan ar ôl y cynhebrwng.

Llusgodd y dyddiau cyn y cynhebrwng yn araf a dryslyd. Roedd cymaint o bobol yn galw a doedd gen i ddim syniad go iawn be oedd yn digwydd. Ar ddiwrnod yr angladd wnes i fawr ddim ond crio – dwi'n cofio bod yn nhŷ Wil efo dyrnaid bach o'r teulu agosaf, ond does gen i ddim cof o'r gwasanaeth a gynhaliwyd yno, dim ond o afael yn llaw Mam a beichio crio. Dwi ddim yn cofio'r gwasanaeth ar lan y bedd yng nghapel Niwbwrch chwaith. Yn ystod y dyddiau ar ôl y cynhebrwng cefais gyfle i ddod ataf fy hun a chlirio 'mhen o effaith y tawelyddion. Dechreuais sylweddoli yn union beth oedd wedi digwydd: mai Wil oedd y trydydd mewn tair cenhedlaeth o 'nheulu i gyflawni hunanladdiad, yn dilyn ei dad (fy nhaid i) a'i daid (fy hen daid), ac ysgydwodd hynny fi braidd. Mae'r peth yn dal yng nghefn fy meddwl hyd heddiw.

Ar yr wyneb roedd Wil yn ddyn rhadlon a dibryder, sy'n dangos nad oes neb yn gwybod be sydd o dan yr wyneb. Mae cadw popeth i mewn, peidio â dangos ein teimladau a pheidio â gadael i neb ddod yn rhy agos aton ni yn wendid teuluol – sylweddolais hynny ymhen rhai blynyddoedd pan ddysgais wers galed iawn, a dysgais hefyd mor bwysig ydi rhannu 'nheimladau. Mae hunanladdiad yn weithred sy'n dod â rhyddhad o boenau enbyd i'r sawl sy'n cyflawni'r fath weithred, ond mae'r dinistr a'r boen y mae'n ei greu i'r anwyliaid a'r cydnabod sydd ar ôl yn gallu bod yn llanast dinistriol. A bod yn hollol onest, mae effaith y gweithredoedd yma yn dal ar fy nheulu, a hyd heddiw dwi'n cael pyliau o feio fy hun, ac mae amheuon tywyll yn fy llethu.

Diwrnod trist iawn oedd diwrnod gwagio tŷ Wil oherwydd bod llawer o'r dodrefn yn f'atgoffa o 'mhlentyndod yng Nghefn Mawr. Ro'n i'n ddigon ffodus i allu mynd â'r rhan fwyaf efo fi i Gaerdydd ac maen nhw'n dal i addurno fy nghartref hyd heddiw. Mi es i â dillad Wil i gyd i lawr i Gaerdydd hefyd, ac mi fuon nhw'n hongian yn fy wardrob am flynyddoedd fel rhyw atgofion trist. Cynghorodd Stewart Jones fi i daflu'r cwbwl neu chawn i byth wared o fy hiraeth, a dyna wnes i. Teflais y cwbwl, heblaw am gôt ac un siwt, a chefais fudd mawr o'r rheini'n ddiweddarach. Dwi'n siŵr y byddai Wil wedi bod wrth ei fodd.

Ro'n i, ers fy nyddiau yn yr heddlu, yn cael fy nghydnabod fel yfwr trwm, un a oedd ar flaen y gad ym mhob cyfeddach a sbri. Ymhyfrydwn yn blentynnaidd yn y ddelwedd honno a gwnes bob ymdrech i'w hatgyfnerthu. Wrth edrych yn ôl ar y cyfnod yma, dwi wedi dod i sylweddoli fod alcohol yn gymorth mawr i mi anghofio unrhyw broblemau a theimladau annifyr. Pan fyddwn i'n teimlo'n isel, plymiwn i waelodion y botel fodca. A bod yn hollol onest, ro'n i'n defnyddio unrhyw achlysur, boed lawenydd neu dristwch, fel esgus i yfed ei hochor hi. Rhoddodd marwolaeth drist Wil yr esgus perffaith i mi.

Bryd hynny ro'n i'n medru trafod yr alcohol yn weddol. Doedd yr yfed ddim wedi dechrau effeithio ar fy mywyd na 'ngwaith – wel, felly ro'n i'n credu beth bynnag – a chariais ymlaen i yfed gydag awch.

Cyrhaeddais yn ôl i Gaerdydd ar ôl angladd Wil, a thrwy ryw drugaredd roedd gen i waith yn aros amdana i i'm harbed rhag diflannu'n llwyr i'r botel fodca. Cefais ran mewn ffilm sinema oedd yn cael ei chyfarwyddo gan y Cymro Karl Francis, *The Mouse and the Woman,* ffilm wedi ei seilio ar stori fer gan Dylan Thomas oedd wedi ei gosod yn ystod y Rhyfel Byd Cyntaf. Roedd y cyfan yn cael ei ffilmio ar leoliad yn Sir Benfro yn haf 1979. Fy ffrind Dafydd Hywel oedd yn y brif ran, a finna'n chwarae cyfaill iddo a saethwyd oherwydd ei lwfrdra yn y rhyfel. Roedd gwneud ffilm fel hyn yn brofiad newydd a chynhyrfus i mi, a thynnwyd fy sylw am gyfnod oddi wrth fy nhristwch o golli Wil. Yn ystod y ffilmio cwrddais ag actor Gwyddelig o'r enw Alan Devlin a daeth y ddau ohonom yn gyfeillion agos, cyfeillgarwch a barodd tan yn ddiweddar iawn pan fu Alan farw o effaith alcohol. Roedd yn actor gwych, aeth ymlaen i ennill gwobr Olivier yn y West End. Roedd 'na rywbeth peryglus ynglŷn ag Alan, rhyw wylltineb. Doedd neb yn saff beth wnâi o nesa pan oedd o dan ddylanwad alcohol, ac roedd hyn yn apelio'n fawr iawn ata i.

Yn niwedd 1978 ro'n i wedi ymuno â thîm ysgrifennu *Pobol y Cwm,* ac yn wir wedi chwarae rhan cymeriad mewn cyfres gyfan: fi a Stewart Jones yn actio dau nafi oedd yn gweithio ar ffordd osgoi newydd Cwmderi. I gloi un bennod, o ganlyniad i ryw fistimanars neu'i gilydd, roedd Megan (Lis Miles) i fod i roi clustan i mi, ac yn ystod y recordiad mi ges i glustan ganddi nad anghofia i byth – roedd gen i gur yn fy mhen am ddiwrnodau! Cefais wahoddiad i ddychwelyd at Gwmni Theatr Cymru hefyd yn 1978 ar gyfer eu pantomeim, *Eli Babi.* Roedd Dafydd Hywel ymysg y cast, hefyd Ifan Huw Dafydd oedd yn dechrau ei yrfa lwyddiannus fel actor, ond yr un ro'n i'n cydchwarae fwyaf efo fo oedd Gari Williams. Dyma'r tro cyntaf mewn gwirionedd i mi gwrdd â Gari, a dechreuodd cyfeillgarwch a barodd ar hyd ei oes. Gwnaeth ambell un sylw ynglŷn â faint ro'n i'n ei yfed yn ystod taith y pantomeim – cofiaf Dafydd Hywel yn dweud wrtha i un noson wrth far Theatr Gwynedd, a finna ar fin llyncu fy nhrydydd fodca anferth: 'Be ti'n trial wneud – dynwared Richard Burton 'ta beth?' At fy yfed, nid fy nawn actio, roedd o'n cyfeirio.

Roedd *Miri Mawr* wedi dirwyn i ben erbyn 1979, a galwyd Dyfed Thomas a finna i weld Brynmor Williams a Dyfed Glyn Jones yn adran blant y BBC. Ro'n i wedi bod yn gweithio dipyn iddyn nhw, yn ogystal â HTV, cyn hynny yn ysgrifennu a lleisio cartwnau, ac roedd Dyfed hefyd wedi gwneud cryn dipyn o waith iddyn nhw. Yn y cyfarfod gofynnwyd i ni a fyddai ganddon ni ddiddordeb mewn creu cyfres gomedi i blant, a'r ddau ohonon ni i actio ac ysgrifennu. Felly yr esgorwyd ar *Siop Siafins*, cyfres wedi ei gosod mewn siop DIY. Fi oedd y perchennog, Llywarch Fitzpatrick Roberts, a Dyfed oedd y gwas, sef Brian (neu Bfian) Lloyd Jones. Wrth edrych yn ôl, roedd y ddau fel rhyw fath o Wali a Picton cynnar. Cafodd y gyfres dderbyniad gwresog, a'r cymeriadau yn llwyddiant ysgubol, a chawsom ail gyfres o 13 o benodau. Ar ôl honno comisiynwyd trydedd gyfres, ond methais ddod i delerau ariannol â'r BBC, oedd yn cynnig £10 yr wythnos yn llai i mi am actio mewn cyfres lwyddiannus iawn nag yr o'n i'n ei gael wythnos ynghynt am actio mewn cyfres a oedd yn fethiant llwyr. Rhaid i chi gofio fod £10 yn swm sylweddol yn y cyfnod hwnnw. Daliais fy nhir gan ddweud y byswn i'n gwneud y gyfres am yr arian hwnnw petai pawb yn yr adran blant yn cymryd gostyngiad o ddeg punt yr wythnos yn eu cyflogau dros y cyfnod cynhyrchu.

Cefais fy rhybuddio 'mod i'n mynd yn 'rhy fawr i fy sgidiau'. Daethpwyd â chymeriad newydd yn fy lle a chastiwyd Wynford Ellis Owen i'w chwarae, a gwnaeth ei waith yn ardderchog wrth gwrs. Pan glywais eu bod wedi castio Wynff, a oedd yn byw yn y gogledd ar y pryd, mi es i'n wallgo. Roedd yn rhaid i'r BBC dalu costau i Wynford, felly byddai'n costio llawer iawn mwy na'r £10 ychwanegol ro'n i wedi gofyn amdano, felly dial llwyr oedd hyn. Ro'n i'n meddwl ei bod yn stori dda, felly mi es i â'r stori at bapur newydd *Y Cymro*. Adroddais fy stori i ohebydd o Wrecsam, a gytunodd ei bod yn stori wych – y BBC yn gwastraffu cannoedd o bunnau dim ond er mwyn dial. Ffoniodd y gohebydd fi ddwywaith neu dair wedyn i wneud yn siŵr fod ambell ffaith yn gywir. Ymhen rhyw ddeuddydd cefais fy ngalw i adran blant y BBC a gofynnwyd i mi a fyswn i'n ailystyried rhyddhau'r stori, gan fy atgoffa y buaswn i, efallai, yn ddiolchgar am waith gan y Gorfforaeth yn y dyfodol. Wel, gwnaeth hynny fi yn fwy styfnig byth, ac ro'n i am i'r stori gael ei rhyddhau ar bob cyfri. Gwawriodd arna i fod *Y Cymro* wedi cysylltu efo'r BBC, i gael eu hochor nhw, meddyliais; ond doedd dim gair o fy stori yn y rhifyn canlynol o'r papur. Teimlais fod hyn yn rhyfedd ar ôl y fath ddiolch ges i gan y gohebydd am roi stori mor dda iddo. Cefais ar ddeall wedyn gan newyddiadurwyr amlwg, rhai nad oedd ganddyn nhw ddim i'w wneud â'r *Cymro*, mai'r BBC oedd un o gyfranwyr ariannol mwyaf y papur trwy hysbysebion ac erthyglau am eu rhaglenni, a dod i'r canlyniad fod y BBC, mwy na thebyg, wedi dylanwadu ar y papur neu rwystro'r stori. Ddarllenais i fyth mo'r *Cymro* wedyn.

Roedd gen i asiant yn Llundain ar gyfer fy ngwaith ysgrifennu, sef Michael Bakewell, gŵr y gyflwynwraig deledu Joan Bakewell, ond doedd gen i ddim asiant actio nac yn meddwl ar y pryd fy mod i angen un. Pan o'n i'n cydysgrifennu efo Dyfed Thomas roedd o'n awyddus i'r gwaith fynd drwy ei asiant o, oedd hefyd yn asiant actio. Cefais wahoddiad i fynd i'w swyddfeydd moethus yn y Strand yn Llundain, a chefais fy ngweld gan y pennaeth, Felix De Wolfe, oedd yn un o hen asiantau traddodiadol

Llundain. Roedd Felix yn ymgorfforiad o'r hyn a ddaw i'r meddwl wrth ddychmygu asiant theatrig yn Llundain – Iddew â sigâr anferth wastad yn ei geg. Cefais fy nerbyn ar eu llyfrau fel actor ac ysgrifennwr, felly yn sgil Dyfed Thomas y ces i asiant yn Llundain. Ar ôl i mi arwyddo'r cytundeb ceisiodd Felix werthu pâr o sgidiau tenis gwyn i mi o'r bocsiaid mawr ohonyn nhw oedd ganddo yn ei swyddfa! Felly y daeth y saith degau i ben – degawd a newidiodd fy mywyd yn llwyr mewn llawer ffordd.

PENNOD XVI

Yr Wyth Degau a Dyfodiad S4C

Ers 1972, ro'n i wedi gwneud bywoliaeth dda a gwireddu fy mreuddwyd o fod yn actor ac awdur sgriptiau. Erbyn dyfodiad yr wyth degau ro'n i'n weddol hyderus y gallwn ddilyn gyrfa yn y proffesiwn. Roedd y ddegawd newydd yn argoeli'n dda – cefais ran Hwmffra yn y gyfres *Gwen Tomos*, sef addasiad John Gwilym Jones o nofel Daniel Owen. Y cynhyrchydd oedd George P. Owen.

Gan fod fy ngyrfa ar *Siop Siafins* wedi dirwyn i ben, daeth Peter Elias ataf a gofyn a fuasai Dyfed Thomas a finna yn ystyried creu cyfres i HTV. Yr adeg hynny, gan fod teledu Cymraeg ar ddwy sianel, roedd cystadleuaeth iach rhwng y ddau gwmni, felly symudodd Dyfed efo fi o'r BBC at HTV, yn ôl i fy nghartref ysbrydol yn stiwdio Pontcanna. Mi sgwennon ni gyfres o'r enw *Gwesty Gwirion* – Dyfed oedd yn chwarae'r brif ran, sef Cythbert Canterbury, perchennog y gwesty, a finna'r gwas, Efan Efans. Ailymddangosodd Blodyn Tatws fel y dderbynwraig, a Dewi Pws oedd yn actio Dwynwen Pugh a Bryn Budreddi, y cogydd. Cafodd y gyfres hon eto dderbyniad gwresog a bu ail gyfres, ond am ryw reswm newidiwyd yr enw i *Hoteledu*. Roedd y cyfnod yma'n un y bu i mi ei fwynhau yn fawr iawn.

Roedd fy yfed wedi cynyddu, ond ro'n i'n dal i gredu nad oedd o'n amharu ar fy mywyd nac ar fy ngwaith. Wrth edrych yn ôl gallaf weld arwyddion clir nad oedd hyn yn wir, a bod yr alcohol yn dechrau treiddio a dylanwadu ar bob rhan o 'mywyd i. O dan ddylanwad yr alcohol roedd diffygion amlwg ac annifyr yn gallu dod i'r wyneb – deffrwn ambell fore yn chwys diferol ac yn llawn pryderon ac edifeirwch am ambell gamp feddw neu am f'ymddygiad. Dywedais bethau cas a brwnt wrth y rhai oedd agosaf ata i, a diolch byth fod llawer o'r rheini'n ddigon call i weld mai'r alcohol oedd yn siarad, neu mi fyddai fy nghyfeillion yn llawer prinnach heddiw. Ar y pryd, serch hynny, credwn nad oedd dim o'i le ar fy ymddygiad.

Yn 1980 castiwyd fi i chwarae'r brif ran yn ffilm y Bwrdd Ffilmiau Cymraeg, *O.G.*, gan Wil Sam, a gyfarwyddwyd gan Gareth Wynn Jones ac a gynhyrchwyd gan Gwilym Owen. Cafodd y ffilm honno dderbyniad da gan y gynulleidfa. Roedd y Bwrdd Ffilmiau bellach yn cynhyrchu mwy o ffilmiau ac roedd Gwilym Owen wedi ei benodi i ofalu am y cyfan. Yn ystod yr un cyfnod, yn dilyn brwydr hir, gwnaeth llywodraeth Margaret Thatcher eu tro pedol enwog a phenderfynu rhoi sianel deledu Gymraeg i ni'r Cymry. Roedd y Bwrdd Ffilmiau i fod i gyfrannu tuag at y sianel newydd hon. Ta waeth, yn y ffilm *O.G.* roedd Huw Ceredig yn chwarae rhan doctor o'r enw Dr Shady, a gafodd gryn argraff arna i. Credwn y byddai'n gwneud cymeriad gwych mewn comedi sefyllfa. Mi es i at Wil Sam a chynnig y syniad iddo, ac mi weithion ni ar fraslun o syniad a'i gyflwyno i'r sianel newydd drwy law Gareth Wynn Jones a'i gwmni, Ffilmiau'r Tŷ Gwyn. Cawsom gytundeb i gynhyrchu tair pennod ar ddeg, o dan yr enw *Diar Diar Doctor*. Ro'n i wrth fy modd, nid yn unig oherwydd y cyflog ond oherwydd yr anrhydedd o gael cydysgrifennu efo fy arwr, Wil Sam.

Gofynnodd Gareth Wynn Jones i mi a oedd gen i awydd cyfarwyddo, a heb feddwl yn iawn neidiais at y cynnig a dod yn gyfarwyddwr dan hyfforddiant o dan adain Gareth Wynn a chwmni'r Tŷ Gwyn. Fûm i ddim yn hir iawn cyn penderfynu fy mod wedi gwneud camgymeriad, a bod yr awydd i berfformio yn rhy gryf yndda i. Bu'n rhaid i mi gyfarwyddo dwy bennod ar fy mhen fy hun, ac mi ddois i drwyddi yn eithaf, am wn i, ond do'n i ddim yn hapus fy myd y tu ôl i'r camera. Yn ystod y cyfnod yma cafodd y Bwrdd Ffilmiau Cymraeg gomisiwn i gynhyrchu ffilm hir ar gyfer Nadolig cyntaf S4C ar yr awyr, addasiad o nofel antur ramantaidd W. D. Owen, *Madam Wen*. Ro'n i'n gyfarwydd â'r nofel, a oedd wedi ei gosod yng ngogledd-orllewin Môn – stori am ferch o gefndir bonheddig oedd yn ceisio unioni cam a gafodd ei thad. Syrthiodd mewn cariad â'r gŵr oedd bellach yn berchen ar ei hen gartref, sef Morus Cymunod. Roedd Morus, yn ôl y nofel, yn gawr o ddyn ymhell dros ei chwe throedfedd, ac roedd angen croen tri mochyn i wneud gwasgod iddo. Ychydig iawn o actorion Cymraeg oedd yn addas o ran maint, heblaw fi, a doeddwn i bellach ddim yn actio. Penodwyd Pennant Roberts, cyfarwyddwr teledu o Lundain, i gyfarwyddo'r ffilm; roedd o wedi bod yn cyfarwyddo penodau o gyfresi Saesneg poblogaidd iawn ar deledu Prydeinig. Roedd hen agwedd ddigon taeogaidd yn bodoli bryd hynny – os oedd rhywun wedi gweithio rhyw ychydig dros y ffin mae'n rhaid eu bod yn well o lawer na'r rheini a arhosodd adra, ac mae hyn yn dueddol o fod yn rhannol wir hyd heddiw.

Un bore, ro'n i'n gyrru o Fangor i Gaernarfon pan ddaeth Gwilym Owen yn ei gar i fy nghyfarfod. Fflachiodd ei oleuadau arnaf i stopio, ac mi wnes i hynny. Gofynnodd i mi fyswn i'n mynd i gwrdd ag o a Pennant am sgwrs dros ginio ym Mangor. Roedd gen i syniad go lew be fyddai byrdwn y sgwrs, ac ro'n i yn llygad fy lle. Gofynnwyd i mi chwarae rhan y cawr o Gymunod – dywedodd Gwilym y byddai o'n sgwario popeth efo Ffilmiau'r Tŷ Gwyn taswn i'n derbyn y gwaith. Ro'n i'n falch o gael derbyn, ac felly y bu. Ro'n i'n ôl yn actio, ac yn hapus, a dechreuodd y gwaith ffilmio yn gynnar yn 1982.

Fy ffrind Marged Esli oedd yn chwarae Madam Wen, a Dafydd Huw Williams addasodd y nofel ar gyfer y sgrin. Roedd Pennant wedi arfer cyfarwyddo cyfresi megis *Softly Softly*, *Dr Who*, *The Onedin Line* ac yn y blaen, ond dod i mewn ar ganol cyfresi roedd o yn fanno, wedi i'r actorion i gyd sefydlu eu cymeriadau a'u perthynas â'r cymeriadau eraill. Doedd dim rhaid cyfarwyddo'r actorion go iawn, dim ond gofalu bod eu portreadau yn gyson a'r cyfan yn edrych yn dda o ran gwaith camera, goleuo a sain. Yn hyn o beth, roedd Pennant yn wych. Roedd ffilm fel *Madam Wen* yn brosiect gwahanol iawn – roedd yn rhaid dechrau o'r dechrau drwy greu'r cymeriadau a ffurfio'r deinamig rhyngddyn nhw – ond oherwydd cyfyngiadau ariannol, am wn i, chawson ni ddim ymarfer na thrafod ein cymeriadau a'u perthynas â'i gilydd. Penderfynais fynd yn ôl i'r nofel ei hun er mwyn ceisio cael awgrym o nodweddion fy nghymeriad, a gwelais ei fod yn cael ei ddisgrifio fel creadur trwsgwl, anghyfforddus ymysg pobol. Gweithiais ar hyn a'i chwarae o felly, oedd yn gamgymeriad wrth edrych yn ôl. Doedd y sgript ffilm ddim yn awgrymu hynny, ac o ganlyniad roedd fy mherfformiad yn ymddangos yn anesmwyth a thrwsgwl. Roedd gan Marged dasg enfawr, un a gyflawnodd yn arbennig o dda o dan yr amgylchiadau. Roedd y ddau ohonon ni'n poeni'n arw am un olygfa hir oedd yn dangos ein cariad yn datblygu, felly mi ofynnon ni a fyddai'r awdur yn fodlon dod i ymarfer efo ni'n dau yn ddirgel un pnawn Sadwrn. Felly y bu, ac mi gafwyd siâp a theimlad i'r olygfa. Yr wythnos ganlynol roeddan ni'n ffilmio'r olygfa sensitif, deimladwy honno yng ngerddi Gwesty Bodysgallen ger Llandudno. Roedd petha'n mynd yn wych ond yng nghanol un o ddarnau tawel, tyner yr olygfa, gollyngodd un o'r trydanwyr y rhech fwyaf a glywais i erioed. Er i ni drio cario 'mlaen i actio, methu wnaethon ni.

Roedd yn rhaid i mi farchogaeth dipyn go lew yn y ffilm felly mi es i am wersi, ac ro'n i'n weddol ffyddiog yn fy ngallu cyn dechrau ar y gwaith. Ar fore cynta'r ffilmio ro'n i i fod i farchogaeth ar hyd cae, gweld cymeriad John Ogwen yn potsio a charlamu ar ei ôl. Ym mhlas Tre-ysgawen roeddan ni, a hon oedd yr olygfa gyntaf un i gael ei ffilmio. Cyrhaeddais y set y bore cyntaf hwnnw'n eiddgar a gwelais y ceffylau ar yr iard. Gwyddwn mai un du oedd gen i felly es at yr unig un du oedd yno a dechrau ymgynefino ag o. Roedd lorri cario ceffylau enfawr gerllaw, a chlywn geffyl yn gweryru ac yn cicio'r ochrau'n ffyrnig oddi mewn. 'Get John mounted!' gorchmynnodd yr is-gyfarwyddwr. Cerddais at y ceffyl du tawel, ond agorwyd drysau'r lorri a daeth anghenfil o stalwyn Sbaenaidd du allan ohoni, a golwg wyllt arno. Daeth Til, a oedd hefyd yn gweithio ar y cynhyrchiad, ataf. 'Na, dim hwnna – hwn 'di dy geffyl di yli, Fury ydi'i enw fo,' meddai, a suddodd fy nghalon i'r dyfnderoedd. Triais fy ngorau i fynd ar gefn y bwystfil, oedd yn hardd ryfeddol; llwyddais i fy nghodi fy hun i'r cyfrwy ond roedd yn rhaid i ddau ddyn profiadol ei ddal yn llonydd rhag iddo godi ei goesau blaen i'r entrychion. Wysg ein hochrau aethom i'r cae ble roedd y ffilmio i fod. Ar y gair 'action' gollyngwyd y ceffyl a charlamodd yn wyllt a finna ar ei gefn i ochor bella'r cae. 'Na, na,' meddai Pennant, 'i'r ochor arall dwi isio i ti fynd.' Ond yn anffodus doedd gen i ddim dewis yn y mater – y cyfan fedrwn i ei wneud oedd dal fy ngafael rhag cael fy nhaflu. Mi ffilmiwyd yr olygfa, rywsut, yn y diwedd, a phan ddes i lawr oddi ar gefn Fury ro'n i'n crynu fel deilen. Roedd Fury isio dangos i mi pwy oedd y mistar, ac roedd o hefyd yn deall y byd ffilmiau i'r dim – yn synhwyro pan oedd y *clapperboard* yn cael ei glepian, ac yn ymateb i'r gair 'action'. Roedd y stalwyn eisoes wedi ymddangos mewn degau o ffilmiau a chyfresi teledu erbyn dallt. Fo oedd Black Beauty a'r ceffyl yn hysbyseb banc Lloyds! Roedd yn anifail mor werthfawr nes bod yn rhaid cael ceffyl arall i ddyblu drosto, rhag ei orddefnyddio. O hynny ymlaen hwnnw ges i, diolch byth, yr un addfwyn, annwyl ro'n i wedi ei gyfarfod eisoes. Pan oedd yn rhaid gwneud campau neu garlamu'n gyflym roedd marchogwr stynt yn marchogaeth Fury yn fy lle. Lledaenodd llawer o straeon am fy mhrofiadau marchogaeth i wedi hynny, a llawer ohonyn nhw'n gelwydd! Mewn un adolygiad o'r ffilm yn *Y Cymro* tynnwyd sylw at fy niffyg sgiliau marchogaeth i gan gyfeirio at olygfa lle roedd fy nghymeriad i yn neidio dros ben clawdd ar gefn y ceffyl. Ro'n i'n anobeithiol meddai'r adolygydd – wel, nid fi oedd hwnnw ond y marchog arbenigol hynod brofiadol oedd yn digwydd bod yn berchen ar Fury!

Ychydig ar ôl gorffen ffilmio *Madam Wen* cefais ran am y tro cyntaf mewn hysbyseb yn Llundain. Hysbyseb am y seidr Strongbow oedd hi, un o'r rheini ble saethid tair saeth o'r awyr. Roedd yr hysbyseb yn cael ei ffilmio yn stiwdio ffilmiau fawr Shepperton, ac es i Lundain i aros efo fy ffrind, Robin Griffith, dros y cyfnod ffilmio. Ro'n i'n teimlo'n bwysig iawn pan ddaeth car mawr du efo *chauffeur* i fy nôl i ddrws tŷ Robin, ond pan welais pwy oedd yn y car yn barod ro'n i ar ben fy nigon. Agorwyd y drws a gwelais yr actor Percy Herbert – un y bu i mi ei wylio droeon mewn ffilmiau megis *The Bridge Over the River Kwai*, *The Guns of Navarone* a llawer mwy. Pan gyrhaeddais y stiwdio a gweld posteri o ffilmiau oedd wedi cael eu gwneud yno, llawer ohonyn nhw'n ffilmiau oedd wedi cael eu dangos ym mhictiwrs 'Reglws Bach, Niwbwrch, gwyddwn fod fy mreuddwyd yn fyw.

Yn nechrau haf 1982 es am gyfweliad i Lundain at y cyfarwyddwr adnabyddus (am amryw resymau) Michael Winner, a chefais ran fechan yn ei ffilm *The Wicked Lady*. Ailbobiad o glasur stiwdio Gainsborough, oedd â Margaret Lockwood a James Mason yn y prif rannau, oedd hon. Yn fersiwn Winner, Faye Dunaway ac Alan Bates oedd yn chwarae'r rhannau hynny, ac roedd John Gielgud a Denholm Elliot yn rhan o'r cast hefyd. Pan gyrhaeddais y set yn Swydd Derby ro'n i'n gegrwth wrth weld yr holl enwogion o 'nghwmpas. Rhan fach iawn oedd gen i fel un o giwed o ladron pen-ffordd oedd yn cael eu harwain gan gymeriad Alan Bates.

Roedd ymddygiad Michael Winner ar y set yn warthus – roedd o'n gweiddi a rhegi ar bawb heblaw, wrth gwrs, y prif actorion. Rhoddodd actor o'r enw Dermot Walsh, a oedd yn adnabod Winner yn dda, gyngor i mi beidio â'i gymryd o ddifri, mai perfformiad oedd y cyfan, ond roedd hi'n anodd iawn gwenu pan oedd o'n galw pobol ddiniwed yn 'you mental cripple'.

Gwelais un wyneb cyfarwydd yng nghanol y sêr. Ar fy more cyntaf ar y set, be welais i'n cilwenu arna i ond Fury, y stalwyn gwyllt, a'r actores Faye Dunaway yn eistedd yn esmwyth ar ei gefn! Mi es i draw i sgwrsio efo'i berchennog, a chefais wybod bod Faye Dunaway wedi bod yn lletya ger y stablau am chwe wythnos er mwyn cael ymgynefino yn raddol bach bob dydd efo Fury. Pan eglurais hanes fy nghyfarfyddiad â Fury ar set *Madam Wen*, meddai un ferch wrtha i: 'What they asked you to do was bloody ridiculous!'

Roedd tua phum cant o ecstras yn y golygfeydd ro'n i ynddyn nhw, pobol oedd wedi eu cyflogi o blith y di-waith yn Sheffield, oedd yn cael tâl o £5.00 y dydd a thocyn raffl am weithio o doriad gwawr tan yn hwyr gyda'r nos. Doedd dim bwyd, dim ond casgenaid o ddŵr oedd yn cynhesu drwy gydol y dydd. Mewn un olygfa gorchmynnodd Winner fi i wneud araith fyrfyfyr i gynhyrfu'r dorf a thynnu eu sylw oddi ar Alan Bates a oedd ar fin cael ei grogi, er mwyn i aelodau eraill o'i fintai fedru ei rhyddhau. Wrth i mi areithio aeth Winner o gwmpas y dorf a sibrwd yn eu clustiau: 'Go on, have a go at him ... have a go at the big fucker!' felly dyna ddigwyddodd. Ymosodwyd arna i'n galed, a phan o'n i ar y llawr trodd un o'r ecstras fy mys bach yn hegar nes ei dynnu allan o'i le. Ro'n i mewn poen gwirioneddol, ac ar ôl gorffen yr olygfa penderfynais fynd at y nyrs a oedd ar ddyletswydd ar y set. Ffoniodd honno'n syth i ysbyty lleol i drefnu i mi gael archwiliad pelydr X ar fy mys, a oedd bellach yn anferth. Pan o'n i'n cerdded tuag at y car gofynnodd Winner i mi ble ro'n i'n mynd. Dywedais y gwir wrtho, a dechreuodd ruo a gweiddi, gan ddweud nad oedd gan neb yr hawl i 'ngyrru i oddi ar y set, a'i fod o fy angen i'n syth bin. Ches i ddim pelydr X, a ddefnyddiodd Winner mohona i am weddill y dydd. Mae fy mys bach yn gam hyd heddiw. Ma' raid 'mod i'n ddiniwed, achos mi ddywedwyd wrtha i y buaswn wedi cael miloedd o bunnau fel iawndal taswn i wedi mynd â fo i lys. Ond roedd yn brofiad bythgofiadwy – cael cyfle i ymddangos mewn ffilm Hollywoodaidd ac, yn bennaf oll, cael gweithio ar gynhyrchiad a oedd yn cael ei ffilmio gan y gŵr camera byd-enwog Jack Cardiff.

Dychwelais o swydd Derby i Lundain, a dechreuais weithio fore trannoeth ar gyfres a oedd yn cael ei gwneud i S4C ar y cyd â Sianel 4; comedi sefyllfa wedi ei gosod mewn ystafell newyddion o'r enw *Newydd Bob Nos* (*Night Beat News* yn Saesneg). Ro'n i'n actio rhan y gohebydd allanol mewn tair pennod ar ddeg felly doeddwn i ddim yn ffilmio yn y stiwdio o gwbwl, a chafodd fy ngolygfeydd i eu saethu cyn i neb arall o'r cast gyrraedd. Stiwdio ffilmiau Twickenham oedd pencadlys y cynhyrchiad ac o fanno ro'n i'n teithio i wahanol leoliadau yn Llundain bob dydd am bythefnos. Braf oedd cael gweithio efo criw o bobl hynaws ar ôl fy mhrofiad efo Michael Winner. Ifan Roberts oedd yn gyfrifol am y gyfres Gymraeg, ac roedd y ddau ohonon ni'n byw yng ngorllewin Llundain dros gyfnod y ffilmio. Nid celwydd fyddai dweud ein bod wedi blasu bwyd y rhan fwya o dai bwyta Twickenham a Richmond yn yr amser byr hwnnw.

Ar ôl dychwelyd i Gaerdydd teimlais ryw gynnwrf a gobaith newydd ynghylch y diwydiant cyfryngol Cymraeg, rhywbeth na theimlais o'r blaen. Roedd hyn, wrth gwrs, ynghlwm â lansiad S4C, ac ro'n i'n sicr na fyddai pethau byth yr un fath wedi hynny. Roedd cwmnïau teledu'n cael eu ffurfio yn gynt nag y gallwn eu cyfri ar hyd a lled y wlad, ac ambell gwmni cynhyrchu o'r tu draw i'r ffin hefyd yn trio cael sleisen o'r gacen. Roedd y cwmnïau Seisnig rheini'n anghenrheidiol ar y pryd gan nad oedd y cwmnïau Cymreig newydd yn meddu ar y profiad angenrheidiol i allu cynhyrchu ffilmiau a dramâu ar y raddfa roedd y sianel yn ei ddisgwyl, ond dysgodd y cwmnïau newydd o Gymru yn fuan iawn, a bellach maen nhw'n ddigon abl a phrofiadol i gystadlu efo'r goreuon ledled y byd. Cynigiodd un cwmni o Lundain syniad am ffilm oedd ag Owain Glyndŵr yn brif gymeriad ynddi. Derbyniwyd y syniad gan S4C, unwaith eto ar y cyd â Sianel 4, a chynhyrchwyd y ffilm yn y Gymraeg a'r Saesneg efo J. O. Roberts yn chwarae'r brif ran yn y fersiwn Gymraeg. Mi ges i ran Rhodri, un o arweinwyr byddinoedd Glyndŵr. Y cyfarwyddwr oedd James Hill, un oedd â phrofiad helaeth ym myd y sinema, ac wedi cyfarwyddo ffilmiau hynod lwyddiannus fel *Born Free*. Wilbert Lloyd Roberts oedd yng ngofal y fersiwn Gymraeg. Yng nghyffiniau Llanrwst y ffilmiwyd y cyfan bron a threuliais ddau fis anhygoel yng nghwmni J. O. a'r mwyafrif o'r actorion Cymraeg oedd yn gweithio yn y diwydiant ar y pryd. Roedd y cynhyrchiad yn cael ei ffilmio yn union fel ffilm fawr ryngwladol, a dyma'r tro cynta i mi gael profiad o weithio ar ffilm o'r maint yma yn y Gymraeg.

Felly roedd dechrau wyth degau'r ganrif ddiwethaf yn gyfnod prysur a chynhyrfus iawn, ac ro'n i'n meddwl mai felly hefyd y byddai fy ngyrfa o hynny allan. Dychwelais i Gaerdydd, yn awyddus i wneud rhagor o ffilmiau a chynyrchiadau o'r maint y bûm yn gweithio arnynt yn ddiweddar, ond roedd y ffôn yn fud. Aeth y dyddiau'n wythnosau a'r wythnosau'n fisoedd, a doedd neb yn holi amdanaf nac yn cynnig gwaith i mi. Roedd hon yn wers greulon i'w dysgu: allwn i ddim cymryd dim yn ganiataol yn y math o yrfa ro'n i wedi ei dewis. Sylweddolais hefyd nad oedd neb yn mynd i gynnig bywoliaeth i mi ar blât, felly ar ôl rhai misoedd o segurdod, ac wedi i'r ffigyrau ar fy natganiadau o'r banc newid eu lliw, penderfynais y byddai'n rhaid i mi chwilio am waith. Mi es i at fy asiant yn Llundain a dechrau mynd ati o ddifri i farchnata dipyn arna i fy hun. Ar ôl bod yn gweld amryw o asiantaethau castio cefais fachiad. Cefais ran mewn ffilm gan gwmni Warner Bros / Cannon Film yn seiliedig ar y cymeriad Arthuraidd Gwalchmai ap Gwyar, o'r enw *Sword of the Valiant: The Legend of Sir Gawain and the Green Knight*. Fy rhan i oedd cynorthwywr un o'r dynion drwg, Faltinbras, oedd yn cael ei chwarae gan Ronald Lacey, felly ro'n i'n ymddangos ym mhob golygfa yr oedd o ynddi, bron iawn, oedd yn golygu tua wyth wythnos o waith ar gyflog ffilm sinematig. Roedd hyn yn ddigon i newid lliw fy nghyfri banc bregus yn ôl.

Stephen Weeks oedd y cyfarwyddwr, gŵr a oedd yn byw yng nghastell Pen-how ger Casnewydd. Dechreuodd yr ymarferion yn Llundain, a syllais yn gegrwth wrth weld y sêr yn cyrraedd fesul un – eto, rhai ro'n i wedi eu hedmygu ym mhictiwrs 'Reglws Bach ers talwm. Yn eu plith roedd Peter Cushing a Trevor Howard, ac fel y digwyddodd hi, hon, yn anffodus, oedd ffilm sinematig fawr olaf Trevor Howard. Fo oedd yn chwarae rhan y Brenin Arthur. Roedd llawer o'r cast yn dod o Ffrainc, ond pan gerddodd y marchog gwyrdd ei hun i mewn, bu bron i mi â llewygu. Fy arwr, Sean Connery, oedd o; a dwi'n cofio meddwl petawn i byth yn cael gweithio ar ôl y diwrnod hwnnw, mi fyswn i'n hapus. Roedd hwn yn brofiad oedd y tu hwnt i freuddwydion hogyn bach fu'n chwarae yng nghaeau Cefn Mawr Uchaf yn Niwbwrch.

Ffilmiwyd y cyfan mewn amryw o leoliadau, o Ffrainc i Gernyw, ond roedd y rhan helaethaf yn digwydd yng nghestyll Caerdydd a Chaerffili. Ro'n i'n eitha hapus fy myd gan feddwl y cawn aros adra yn ystod y ffilmio, ond dywedodd yr Americanwr oedd yn rheoli'r cynhyrchiad wrtha i fy mod i aros yng ngwesty'r Angel yng Nghaerdydd. Esboniais nad oedd angen gwesty arna i, ond atebodd yn awdurdodol mai o Lundain ro'n i wedi cael fy nghyflogi felly doedd gen i ddim dewis ond aros yn yr Angel. Ac felly y bu. Arhosais yn yr Angel am fis cyfan, gan gerdded adra bob nos i newid dillad a mynd yn ôl i'r Angel i fwyta a chysgu!

Rhaid i mi ddweud fod Sean Connery yn berson hynaws a di-lol oedd yn mynnu cael ei drin fel pawb arall. Gan ei fod yn un o sêr y ffilm roedd rhywun wedi ei gyflogi i weini arno amser prydau bwyd, ond gwrthododd hyn a mynd i aros ei dro mewn llinell am ei brydau fel pawb arall. Byddai'n dda i ambell actor Cymraeg ddilyn ei esiampl. Cyflog Sean Connery am wneud y ffilm oedd miliwn a hanner o bunnau, a chyfrannodd y cyfan i gynllun creu gwaith yn ninas Glasgow.

Treuliais lawer iawn o amser ar y set yng nghwmni

Peter Cushing, gŵr bonheddig arall. Bu i ni'n dau dreulio sawl bore'n yfed coffi yn y gwesty, yn disgwyl am alwad, a finna'n fud am unwaith yn gwrando ar ei lu o straeon am ei yrfa ddisglair. Collodd ei wraig ychydig ynghynt, a chredai ei bod yn bresennol efo fo ym mhobman – mewn gwirionedd, roedd yn disgwyl am gael ymuno â hi yn y nefoedd. Roedd yn smociwr trwm – Players heb ffilter – a phob tro y taniai sigarét gwisgai faneg wen am y llaw y daliai'r sigarét ynddi. Roedd rhaid i mi ofyn iddo pam y gwnâi hynny. Atebodd nad oedd o isio ôl melyn y nicotin ar ei fysedd, rhag ofn iddo gael rhan mewn cynhyrchiad cyfnod. Yr hyn a'i sbardunodd i wneud hynny oedd gweld llaw Richard Harris pan oedd yn actio Cromwell yn arwyddo gorchymyn lladd y Brenin Siarl, ac ôl nicotin yn felynfrown ar ei fysedd. Dywedodd un peth wrtha i sydd wedi aros yn fy nghof. Roedd y ddau ohonon ni wedi gadael y gwesty'n blygeiniol i fynd i ffilmio i Gaerffili, ac mi es i'n syth ar y set i weithio, gan adael Peter Cushing mewn ystafell oer mewn tafarn gerllaw, gydag un bar o dân trydan ymlaen i'w gynhesu. Pan ddychwelais ddiwedd y pnawn a gweld fod Peter yn dal yno, dywedais wrtho fod y ffaith iddo gael ei adael dan y fath amodau am oriau yn warthus. Ei ateb oedd: 'My dear John, I'm getting paid for it.' Mi geisiais gofio ei eiriau ar yr adegau hynny pan fu'n rhaid i mi ddisgwyl mewn tin clawdd gwlyb am oriau i ddechra ffilmio, ond methu wnes i'n aml.

Mi es yn ôl i Gaerdydd a doedd dim golwg o waith yn unman, ond cafodd fy asiant ran dda i mi yn un o ffilmiau cwmni Thames ar gyfer y teledu. Yn Llundain roedd y gwaith, a *King & Castle* oedd y cynhyrchiad. Ro'n i'n chwarae rhan Cocni oedd yn gweithio yn nociau Llundain, felly bu fy magwrfa yn Stevenage o fudd mawr i mi. Cefais fy lladd gan gymeriad roedd Nigel Planer yn ei chwarae ar ddiwedd y ffilm, oedd yn anffodus braidd i mi oherwydd datblygodd y ffilm yn gyfres deledu a barodd am rai blynyddoedd. Roedd o'n gyfnod hir o waith dros ddeufis, ac roedd yn rhaid i mi ffendio lle i aros gan fy mod bellach, oherwydd fy asiant, wedi fy lleoli yn Llundain. Trwy lwc roedd fy ffrind Marged Esli yn byw yn West Hampstead ar y pryd, ac wedi cael gwaith am gyfnod gweddol hir yng Nghaerdydd, felly mi ffeiriodd y ddau ohonon ni ein cartrefi – mi es i i fflat Marged yn Llundain a hitha i fy nhŷ i yng Nghaerdydd.

Roedd tafarn Wyddelig o'r enw Biddy Mulligans nid nepell o'r fflat ar y Kilburn High Road. Treuliais oriau lawer yno, a dod yn ffrindiau efo llawer o Wyddelod a aeth â fi i brofi arlwy nifer o dafarndai eraill yn Kilburn a Cricklewood. Yn ystod y cyfnod yma dechreuais ystyried faint ro'n i'n ei yfed. Dechreuais gael cryndod yn fy nwylo yn y bore, a chyflwynwyd fi i'r hyn roedd y Gwyddelod yn ei alw'n 'cure', sef alcohol yn y bore i dawelu'r nerfau. Roedd o'n gweithio, ac efo'r llwnc cyntaf ro'n i'n teimlo rhyw wres a thawelwch yn lledaenu drwy fy nghorff. Wnes i ddim sylweddoli ar y pryd mai dros dro yn unig fyddai hyn, ac wedi i mi ddechrau'r arferiad, y byddai'n anodd iawn rhoi'r gorau i'r 'cure'. Dyma mewn gwirionedd oedd dechrau'r diwedd i fy yfed i.

Cyn i mi orffen yn Thames ffoniodd fy asiant i ddweud 'mod i wedi cael cynnig pennod o gomedi sefyllfa gan y BBC oedd yn cael ei recordio yn eu canolfan yn White City yn Llundain. Rhybuddiodd nad oedd cyfres gynta'r comedi yma yn fawr o beth, a'i bod hi i fyny i mi benderfynu derbyn y gwaith ai peidio. Ychwanegodd fod comedïwr ifanc o'r enw Ben Elton wedi dod i gydysgrifennu'r gyfres efo Richard Curtis. Enw'r gyfres oedd *Blackadder*, a'r rhan oedd Arthur, llongwr oedd yn chwilio am ffafrau yn y dociau. Doedd dim ots gen i be oedd y gyfres, a derbyniais y gwaith heb feddwl ddwywaith gan fy mod i wir angen yr arian.

Daeth y sgript drwy'r post ac ro'n i'n glana chwerthin ar bron bob tudalen wrth ei darllen. Hyd heddiw does gen i ddim syniad pam y cynigiwyd y gwaith i mi heb na darlleniad na chyfweliad. Felly, y bore Llun ar ôl gorffen *King & Castle*, cerddais i mewn i ystafelloedd ymarfer y BBC yn North Acton a chyfarfod y criw – mi wnes i adnabod Rowan Atkinson o'i ymddangosiadau ar *Not the Nine O'Clock News*, ond roedd pawb arall yn ddieithr i mi, ar wahân i fy hen gyfaill Ronald Lacey. Cefais groeso aruthrol gan y cast i gyd, a gwnaethant i mi deimlo fel un ohonyn nhw'n syth, yn enwedig felly Stephen Fry. Cefais fy nghynnwys ym mhopeth roeddan nhw'n ei wneud ar ôl y gwaith, a threuliais oriau difyr iawn yn crwydro tai bwyta Shepherd's Bush yn eu cwmni. Roedd yr awduron a John Lloyd, y cynhyrchydd, yn bresennol drwy'r ymarferion, a bu llawer o newid wrth drin a thrafod y sgript fel yr âi'r ymarferion yn eu blaenau.

Tua deuddydd cyn y recordio daeth Mandie Fletcher, y gyfarwyddwraig, a John Lloyd ata i gan ddweud bod Gareth Gwenlan, sef pennaeth comedi'r BBC, yn anhapus iawn ag un o fy llinellau i, sef 'How much do you charge for a good hard shag?' a'i fod am ei thorri. Penderfynodd John Lloyd fod y llinell i aros ac y byddai o'n cymryd y cyfrifoldeb am y penderfyniad. Wrth gwrs, daeth y llinell yn un enwog iawn, gan gael ei dyfynnu mewn erthyglau a llyfrau am hanes comedi teledu Prydeinig.

Yn sgil *Blackadder* mi ges i gynnig rhan Biffo yn *Only Fools and Horses* gan Mandie Fletcher, oedd yn cyfarwyddo'r gyfres honno hefyd. Ffrind i Rodney a oedd yn chwarae'r trwmped oedd Biffo – rhan arall y bu i mi fwynhau ei chwarae yn fawr iawn, gan fy mod yn gweithio efo clamp o sgript dda a chyd-actorion gwych a chyfeillgar.

Roedd cael rhan yn y ddwy gyfres eiconig yma'n dipyn o anrhydedd, heb sôn am yr ochor ariannol! Hyd y dydd heddiw maent yn cael eu dangos yn rhywle yn y byd, a phob rhyw dri mis daw siec fach dderbyniol iawn drwy'r post! Dwi'n teimlo fel taswn i'n brolio fy hun rŵan, ond dyna ni – felly oedd hi, ac os na frolia i fy hun, wnaiff neb arall!

Ar ôl dychwelyd i Gaerdydd, a'r wythnosau'n pasio a dim arwydd o waith ar y gorwel, dechreuais feddwl mai o Lundain y cawn fy nghyflogi bellach, gan fod y cynigion o Gymru wedi hesbio'n llwyr. Cefais gynnig gwaith ymhen hir a hwyr – cynnig a wnaeth i mi benderfynu'n sicr mai gwerthu'r tŷ yng Nghaerdydd a symud i Lundain yn barhaol fyddai orau. Cefais fy ngalw i weld Terry Gilliam, un o griw *Monty Python's Flying Circus,* yn swyddfa Hand Made Films yn Llundain. George Harrison, un o'r Beatles, oedd un o berchnogion y cwmni, a darllenais ar gyfer rhan swyddog diogelwch a oedd hefyd yn arweinydd côr y wladwriaeth mewn ffilm o'r enw *Brazil* (1985). Cefais y rhan, a doedd gen i ddim syniad ar y pryd y byddai'r ffilm yn datblygu'n un o glasuron eiconaidd ei chyfnod.

Cyn dechrau ffilmio roedd yn rhaid i mi fynd ar y set ym mhwerdy Croydon i dorri fy ngwallt yng nghroen y baw. Aeth gyrrwr fy nghar â fi'n syth i garafannau'r adran goluro, ac es i mewn i gyflwyno fy hun. Yn eistedd yn un o'r seti coluro roedd Michael Palin, ac yn y llall roedd Robert De Niro! Wyddwn i ddim yn iawn be i'w ddweud, ond cyn i mi gael siawns i feddwl, estynnodd De Niro ei law ata i gan ddweud: 'Hi John. I'm Bobby,' a ches i ddim mwy na hynny o sgwrs efo'r cawr o actor! Ar ôl eistedd yno am rai munudau cefais ar ddeall fod y ferch oedd yn cynllunio'r gwallt ar ei ffordd, a chlywais chwerthiniad iach, uchel yn dod o bell – chwerthiniad y byswn i'n ei nabod yn rhywle.

Meinir Jones Lewis oedd yno, y ferch golur enwog o Lambed ro'n i'n ffrindiau agos efo hi ers dyddiau HTV. Edrychodd yn betrusgar arna i a dweud; 'O! John bach, ma' raid i mi dorri dy wallt di i gyd i ffwrdd!' Atebais inna: 'Meinir fach, am yr arian maen nhw'n dalu i mi gei di dorri 'mhen i i ffwrdd os ti isio!' Bu'r ddau ohonan ni'n chwerthin a sgwrsio tra oedd fy ngwallt yn disgyn ar lawr y garafán.

Cyrhaeddais y set ar fy niwrnod cynta o ffilmio, ac aeth y car â fi at ddrws carafán ac enw Robert De Niro arni. Fel ro'n i'n cyrraedd tynnwyd ei enw oddi ar y drws a rhoddwyd f'un i yn ei le. Doedd y drws ddim digon llydan i 'mhen fynd i mewn i'r garafán, bron iawn, wedi hynny! Daeth dyn bach ata i toc i ymddiheuro'n llaes na fyddai fy angen i tan ymhell ar ôl cinio. Dim ond chwech yn y bore oedd hi, felly tynnais fy nillad, swatiais dan gwilt De Niro a bwyta ei ffrwythau – dim ond er mwyn i mi fedru dweud 'mod i wedi gwneud hynny.

Roedd fy ngolygfeydd i efo'r actor o Dreffynnon, Jonathan Pryce, a bu i mi fwynhau ei gwmni a'r profiad o gydweithio gydag o yn fawr iawn. Roedd Terry Gilliam yn ŵr bonheddig hefyd, â gwen ar ei wyneb bob amser. Yr unig anhawster oedd 'mod i'n cael trafferth ei ddeall pan oedd yn rhoi cyfarwyddiadau – gan ei fod yn chwerthin cymaint ar y llinellau doedd dim posib deall diwedd ei frawddegau. Roedd cael gweithio ar ffilm o'r maint yma, ar y set ac yn y stiwdio yn Wembley, yn brofiad amhrisiadwy; ac mi ydw i wedi medru dweud, byth ers hynny, 'mod i wedi gwneud ffilm efo Robert De Niro.

Yn ôl yng Nghaerdydd, gan fy mod wedi penderfynu, mwy neu lai, y byddwn yn symud i Lundain, gofynnais i rywun ddod i brisio'r tŷ. Ond un bore, daeth sgript radio drwy'r post o'r BBC ym Mangor – sgript, er na wyddwn i ar y pryd, oedd yn mynd i newid fy mywyd. Y teitl ar dudalen flaen y sgript oedd *C'mon Midffîld.*

PENNOD XVII

C'mon Midffîld

Pan ddarllenais bennod gyntaf sgript radio *C'mon Midffîld* ro'n i'n adnabod y cymeriadau i gyd, ac roedd y sefyllfa'n fyw o 'mlaen. Gwahoddodd Mei Jones ac Alun Ffred fi i gyfarfod ym Mangor i drafod cymeriad Arthur Picton, ac wrth i'r ddau drafod y math o gymeriad oedd ganddyn nhw yn eu pennau wrth sgwennu'r bennod, sylweddolais mai'r un cymeriad yn union oedd gen i mewn golwg hefyd. Roedd y ddau awdur wedi deall eu maes a dilynwyr timau pêl-droed pentrefi Cymru'n berffaith – roedd gan y ddau brofiad helaeth o chwarae mewn amryw dimau ledled Cymru, yn enwedig felly Mei a oedd wedi chwarae ar bob lefel o'r gêm o'r gwych i'r gwachul. Roedd y sefyllfa a'r cymeriadau yn neidio oddi ar dudalennau'r sgript, felly doedd dim rhaid i mi chwysu i chwilio am gymeriad Picton. Mi ddaeth o i mi'n rhwydd iawn – ac mae rhai, yn greulonach nag eraill, yn dweud nad oes fawr o wahaniaeth rhwng Arthur Picton a John Pierce Jones! Wn i ddim am hynny ...

Ro'n innau hefyd yn gallu tynnu ar fy mhrofiad

Wali a Picton

personol. Er na fûm yn chwaraewr pêl-droed erioed, nac ychwaith yn dilyn y gêm, roedd tîm pêl-droed Niwbwrch yn un enwog a llwyddiannus iawn yn ystod fy mhlentyndod yn y pum degau. Buasai campau rhai o swyddogion a dilynwyr selog y tîm bryd hynny'n gweddu'n berffaith i rai o sgriptiau *Midffîld*. Byddai pwyllgor tîm Niwbwrch yn cyfarfod ar nos Fawrth i ddewis chwaraewyr ar gyfer y Sadwrn canlynol, a byddai'r rheolwr unbennaidd yn cynnig enwau'r rhai ddyliai, yn ei dyb o, gael chwarae. Byddai dadlau a thaeru tanbaid am oriau lawer, a byddai'r pwyllgor yn dod i ryw benderfyniad yn y diwedd, yn bennaf gan fod y nos bron â throi'n fore. Drannoeth byddai enwau'r tîm yn cael eu harddangos yn ffenest y swyddfa bost – yr enwau hynny roedd y rheolwr wedi eu cynnig ar ddechrau'r pwyllgor y noson cynt. Dyna'n union fyddai fy *alter ego*, Arthur Picton, wedi ei wneud hefyd. Adroddodd un cyn-ddyfarnwr ei brofiadau o yn dyfarnu yn Niwbwrch wrtha i'n ddiweddar. Roedd llawer o'r dyfarnwyr yn y cyfnod hwnnw'n cyrraedd y pentre ar fŷs Crosville, fel y gwnâi'r gŵr yma, a byddai rhywun yn eu croesawu oddi ar y bŷs a'u tywys i newid yn yr Institiwt. Wedyn byddai'r dyfarnwr yn cael ei gludo mewn car i'r cae a oedd gryn bellter i ffwrdd ar gyrion y pentref. Petai Niwbwrch yn ennill câi ei dalu'n barchus cyn gadael y cae a'i gludo'n ôl yn gyfforddus i'r Stiwt. Dyn a'i helpo, meddai'r dyfarnwr, ar yr adegau prin y byddai Niwbwrch yn colli – byddai'r arian yn cael ei daflu ar y gwellt o'i flaen, er mwyn iddo orfod plygu i'w godi, a byddai'n rhaid iddo gerdded yn ôl, weithiau yng nghanol y glaw, i'r ystafell newid. Y byd hwnnw'n union oedd cefndir sgript *C'mon Midffîld*.

Elwyn Jones oedd yn cynhyrchu, a'r cast oedd Mei Jones yn actio Wali, Sian Wheldon (Sandra), Llion Williams (George) a Phyllip Hughes yn rhan Tecs am y ddwy gyfres gynta (Dewi Rhys oedd yn chwarae'r rhan yn y gyfres olaf). Un arall o aelodau'r cast oedd Catrin Dafydd, oedd yn actio Lydia Thomas, mam Wali, felly cefais weithio efo Catrin am y tro cyntaf ers i ni gyfarfod yn ystod fy ymddangosiad teledu cyntaf un yng nghanol y chwe degau. Ychydig a wyddwn, wrth ddechrau recordio ym Mangor, fy mod yn mynd i weld llawer iawn ar y rhain yn ystod y deng mlynedd nesaf.

Roedd ffasiwn ym myd dramâu radio ar y pryd o recordio ar leoliad, felly pan oedd golygfa wedi'i gosod ar ochor y lein ar gae pêl-droed, byddai'n rhaid mynd i lawr i gae pêl-droed Dinas Bangor yn Ffordd Farrar, waeth sut dywydd oedd hi. O ganlyniad, os oedd hi'n stido bwrw, mi fydden ni'n wlyb at ein crwyn wrth recordio drama radio! Diolch i'r nefoedd na wnaeth y tueddiad yma bara'n hir iawn, a bellach rydan ni'n ôl yn niddosrwydd y stiwdio sych a chynnes!

Cydiodd y gyfres yn nychymyg y gwrandawyr ar ôl y darllediad cyntaf, bron, a thyfodd ei phoblogrwydd efo pob cyfres (cynhyrchwyd tair cyfres i gyd ar Radio Cymru).

Braf iawn oedd cael ymateb mor gadarnhaol, yn enwedig gan fod pobl yn siarad amdani heb wybod 'mod i'n rhan ohoni – peth braf iawn ydi natur anhysbys radio ar adegau.

Ar ddechrau cyfnod recordio'r gyfres gyntaf ro'n i'n dal i fod mewn dau feddwl ynglŷn â symud o Gaerdydd i Lundain. Er bod y gyfres radio'n dderbyniol iawn, doedd y cyflog ddim yn ddigon i 'nghynnal i. Dwi'n credu mai yn sgil llwyddiant *C'mon Midffîld* ar y radio y dechreuais gael mwy o gynigion o waith yng Nghymru ac yn y Gymraeg, felly yma rydw i o hyd. Doedd fy asiant ar y pryd ddim yn rhyw fodlon iawn 'mod i wedi penderfynu aros – iddi hi, roedd y diwydiant yn dechrau ac yn gorffen yn Llundain a doedd hi ddim yn rhoi fawr o werth ar unrhyw waith a gawn i yng Nghymru. Cefais dipyn o waith ar y gyfres wych *Almanac* i Ffilmiau'r Nant, a chyfle i weithio eto efo Wil Aaron, a chael fy nghyfarwyddo gan Alun Ffred a Robin Evans am y tro cyntaf. Roedd Alun Ffred yn cwyno 'mod i'n rhoi amser caled iawn iddo fo oherwydd fy mod yn hen gyfaill iddo, ond choelia i mo hynny!

Yn y cyfnod hwnnw, yng nghanol yr wyth degau, mi fyddai actorion oedd angen wig neu wallt gosod ar gyfer rhaglen gyfnod yn cael eu gyrru i Lundain i gael wig wedi ei gwneud yn arbennig. Mynd a dod yr un diwrnod o Gaerdydd fyddwn i fel arfer, ond ar un achlysur anfonwyd Huw Ceredig a finna i Lundain y noson cynt oherwydd streic gweithwyr y trenau. Cychwynnodd Ceredig a finna ar y trên yn y bore, efo'r bwriad o fynd i weld sioe neu ffilm go ddifyr y noson honno. Yn anffodus, mi ddechreuon ni yfed gwin ar y trên, ac erbyn i ni gyrraedd Paddington roedd y ddau ohonan ni wedi cael cryn lwyth i'w yfed. Roedd hyn yn batrwm gen i yr adeg hynny – unwaith y cawn i flas alcohol dyna hi wedyn; mi fyddwn yn yfed nes 'mod i'n chwil ulw. Mi es i a Huw i dafarn yn Dean Street, Soho, o'r enw The York Minster, neu y 'French Pub' fel y byddai pawb yn ei galw. Dyma dafarn oedd yn boblogaidd efo actorion a gweithwyr yn y diwydiant ffilmiau – roedd pencadlys amryw o'r cwmnïau ffilm mawr yn Wardour Street gerllaw ar y pryd. Arferai'r tafarndai gau am dri yn y pnawn ond erbyn hynny ro'n i wedi mynd yn rhy bell i droi'n ôl. Mae'n rhaid i mi ddweud bod Huw Ceredig yn dal i rwgnach a chwyno ei fod isio mynd i'r theatr, ond ar ôl ychydig iawn o berswâd mi ddaeth o efo fi i glwb yfed tanddaearol ro'n i'n arfer bod yn aelod ohono yn Little Newport Street, oddi ar Charing Cross Road. Enw'r clwb oedd Kismet, clwb enwog yn ei ddydd a fynychid yn bennaf gan aelodau o'r heddlu cudd ac actorion oedd angen lloches i yfed rhwng tri a chwech yn y pnawn. Byddai'r lle fel arfer yn frith o wynebau cyfarwydd, y rhan fwyaf ohonyn nhw'n wynebau nad oeddent wedi cael eu gweld ers rhai blynyddoedd, wedi mynd i chwilio am gysur yn y botel fodca. Roedd y rhain yn rhyw fath o arwyr gen i ar y pryd, a gwnes fy ngorau i'w hefelychu – oedd yn beth trist iawn i'w wneud, petawn i ond wedi sylweddoli hynny.

Gwyddeles o'r enw Jean oedd y tu ôl i'r bar – person trist arall fyddai'n disgwyl galwad bwysig gan ei hasiant bob tro yr awn yno, ond dderbyniodd hi erioed mo'r alwad. Cafodd ei magu am gyfnod mewn cartref plant Catholig yn Llandudno, ac yn fy nghwmni i byddai'n britho ei sgwrs efo ambell i 'gariad' a 'diolch yn fawr'. Pan gyrhaeddon ni'r seler dywyll, fudur, gwelais nad oedd ond cysgodion dau yn unig yn eistedd ar stolion ym mhen pellaf y bar; merch a dyn a chanddo wallt hir, gwyn, oedd yn gwisgo clogyn o frethyn gwyrdd a gyrhaeddai at ei draed. Cyfarchodd Jean y Wyddeles fi gyda'i 'Hello, dear heart' arferol a rhoddodd lyfr i mi er mwyn arwyddo'r cyfaill Ceredig i mewn i'r clwb. Edrychais ar yr enw olaf yn y llyfr, a phwyntiais at enw'r ferch adnabyddus i Huw gael ei weld. Archebais ddiodydd poethion ac meddai Jean: 'Diolch yn fawr, cariad bach.'

Trodd gŵr y clogyn aton ni, gan ofyn yn Gymraeg, 'Cymry dach chi?' Cyflwynodd ei hun fel Keidrych Rhys, ac roedd Huw a finna'n gwybod yn syth pwy oedd o gan ei fod yn adnabyddus fel bardd a golygydd y cylchgrawn llenyddol *Wales*. Cyflwynodd ei gydymaith i ni – neb llai na Christine Keeler, y ferch a fu'n gyfrifol am ddymchwel llywodraeth Harold Macmillan. Ro'n i'n cofio darllen yn frwdfrydig am ei champau rhywiol yn y papurau Sul flynyddoedd ynghynt.

Yn yr wyth degau hefyd cefais y cyfle i weithio ar gyfres a oedd wrth fy modd, cyfres ddychan i HTV o'r enw *Y Cleciwr*. Ro'n i wedi cael blas ar ysgrifennu a pherfformio dychan yn rifiwiau'r coleg ym Mangor, ac wedi dangos rhywfaint o ddawn dynwared yno. Cefais ran mewn tair pennod i ddechrau gan Huw Eirug, y cyfarwyddwr, ond ar ôl i mi ddangos 'mod i'n gallu ysgrifennu a pherfformio dychan yn weddol cefais aros i gwbwlhau'r gyfres o dair pennod ar ddeg. Roedd tîm aruthrol o dda yn gweithio ar *Y Cleciwr* tu ôl ac o flaen y camera – roedd y cast i gyd yn cyfrannu at y sgriptiau ac roeddan nhw'n griw profiadol yn y maes: Dyfan Roberts, Emyr Wyn, Dyfed Thomas, Siwan Jones, Valmai Jones a Sian Naiomi. Yn ogystal â chyfranwyr allanol roedd Angharad Jones wedi ei chyflogi i gefnogi'r tîm ysgrifennu. Roedd hwn yn gyfnod hapus iawn, ac mi gawson ni lawer o sbort. Mi ges i gyfle i bortreadu llawer o enwogion, o

Fi wedi fy ngwisgo fel merch ar gyfer rhaglen Y Cleciwr

Gareth Edwards ac Aled Jones i Ruth Parry – ro'n i'n dynwared Ruth ar fy ngliniau mewn ffrog Laura Ashley! Yn ogystal â Huw Eirug roedd Gwerfyl Jones a Huw Chiswell hefyd yn gweithio ar y tîm cynhyrchu.

Roedd gweithio ar y gyfres yn waith caled gan ein bod ni'n dechrau pob wythnos efo tudalen wag, ac roedd yn rhaid cael rhaglen hanner awr i'w darlledu erbyn diwedd yr wythnos. Fyddai dim problem pan oedd digon yn digwydd yn y newyddion, ond gwae ni pe byddai'r wythnos yn un wan, a'r gwleidyddion a'r enwogion i gyd wedi bihafio'u hunain. Os oedd y gwaith yn galed, roedd y cyfeillachu ar ôl y gwaith yr un mor galed, a finna'n chwarae rhan amlwg ym mhob cyfeddach a sbloets. Mi wnes i ffrindiau agos ar y gyfres sydd wedi parhau i fod yn ffrindiau hyd heddiw, yn enwedig Huw Chiswell, sy'n dal i fod yn gyfaill agos i mi.

Roedd HTV wedi symud yn barhaol i ganolfan deledu newydd sbon yng Nghroes Cwrlwys, Caerdydd, ers 1984 gan fod yr hen stiwdio ym Mhontcanna, oedd yn llawn atgofion da i mi, wedi mynd yn rhy hen ffasiwn. Doedd hi ddim yn addas ar gyfer gofynion yr oes dechnolegol a oedd yn datblygu yn yr wyth degau. Rai misoedd ar ôl i ni orffen cyfres *Y Cleciwr*, yn nechrau haf 1987, galwyd etholiad cyffredinol a gofynnwyd i'r tîm wneud rhaglen arbennig i fynd allan ar ôl i'r blychau pleidleisio gau noson yr etholiad. Doedd dim lle yng Nghroes Cwrlwys felly ailagorwyd Pontcanna yn arbennig er mwyn i ni gael recordio'r rhaglen, a chefais gyfle i ffarwelio'n iawn â'r adeilad ro'n i wedi bwrw fy mhrentisiaeth ynddo.

Roedd criw bach o dechnegwyr yn dal i weithio yno, ac roedd un o'r rheini wedi datgan i'w gyd-weithwyr ei fod wedi penderfynu dod i'r gwaith wedi ei wisgo fel dynes. Bu llawer o drafod ynglŷn â pha dŷ bach ac ati roedd o i fod i'w ddefnyddio. Roedd adeiladwyr yn yr adeilad bryd hynny hefyd – yn dechrau tynnu'r lle i lawr am wn i. Yn un o'r sgetshys ro'n i i fod i wisgo fel gwraig i Dyfed Thomas. Dychanu darllediad gwleidyddol roedd Neil Kinnock a'i wraig, Glenys, wedi ei wneud oedd byrdwn y sgetsh, a bûm yn yr ystafell golur am amser maith yn cael fy ngweddnewid i benfelen mewn sgert gwta a sodlau uchel. Wrth i mi gerdded ar hyd y coridor o'r ystafell golur tuag at y dderbynfa, lle roedd yr adeiladwyr, clywais un yn dweud yn uchel a chynhyrfus: 'Look boys, here he is, here's that bloke that decided to dress like a woman!' ond atebodd un arall ohonyn nhw'n syth: ' No, man, that's not him, there must be another one. That bugger's too big!' Os bydd gen i'r fath beth â charreg fedd yn Saesneg ryw dro, hoffwn gael 'That bugger's too big' wedi ei sgwennu arni!

Tra o'n i'n gweithio ar *Y Cleciwr*, ro'n i'n ymddangos yn wythnosol ar y teledu am rai misoedd. Sylweddolais yn syth 'mod i wedi magu pwysau yn hegar, a bod yn rhaid i mi wneud rhywbeth ynglŷn â'r peth. Mi es i ar ddeiet llym iawn ac ymhen rhyw hanner blwyddyn ro'n i wedi colli pedair stôn. Aeth y si ar led fy mod i un ai'n anorecsig neu'n fwlimig, a dechreuodd rhai o'm ffrindiau boeni am y peth. Roedd Mici Plwm a finna am wireddu breuddwyd oes o fwyta cyrri yn yr India, ac ar ôl cyfarfod ryw brynhawn, roeddan ni wedi trefnu'r cwbwl ac wedi talu am y ticedi, i gyd mewn cyfnod o lai na chwarter awr. Cyn i mi fynd gofynnodd Plwm yn blwmp ac yn blaen i mi a oedd gen i broblem cadw bwyd i lawr. Argyhoeddais Mici nad oedd hynny'n wir, felly i ffwrdd â ni. Cawsom amser gwych yn India a theithiodd y ddau ohonon ni o Deli i Jaipur i Agra, cyn hedfan i droed yr Himalayas yn Kashmir, a chael wythnos fendigedig yn fanno yn aros mewn cwch ar lan llyn yn Srinagar.

Cyn i mi fynd i India roedd Alun Ffred yn Ffilmiau'r Nant wedi cynnig gwaith i mi ar *Deryn*, y gyfres wych honno a ysgrifennwyd gan Meic Povey a Mei Jones. Roedd y gyfres eisoes wedi ennill ei phlwy ac roedd dilyniant anhygoel iddi. Dyma un o'r rhannau hynny dwi'n teimlo'n falch 'mod i wedi cael y fraint o'i hactio. Gonw oedd enw'r cymeriad, creadur digon diniwed nad oedd wedi bod ym mhen pella'r popty, a rhan y bu'n rhaid i mi weithio'n galed i'w dehongli'n gredadwy. Hawdd fyddai gor-wneud y rhan a'i droi'n rhyw gymeriad comedïol, ond efo cymorth yr awduron ac Alun Ffred mi greais bortread digon derbyniol o'r cymeriad.

Gan fod y gwaith yng Nghymru wedi cynyddu unwaith eto, roedd fy nhynged wedi ei selio. Ro'n i am aros yng Nghaerdydd. Yn 1987 daeth *C'mon Midffîld* ar y radio i ben ar ôl tair cyfres. Bu Mei Jones ac Alun Ffred yn pendroni cryn dipyn a fyddai'r syniad yn siwtio cyfrwng y teledu, ond roedd S4C, yn dilyn llwyddiant y cyfresi radio, yn awyddus i ffilmio cyfres. Rhaid i minna gyfaddef 'mod i wedi amau a fyddai'n gweithio ar y teledu, yn bennaf oherwydd y llwyddiant ar Radio Cymru. Roedd gan bawb erbyn hynny ei ddarlun ei hun o'r cymeriadau, ac o'u gweld mewn cig a gwaed byddai'n bosib iddyn nhw gael siom aruthrol. Penderfynwyd cynhyrchu cyfres deledu efo'r un criw o actorion â'r rhai oedd yn y gyfres radio, ar wahân i Tecs. Bryn Fôn gafodd y rhan honno, a'i chwarae'n fendigedig ar y teledu. Cyflwynwyd cymeriad newydd yn y fersiwn deledu, sef Jean, gwraig flin Tecs, oedd yn cael ei chwarae'n wych gan Bethan Gwilym.

Ym mis Ebrill 1987 roedd y sgriptiau'n barod a daeth pawb at ei gilydd i ddechrau ymarfer. Y drefn oedd, ac fel hyn y bu pethau drwy'r holl gyfresi, ymarfer dwy bennod am wythnos a ffilmio'r ddwy bennod dros y bythefnos ganlynol, ac yn ôl wedyn i ymarfer dwy bennod arall. Cyn dechrau'r ymarfer cyntaf bu cryn drafod rhwng Mei a Ffred a finna sut roedd Arthur Picton i fod i edrych, a daethpwyd i'r penderfyniad ei fod yn dipyn hŷn na f'oedran i ar y pryd. Bu trafod wedyn y dylid cael wig yn llawn gwallt gwyn ar fy nghyfer. Mae'n gas gen i wisgo wig am amryw o resymau – yn bennaf gan fod yn rhaid codi'n annaturiol o fore er mwyn ei gosod yn ei lle – ond yn waeth na hynny, byddai'r person coluro yn tynnu neu wthio coes crib i fyny fy ngwar cyn ac ar ôl pob golygfa er mwyn cadw'r wig i orwedd yn naturiol. Felly gwirfoddolais i liwio 'ngwallt yn wyn. Wna i byth anghofio'r pnawn Mercher hwnnw yn ystod yr wythnos gynta o ymarfer, pan ges i fy ngalw i'r ystafell golur yn adeilad Ffilmiau'r Nant yng Nghaernarfon er mwyn i Helen Tucker, y ferch goluro, gael lliwio 'ngwallt. 'Bleachio' ydi'r term a ddefnyddiwyd, a rhoddwyd stwff erchyll dros fy ngwallt i gyd. Gorchuddiwyd fy mhen wedyn efo ffoil arian, nes ro'n i y peth tebyca welsoch chi erioed i dwrci yn barod am y popty fore Dolig. Bu'n rhaid i mi aros felly am bron i awr, a'r hylif oedd ar fy ngwallt yn dechrau gwneud i groen fy mhen bigo a chosi. Daeth yr awr i ddadorchuddio 'mhenglog, ac mi ges i'r fath siom – dim ond ychydig o wallt o gwmpas fy nhalcen oedd wedi rhyw ddechrau gwynnu, yr hyn roedd y ferch goluro yn ei alw'n 'virgin hair'. Roedd gweddill fy ngwallt wedi rhyw ddechrau cringochi. Rhaid oedd mynd drwy'r broses drachefn, a'r un oedd y canlyniad, ond bod y gwyn ar y gwreiddiau'n wynnach a'r gweddill yn dechrau cochi. Gwnaed yr un peth eto, ac erbyn hyn roedd croen fy mhen yn llosgi ac yn boenus. Pan dynnwyd y ffoil am y trydydd tro gwelwyd bod fy mhen wedi dechrau gwaedu oherwydd cryfder yr hylif, ac er bod y gwyn ymylol yn wynnach, roedd gweddill fy ngwallt yn goch golau – lliw tebyg iawn i foronen. Doedd wiw iddyn nhw fynd drwy'r broses liwio eto oherwydd cyflwr croen fy mhen, ac er 'mod i'n edrych yn rhyfedd doedd dim y gallai neb ei wneud. Roedd yn rhy hwyr i wneud wig gan ein bod yn dechrau ffilmio y dydd

Llun canlynol. Gwelais botiad o Frylcrim ar y bwrdd colur o 'mlaen, a rhoddais dalp go helaeth ar gledr fy llaw a'i rwbio i mewn i 'ngwallt. Brwsiais y gwallt yn ôl yn llyfn ar fy mhen, a diawch, roedd yn edrych yn well! Roedd y cyfuniad o wallt brith yn y blaen a'r cochni wedi tywyllu y tu ôl iddo yn gweddu i gymeriad ymfflamychol Picton, ac felly daeth gwallt Arthur i fodolaeth.

Ar y pryd ro'n i'n mynd i nofio ym mhwll gwesty'r Seiont Manor bob nos ar ôl gorffen gweithio, ond sylwais fod dŵr y pwll yn dechrau cael effaith ryfedd ar liw fy ngwallt; yn troi'r gwyn oedd ynddo yn rhyw wyrdd golau. Ar ôl un nos Wener, wedi i ni i gyd fel criw fod allan yn cymdeithasu, gofynnodd rhywun i Bryn Fôn ar stryd yng Nghaernarfon: 'Pwy o'dd y cwîn fawr 'na oedd efo chdi neithiwr?' Felly y bûm drwy wanwyn a haf 1987, ond ar ôl y gyfres gyntaf penderfynwyd fy mod i gael wig oedd yn union fel y gwallt coch a gwyn rhyfedd! O edrych yn ôl mi fyddai wedi bod yn haws i bawb taswn i wedi cytuno i wisgo un o'r dechrau. Bu'n rhaid i mi godi cyn cŵn Caer am weddill y cyfresi, a diodda cael fy hambygio gan lu o enethod colur.

Ar ôl i'r gyfres gyntaf gael ei darlledu mi fyddai aelodau'r cast yn cael gwahoddiad yn aml i fynychu gwahanol ddigwyddiadau ledled y wlad, yn enwedig gemau pêl-droed. Ar un achlysur aeth tîm Bryncoch i chwarae ym Mhen-y-groes – roedd hyn yn ystod ffilmio un o'r cyfresi pan o'n i'n gwisgo wig, felly es i'r gêm fel fi fy hun gan nad oedd neb ar gael i osod y wig. Y diwrnod canlynol roeddan ni'n ffilmio'r olygfa enwog honno ar gae pêl-droed Caernarfon pan ymddangosodd Mark Hughes ar gais Wali. Roedd llawer o blant yn bresennol fel rhan o'r dorf ac aeth un at Mei, oedd yng ngwisg Wali, a dweud yn syn wrtho: 'Wali, o'dd Mr Picton yn gwisgo wig ddu ym Mhen-y-groes neithiwr.'

O'r darllediad cyntaf, bron, cafodd y gyfres lwyddiant ysgubol. Bu'r ymateb yn wych gan bawb ym mhob man, ac mi gynyddodd y dilyniant gyda phob cyfres. Daeth *Midffîld* ag amlygrwydd mawr i mi – waeth ble yr awn i yn y Gymru Gymraeg, roedd pobol yn fy stopio ar y stryd isio 'nghyfarch i ac ysgwyd fy llaw, a holi sut oedd y cymeriadau eraill, yn enwedig Wali. Ro'n i wrth fy modd efo'r holl ymateb ond weithiau roedd hi'n braf cael dianc i anhysbysrwydd Caerdydd, lle ro'n i'n medru mynd i'r siop tships heb i rywun weiddi, 'Ew, ma' Mr Picton yn lecio tships, ylwch!' a phawb yn y siop yn rowlio chwerthin. Ro'n i hefyd wedi colli fy enw iawn gan fod pawb ym mhobman yn fy ngalw'n 'Mr Picton'. Yn anffodus, mae hyn yn dal yn wir hyd heddiw.

Dros y blynyddoedd, mae nifer fawr iawn o bobol wedi dod ata i a gofyn, 'Dwi'n siŵr ych bod chi 'di cael amser da yn ffilmio'r *C'mon Midffîld* 'na; lot o sbort dwi'n siŵr?' Wel do, mewn ffordd, ydi'r ateb. Roedd y cyfnod yn un anhygoel o hapus a dedwydd i mi, yn gweithio ar sgriptiau rhagorol efo actorion gwych a oedd hefyd yn ffrindiau agos. Roedd y criw cynhyrchu hefyd ymysg y rhai gorau a mwyaf diwyd y cefais y fraint o weithio efo nhw. Ond roedd y gwaith yn galed iawn, iawn gan ein bod yn codi cyn pump bob bore a chyrraedd adra tua saith neu wyth y nos. Roedd pawb yn cymryd y gwaith o ddifri, a bu i hynny, dwi'n siŵr, ychwanegu at lwyddiant y gyfres. Bob nos ro'n i wedi blino gormod i jolihoitio, felly byddwn yn mynd i 'ngwely efo sgript gwaith y bore canlynol. Dros y cyfnod ffilmio i gyd ro'n i'n byw efo Anti Alice yn Llangaffo; roedd hi erbyn hynny wedi colli ei gŵr, Yncl Dic, a phrofiad amhrisiadwy oedd cael treulio gwanwyn a haf bob blwyddyn o 1987 i 1994 efo hi. Roedd o'n gyfle hefyd i mi gymdeithasu efo fy ffrindiau ym Môn, yn enwedig felly deulu Tre'r Dryw, Brynsiencyn, sef fy nghyfaill bore oes, Bill, a'i wraig,

Evelyn, a'r plant. Tre'r Dryw oedd fy ail gartref bryd hynny.

Cyn i *Midffîld* gael ei darlledu, cefais alwad gan Huw Eirug i ddod i gwrdd ag o a Huw Chiswell, Gwerfyl Jones a Ronw Protheroe yng nghanolfan HTV yng Nghroes Cwrlwys, Caerdydd. Yn y cyfarfod hefyd roedd William Owen Roberts, neu Wil Garn i'w ffrindiau. Roedd Wil ar y pryd yn olygydd sgriptiau i HTV. Roeddan nhw'n awyddus i Wil a finna gydweithio i greu comedi sefyllfa a oedd yn wahanol i'r fformiwla arferol. Wedi trafod, penderfynwyd gwneud rhyw fath o sbŵff ar opera sebon, gan gymryd elfennau opera sebon a'u chwyddo nes eu bod yn gartwnaidd. Darlledwyd opera sebon boblogaidd iawn ar y radio yn y pum degau o'r enw *Teulu'r Mans*, felly penderfynwyd defnyddio'r enw hwnnw a chreu'r digwydd o gwmpas teulu agos ac estynedig gweinidog yng nghefn gwlad Cymru, sef y Parch. J. S. Jones. Roeddan ni'n gyfyngedig o safbwynt lleoliadau, ac roedd yn rhaid i bopeth ddigwydd o fewn ffiniau'r Mans.

Bu Wil a finna'n pendroni am ddyddiau lawer, wedi ein cloi mewn ystafell fach, fach yng Nghroes Cwrlwys. Penderfynodd y ddau ohonon ni leoli'r Mans rywle yng nghanolbarth Cymru, ac y byddai'r gyfres yn digwydd yng nghanol y chwe degau. Roedd y chwe degau'n gyfnod pan oedd crefydd ymneilltuol yn dal yn bŵer o fewn y cymunedau Cymreig, ond ar yr un pryd roedd yr ieuenctid yn dechrau gwrthryfela a herio hen werthoedd. Yn anffodus, wnaeth y capeli ddim cydnabod chwyldro'r ieuenctid, gan fynnu glynu wrth hen arferion a ffordd o fyw oedd yn wrthun i'r to ifanc. Ro'n i'n cofio bod yn ifanc a gwrthryfelgar yn ystod yr un cyfnod, a gwelwn hefyd ragrith enbyd y rhai a oedd yn proffesu crefydd. Roedd ambell un o'r to ifanc yn ceisio newid y gyfundrefn o'r tu mewn, rhai fel Idris Charles, er enghraifft, ond heb fawr o lwyddiant. Castiwyd Emyr Wyn fel y prif gymeriad cyn

Llion Williams a finna'n ymlacio rhwng ffilmio golygfeydd

dechrau ar y gwaith sgwennu, ac ar ôl peth dewis a dethol daeth gweddill y cast at ei gilydd. Felly dyna i chi gefndir y gyfres ddadleuol *Teulu'r Mans*.

Roeddan ni'n dal i recordio'r gyfres pan aeth y bennod gyntaf allan, a wnaeth neb ddychmygu y byddai'n cael y fath dderbyniad. Y bore canlynol roedd llinellau ffôn *Stondin Sulwyn* ar Radio Cymru'n chwilboeth: roedd pobol wedi eu gwylltio a'u cynhyrfu i raddau na welais i erioed o'r blaen – nac ers hynny chwaith. Roedd y rhaglen wedi hitio rhyw nerf ymysg y to hŷn – cafodd llawer ohonynt eu siomi'n enbyd gan eu bod yn disgwyl fersiwn deledu o'u hen ffefryn radio o'r un enw. Dywedwyd pethau erchyll am Wil a finna; dywedodd un weddw i weinidog y dylen ni'n dau gael ein cloi mewn ysbyty meddwl, ac y dylid taflu'r goriadau i ffwrdd wedyn. Gwelodd rhai pobol bethau yn y bennod gyntaf honno nad oeddent yno – roedd mwy nag un wedi cwyno fod y Parch. J. S. Jones wedi dawnsio ar arch ei wraig ei hun. Wrth gwrs, y rhai a oedd yn uchaf eu cloch oedd yr union rai roeddan ni'n eu dychanu yn y gyfres. Bu cwyno yn y papurau a'r cylchgronau Cymraeg yn ogystal, ond gwelodd ambell weinidog a diwinydd ein bwriad, chwarae teg iddyn nhw, a'n hamddiffyn ni. Roedd i'r gyfres ddilynwyr brwd hefyd, yn enwedig ymysg yr ifanc, ac roedd rhai'n cyfarfod i drafod penodau fel yr oeddan nhw'n cael eu darlledu.

Bu i'r cyfundrefnau crefyddol ddatgan eu protest yn gyhoeddus a swyddogol drwy eu sesiynau, eu henaduriaethau a'u cynadleddau – heblaw'r Eglwys yng Nghymru, oedd yn dawel ac anrhydeddus drwy'r cyfnod, chwarae teg. Roedd yn rhaid i S4C ymateb i'r cwynion swyddogol yma, ac aeth pennaeth y sianel ar y pryd, Owen Edwards, i gwrdd â rhai o'r mudiadau mwyaf croch eu protest. Doedd Owen Edwards ei hun ddim yn rhy hoff o'r rhaglen, ond gan fod y gyfres yn boblogaidd iawn ymysg cyfran helaeth o'r gwylwyr aeth ati i amddiffyn ei darlledu. Ar y pryd, ro'n i'n mynd allan efo merch Owen Edwards, Elin, a thra oedd hyn i gyd yn digwydd cefais wahoddiad i'w gartref am swper! Mae'n rhaid i mi gyfaddef fy mod wedi peri loes fawr i Owen Edwards, rhwng gorfod amddiffyn *Glas y Dorlan* tra oedd o yn y BBC, ac wedyn *Teulu'r Mans* – ac i goroni'r cyfan gorfod fy ngweld yn ei gartref ei hun efo'i ferch. Mae gen i lawer o barch at y gŵr bonheddig deallus yma.

Tyfodd dilyniant y gyfres a chynhyrchwyd tair cyfres ac un ffilm. Tawelodd y protestiadau erbyn diwedd y gyfres gyntaf, diolch byth. Ymhen ychydig flynyddoedd darlledodd Sianel 4 gyfres o'r enw *Father Ted* – clasur o gomedi oedd yn portreadu tri offeiriad Pabyddol mewn plwy gwledig yn Iwerddon. Doedd nemor ddim cwyno o'r Iwerddon am y gyfres yma, oedd yn llawer mwy llym ei

Roedd yn rhaid sicrhau bod y colur a'r gwallt yn berffaith cyn dechrau ffilmio

sylwadau na *Teulu'r Mans* – efallai fod hyn yn awgrym fod Pabyddion Iwerddon yn llawer mwy hyderus yn eu cyfundrefnau crefyddol na'r Ymneilltuwyr Cymraeg.

Ar ôl y gyfres gyntaf o *Teulu'r Mans*, gadawodd Huw Eirug HTV i ymuno â Chwmni Elidir, felly Huw Chiswell fu'n gyfrifol am y ddwy gyfres olaf a'r ffilm. Roedd Huw yn eiddgar i wneud cyfres ddychanol newydd, rhywbeth tebyg i'r *Cleciwr* y bu'r ddau ohonon ni'n gweithio arni. Roedd gan S4C ddiddordeb mawr yn y syniad, ac erbyn hynny roedd Gwerfyl Jones wedi ymuno â'r tîm. Aethom ati i hel awduron ynghyd o bob cwr o Gymru, ac i chwilio am gast. Roeddan ni eisoes wedi castio Emyr Wyn, ac roedd Emyr Roberts (Himyrs) wedi amlygu ei hun fel dynwaredwr a rhoi'r gorau i'w swydd barhaol er mwyn dechrau gyrfa fel perfformiwr. Felly roedd y ddau ohonynt wedi eu cytundebu, Aled Samuel wedi ei benodi yn rhyw fath o gyflwynydd a chydlynydd rhwng y sgetshys, a buan y daeth Rhian Morgan, Nia Samuel ac Emlyn Gomer yn rhan o dîm *Pelydr X*.

Fy swydd i oedd hel y cynnwys at ei gilydd a chymryd rhan mewn ambell sgetsh, a daeth fy nghyfaill Gareth F. Williams atom i fod yng ngofal y sgriptiau. Ro'n i yn f'elfen yn gweithio ar y gyfres hon eto – yn dechrau'r wythnos efo tudalen wag a gorfod creu rhaglen i'w darlledu ymhen chwe diwrnod. Parhaodd *Pelydr X* am tua phum mlynedd a bu'n llwyddiannus iawn. Ro'n i'n mwynhau pob munud yng nghwmni'r tîm arbennig yma. Mae'n drueni, a dweud y gwir, nad oes yr un rhaglen ddychan yn cael ei darlledu ar hyn o bryd ... yn sicr, mae digon o ddeunydd.

PENNOD XVIII

I'r Tywyllwch

Bellach roedd hi'n ddechrau degawd arall a'r naw degau wedi cyrraedd. Ro'n i'n rhan o'r holl gyfresi y soniais amdanyn nhw ynghynt, ac ar yr un pryd yn actio yn *C'mon Midffîld* a oedd erbyn hynny wedi ennill poblogrwydd y tu hwnt i bob disgwyl. Dyma felly un o gyfnodau prysuraf fy ngyrfa, ac ro'n i'n ennill arian da yn rheolaidd. Ar yr wyneb, ro'n i'n ddyn llwyddiannus iawn a chyfforddus fy myd. Ond o dan yr wyneb ro'n i'n llawn ofnau ac ansicrwydd, ac yn teimlo o hyd fy mod yn twyllo pawb. Rhyw ddiwrnod, meddyliwn, mi fyddai pawb yn darganfod fy nhwyll ac yn sylweddoli nad oedd gen i, yn y bôn, y gallu i wneud dim. Ro'n i'n teimlo fel petawn i'n wahanol i bawb arall, fy mod ar wahân rywsut. Roedd y teimladau yma wedi bod yn rhan ohona i erioed, ond bellach roedd fel petaen nhw wedi dod i benllanw. Yr unig ffordd o gael gwared â'r ofnau yma ac i dawelu fy meddyliau oedd drwy ddefnyddio alcohol. Yn gyfrinachol, ro'n i'n yfed yn drwm iawn. Roedd alcohol bellach wedi troi o fod yn gyfaill ac yn sbort i fod yn ddibyniaeth ac ro'n i mewn stad eitha drwg. Er hynny, ro'n i wedi sylweddoli na allwn yfed a gweithio – unwaith y dechreuwn yfed roedd yn rhaid i mi ddal i yfed nes 'mod i'n anymwybodol, bron. Felly, cyn dechrau unrhyw waith ro'n i'n trio tynnu fy hun oddi ar yr alcohol a gwneud cymaint o ymarfer corff a nofio ag a allwn i, fel fy mod yn eitha ffit i ddechrau gweithio – yn enwedig felly ar gyfer dechrau cyfnodau ffilmio *C'mon Midffîld*. Byddwn yn troi'n llwyr ymwrthodwr yn ystod y gyfres, ac yn mwynhau'r cyfnodau yma, yn rhydd o afael alcohol. Wrth i'r cyfnod ffilmio ddod i ben byddai rhywbeth yn fy isymwybod wastad yn dweud wrtha i y byddai popeth yn iawn y tro yma, ac y gallwn ddechrau yfed yn rhesymol, ond ar ôl rhyw wythnos o yfed yn lled resymol yr un oedd y canlyniad – deffro yn y bore efo potelaid o fodca wrth ochr fy ngwely.

Byddai'r cyfnodau o yfed yn y tŷ yn uffern ar y ddaear. Ro'n i'n arfer cloi fy hun yn y tŷ – yn gwrthod ateb y ffôn ac yn yfed drwy'r dydd a'r nos – mewn cyflwr ofnadwy o fethu byw efo alcohol ac, ar y llaw arall, yn methu byw hebddo fo. Ro'n i'n sleifio allan yn hwyr yn y nos i brynu diod; neu weithiau mi fyddwn i'n sefyll wrth ddrws y siop ar gornel y stryd yn aros iddi agor er mwyn prynu fodca. Ambell dro byddai'r siopwr yn gorfod cymryd yr arian o fy llaw gan fy mod i'n crynu cymaint. Mae rhai'n dadlau nad ydi alcoholiaeth yn glefyd, ond dyma fy nghwestiwn iddyn nhw: ydach chi'n meddwl 'mod i isio bod yn y stad honno? Weithiau, pan o'n i yn y dyfnderoedd yma, byddwn yn cofio sut y bu i John Evans, y crydd yn Niwbwrch, flynyddoedd ynghynt, fy rhybuddio am beryglon alcohol. Yna, deuai'r dydd pan fyddai'n rhaid i mi sobri er mwyn medru gweithio, ac ar adegau roedd hyn yn gallu bod yn erchyll. All neb ddeall sut beth ydi sychu allan heb fod wedi profi'r fath beth. Dyma un o'r profiadau gwaethaf ges i erioed, yn gorfforol ac yn feddyliol. Byddwn yn sobri ac yn mwynhau bywyd a gwaith unwaith yn rhagor, a'r peth olaf fyddai ar fy meddwl oedd mynd yn ôl i yfed, ac i'r fath stad o anobaith. Ond, a dyma lle mae'r salwch yn amlygu ei hun, roedd rhyw dynfa anesboniadwy yn mynd â fi'n ôl at y botel.

Ro'n i newydd orffen cyfres hir o *Pelydr X* yn nechrau gwanwyn 1990, ac i fod i ddechrau ffilmio cyfres arall o *C'mon Midffîld* ymhen rhyw ddeufis. Roeddan ni'n mynd i ffilmio *Midffîld* dros ddau gyfnod y flwyddyn honno, y cyntaf yn nechrau'r haf a'r ail yn niwedd Medi, pan oeddan ni'n mynd i'r Eidal i ffilmio. Ar ôl gorffen *Pelydr X* mi es am beint i ddathlu – ac yn rhyfeddol iawn, bu fy yfed yn weddol normal am gyfnod eitha hir. Wrth gwrs, tydi 'normal' ddim yn golygu'r un peth i bawb. Ro'n i'n dathlu fy mhen-blwydd ar y degfed o Fai, felly es allan i ddathlu. Roedd hi wedi dod yn arferiad erbyn hynny i mi, Huw Chiswell ac Angharad Jones gyd-ddathlu ein pen-blwyddi, felly cawsom un penwythnos mawr o barti. Wrth gwrs, roedd pawb arall yn medru codi ar y bore Llun canlynol a byw eu bywydau fel arfer, ond fedrwn i ddim. Felly mi es yn ôl i'r düwch alcoholaidd unwaith yn rhagor. Roedd rhywbeth yng nghefn fy meddwl yn fy rhybuddio y byddai'n rhaid i mi sobri'n reit fuan er mwyn dechrau gweithio, a dechreuais ar y broses o sychu allan. Ro'n i wedi disgwyl profi'r boen uffernol arferol, ond y tro hwn roedd fy iechyd yn gwaethygu mewn ffordd nad o'n i wedi ei phrofi o'r blaen. Ro'n i'n cael poenau enbyd yn fy stumog, symptomau nad oeddan nhw'n gwella, ac ro'n i'n gwanio ac yn profi mwy o boen yn ddyddiol. Gwelodd Mici Plwm 'mod i'n bur wael, a chwarae teg iddo, paciodd fy mag a gyrru, yn fy nghar i, yr holl ffordd i dŷ Anti Alice ym Môn. Dychwelodd i Gaerdydd ar y trên.

Dychrynodd Anti Alice pan welodd hi fi, a gyrrodd yn syth am y meddyg. Daeth Dr Tom Jones o Lanfair-pwll i'r tŷ a rhoddodd foddion i mi, a dweud wrtha i am yfed galwyni o ddŵr. Mae'n amlwg fod y meddyg yn poeni cryn dipyn am fy nghyflwr oherwydd galwodd heibio i'r tŷ y bore trannoeth i edrych amdana i.

Trefnodd Dr Jones i mi fynd i weld Mr John Roberts, yr arbenigwr yn Ysbyty Gwynedd. O dipyn i beth bu i mi wella'n weddol, ac ro'n i'n ddigon da i fedru dechrau ffilmio *C'mon Midffîld*. Roedd pawb ar y set yn ofalus iawn ohona i a llwyddais yn weddol i orffen y cyfnod cyntaf o ffilmio, er y bu'n rhaid i ni oedi ambell waith i'r boen dawelu, a bu'n rhaid i mi fynd adre un waith. Cefais fynd i weld yr arbenigwr ryw wythnos cyn gorffen ffilmio yn niwedd Mehefin 1990, a threfnodd hwnnw i mi gael archwiliad pelydr X y diwrnod canlynol. Roedd yn rhaid mynd yn ôl at John Roberts i gael y canlyniadau, a dywedodd hwnnw wrtha i fod gen i dyfiant y tu mewn i mi, ond nad oedd yn saff lle yn union roedd o. Gyrrodd fi adra i nôl dillad nos rhag ofn y byddai'n rhaid i mi fynd yn syth i mewn ar ôl cael sgan yn ddiweddarach yn y dydd. Rhaid i mi gyfaddef, roedd y pnawn hwnnw yn un o'r rhai mwya ofnadwy i mi ei brofi erioed, gan fod pob mathau o fwganod yn codi yn fy mhen. Tua diwedd y prynhawn mi ges i'r sgan, a rhyddhad mawr oedd clywed mai syst ar y pancreas oedd gen i, a bod modd ei thynnu.

Dywedodd John Roberts wrtha i fod yn rhaid gweithredu'n gyflym i dynnu'r syst gan ei bod yn un fawr, a bod peryg y byddai'n byrstio. Gofynnodd i mi faint ro'n i'n ei yfed, gan fod y rhan fwyaf o systiau fel f'un i yn cael eu hachosi gan yfed trwm am gyfnodau ysbeidiol. Roedd hyn, wrth gwrs, yn disgrifio fy mhatrwm yfed i'r dim. Mi wnes i wadu fy mod yn yfed yn drwm; mai dim ond ambell beint o Guinness a glasiaid o win weithiau efo bwyd ro'n i'n ei yfed – yn unol â'r hyn mae arbenigwyr dibyniaeth yn ei alw'n wallgofrwydd alcoholiaeth, neu *alcoholic insanity*.

Llwyddais i argyhoeddi'r arbenigwr, a dywedodd hwnnw mai'r unig beth arall a allai ei achosi oedd cerrig ym mhledren y bustl (*gall bladder*). Ategodd fod gen i, fel naw deg y cant o'r boblogaeth, rai o'r rheini, ond eu bod yn fân iawn, iawn a ddylen nhw ddim bod wedi amharu ar fy mhancreas. Gan fy mod yn mynnu nad o'n i'n yfed yn drwm, daeth i'r casgliad mai'r rhain oedd achos y syst, felly mi fyddai'n rhaid tynnu'r bledren rhyw chwe mis ar ôl y llawdriniaeth i dynnu'r syst. Cydsyniais â hynny. Ro'n innau hefyd yn llwyr gredu mai dyna'r achos – unrhyw beth rhag gorfod wynebu'r ffaith fy mod yn alcoholig – felly byddai'n rhaid i mi wynebu bywyd heb fy hen 'ffrind', alcohol. Dyna ddylanwad alcoholiaeth – mae'n cael ei ddisgrifio fel yr unig salwch yn y byd sy'n medru argyhoeddi'r dioddefwr nad ydi o'n dioddef ohono.

Ac felly y bu. Es yn ôl i'r gwaith am ryw ddeuddydd i gwbwlhau rhan gyntaf y ffilmio. Dwi'n cofio'n iawn mai rhai o'r golygfeydd olaf i mi eu ffilmio oedd y rheini efo Gari Williams, pan oedd o'n datgelu mai tric oedd ein carcharu am ddwyn defaid. Yn anffodus, dyna'r tro olaf i mi weld fy hen gyfaill hoff. Wedi hynny, yn ôl i'r ysbyty a chael llawdriniaeth hir a chymhleth i dynnu'r tyfiant. Dwi'n cofio dadebru a gweld Mam yn ei dagrau uwchben fy ngwely. Roedd Hywel Gwynfryn wedi dymuno'n dda i mi y bore hwnnw ar y radio, gan ddweud fy mod yn cael llawdriniaeth yn Ysbyty Gwynedd. Y noson ar ôl y driniaeth, a finna rhwng cwsg ac effro, sylweddolais fod llond y ward o bobol – pobol oedd wedi bod yn ymweld â chleifion eraill ac wedi galw i weld Mr Picton ar eu ffordd adra. Digwyddodd hyn y noswaith ganlynol hefyd, a phenderfynodd y nyrs oedd yng ngofal y ward nad oedd hyn yn deg â fi na'r cleifion eraill. O ganlyniad, symudwyd fi i ystafell ar fy mhen fy hun gyda chyfleusterau 'molchi preifat a system awyru (roedd yn haf poeth iawn). Fedra i ddim diolch digon i Hywel Gwynfryn am hynny. Rhoddwyd arwydd ar fy nrws yn dweud y dylai pawb oedd yn dymuno dod i 'ngweld i gysylltu efo derbynfa'r ward gynta. Mae hyn yn arferol pan fydd claf yn ddifrifol wael, felly aeth si ar led fy mod ar fin marw. Taflwyd tanwydd ar y fflam pan gyhoeddwyd yn y *Daily Post* fod dyn o'r enw John Picton Jones wedi gadael y fuchedd hon yn 87 oed mewn cartref henoed rywle yng Ngwynedd. Derbyniodd Alun Ffred alwad gan y BBC yn gofyn am ddatganiad, gan ofyn iddo roi teyrnged i mi, ond dywedodd Ffred wrthyn nhw yn ei ffordd ddihafal ei hun 'mod i'n fyw ac yn gwella yn Ysbyty Gwynedd.

Pan oeddwn yn yr ysbyty clywais y newydd trist am farwolaeth Gari Williams, a chefais fy rhyddhau am ddiwrnod i fynd i'w angladd. Y dydd Llun canlynol, ar ôl treulio tair wythnos yn yr ysbyty, cefais inna fynd adra. I Dywyn at Mam ac Einion yr es i am ryw wythnos, i wella a chryfhau. Rhaid i mi ddweud, os oes raid i chi fynd i ysbyty ryw dro, wel, Ysbyty Gwynedd amdani – chewch chi ddim gofal gwell yn unlle, a bellach dwi'n siarad o brofiad.

Er y bu'n rhaid i mi fynd yn ôl i'r ysbyty am ychydig, erbyn dechrau Medi ro'n i'n ôl yn gorffen ysgrifennu cyfres o *Teulu'r Mans* efo Wil, ac ym mis Hydref ro'n i'n ôl ar set *C'mon Midffîld* ac yn paratoi i hedfan i'r Eidal i ffilmio pennod. Doeddwn i mo'r dyn hapusa yn yr Eidal oherwydd bod John Roberts, yr arbenigwr, wedi fy rhybuddio rhag yfed alcohol mor fuan ar ôl y llawdriniaeth. Yn wir, awgrymodd yn gryf i mi beidio yfed rhyw lawer byth eto. Felly tynnwyd alcohol, fy nghymar oes, oddi arnaf. Ro'n i ar goll hebddo – yn sobor ond heb ganllaw i ddangos i mi sut i fyw heb fy nghyffur. Yn yr Eidal mi ges i ryw ddiod fach yma ac acw ar y slei, oedd yn arwydd o'r hyn oedd i ddod.

Yn ystod cyfnod y Nadolig yn 1990, dychwelais i Ysbyty

Gwynedd i dynnu pledren y bustl heb ddim rheswm o gwbwl heblaw fy mod i'n gwadu 'mod i'n alcoholig. Es yn ôl i Gaerdydd ac ailafael yn fy ngwaith efo *Pelydr X* a *Teulu'r Mans*. Yn raddol bach dechreuais yfed unwaith eto, dim ond rhyw beint yma ac acw, ond roedd hynny'n brawf fod alcohol yn fy rheoli. Buan iawn yr aeth y peint yma ac acw yn botelaid neu ddwy o fodca y dydd, ac ymhen dim ro'n i mewn gwaeth stad nag erioed, a hynny dim ond ychydig fisoedd ers i mi fod o fewn trwch blewyn i farw oherwydd y stwff. Ro'n i'n dal i gael cyfnodau o fod yn sobor, yn enwedig pan o'n i'n gweithio, ond roedd y cyfnodau hynny'n mynd yn brinnach. Es i dreulio'r Nadolig canlynol yn Ffrainc efo Ronw Protheroe a daeth Chiz, Gareth Roberts a chriw o ffrindiau i ymuno â ni dros y flwyddyn newydd. Cael a chael oedd hi i ddal fy mhen uwchben y dŵr yno.

Yn sicr, roedd yr alcohol wedi cael gafael go iawn arna i, ac ro'n i bellach yn torri fy rheolau fy hun. Erbyn 1992 ro'n i'n yfed a cheisio gweithio, a dwi'n cofio gorfod mynd i'r tŷ bach bob hyn a hyn wrth recordio drama radio, er mwyn cael cegiad go lew o wisgi i rwystro fy nwylo rhag crynu. Petawn i heb wneud hynny byddai sŵn papur y sgript i'w glywed yn sisial dros y llinellau oedd yn cael eu recordio. Dro arall, er 'mod i wedi rhoi'r gorau i yfed ers diwrnod neu ddau, roedd fy mhen mor ddryslyd a llawn ofnau fel na allwn yrru i Fangor i wneud rhyw raglen. Bu'n rhaid i mi logi tacsi i fynd â fi yr holl ffordd o Gaerdydd i Fangor – a gostiodd ddwbwl y tâl ro'n i'n ei gael am y gwaith.

Wrth edrych yn ôl, mi alla i ddweud bod alcohol wedi bod yn llwyr reoli fy mywyd ers blynyddoedd maith, gan wneud i mi ymddwyn yn y modd mwyaf anaeddfed ac anghyfrifol. Dwi wedi brifo llawer o bobol ar hyd y daith – ond mae alcohol yn gwneud rhywun yn hollol ddideimlad a didostur o safbwynt ystyried teimladau pobol eraill. Bûm mewn sawl perthynas â merched annwyl ac arbennig iawn ar hyd y blynyddoedd, ond yr unig beth oedd yn bwysig i mi oedd fi fy hun a'm perthynas â'r ddiod.

O ran enillion, roedd y blynyddoedd rhwng 1990 a 1992 yn rhai hynod o lewyrchus, rhwng y cyfresi newydd a nifer o ailddarllediadau o hen gyfresi ro'n i wedi ymddangos ynddyn nhw. Felly roedd gen i ddigon o arian i yfed fy hun i farwolaeth. Roedd hi'n ddechrau haf 1992, ac ro'n i wedi bod yn yfed yn drwm yn y tŷ ers dyddiau ac yn methu stopio y tro yma. Nos Sul oedd hi, a finna'n teimlo'n hollol ddi-rym yn erbyn alcohol, ac wedi cyrraedd stad lle na wyddwn lle o'n i, bron iawn. Yn niwl cefn fy meddwl ro'n i'n gwybod bod cyfaill agos i mi, Alun Sbardun Huws, wedi rhoi'r gorau i yfed, a'i fod yn sobor ers rhai blynyddoedd. Wyddwn i ddim lle arall i droi, felly ffoniais o a chyfaddef – am y tro cyntaf – fod gen i broblem. O fewn llai na thri munud roedd o wrth fy nrws, a phan welodd sut stad oedd arna i, aeth â fi i weld rhai eraill oedd yn byw yn sobor.

Ychydig dwi'n gofio o'r noson. Awgrymodd i mi fynd i weld fy meddyg fore trannoeth er mwyn cael rhywbeth i fy helpu i roi'r gorau i alcohol, a ffoniodd fi yn y bore i wneud yn siŵr 'mod i'n mynd. Gwelais Dr Jack Mathews, cyn-ganolwr tîm rygbi Cymru, ac ar ôl i mi ddweud fy nghwyn wrtho, rhoddodd dabledi i mi fyddai'n esmwytháu'r broses o stopio yfed. Ymhen rhyw bum niwrnod roedd fy nghorff a'm meddwl wedi rhyw led-ddod atynt eu hunain, felly yn dilyn awgrym gan Sbardun, mynychais gyfarfodydd Alcoholiaid Anhysbys. Daeth yn amlwg, yn anffodus, nad o'n i ar y pryd yn barod i wrando ar eu neges – ro'n i'n chwilio am y gwahaniaethau rhyngdda i a'r dioddefwyr eraill yn hytrach na'r nodweddion cyffredin, ac ymhen wythnos neu ddwy roedd tynfa alcohol yn gryfach nag erioed. Dechreuais yfed eto.

Am ryw reswm roedd yr yfed a'i sgileffeithiau yn waeth

o lawer y tro yma, a suddais i ryw bydew o ddüwch. Dyma, i mi beth bynnag, oedd uffern ar y ddaear. Roedd pob dydd yn ddryswch anniben: do'n i ddim yn sobor nac yn feddw, a doedd gen i ddim syniad lle ro'n i. Roedd Huw Chiswell wedi gofyn i mi a Gareth F. Williams weithio ar sioe hwyr HTV o'r Eisteddfod Genedlaethol yn Aberystwyth y flwyddyn honno, ac er gwaetha fy nryswch ro'n i'n cofio am hynny. Fel roedd y dyddiad yn agosáu, gwyddwn na allwn fod yno gan na fedrwn i roi'r gorau i yfed. Stad enbyd oedd honno, coeliwch fi. Clywais yn ddiweddarach mai nos Wener oedd hi pan ffoniais Alun Sbardun am yr eilwaith. Fyswn i ddim yn gweld bai arno fo petai o wedi 'ngadael i yn fy mhicil, gan ei fod wedi trio'i orau efo fi unwaith o'r blaen. Dywedodd wrtha i y byddai'n beth peryglus i mi roi'r gorau i yfed yn syth, ac y bysa fo'n dod i fy nôl ben bore trannoeth. Dydd Sadwrn, 1 Awst 1992 oedd hwnnw – y diwrnod a newidiodd fy mywyd.

Daeth Sbardun acw ben bore trannoeth, a dychrynodd pan welodd fi. Aeth â fi i'w gartref ble roedd ei wraig, Gwenno, yn fy nisgwyl. Ymhen ychydig cyrhaeddodd Chiz. Does gen i ddim llawer o gof am hyn i gyd – ro'n i, mae'n debyg, yn un pentwr crynedig yn crio ym mhen y bwrdd, yn gwaethygu efo pob munud a basiai. Penderfynodd Sbardun fynd â fi i weld y meddyg, ond gan ei bod yn ddydd Sadwrn cyntaf Awst, roedd hi'n ddiwrnod Gorymdaith y Maer yng Nghaerdydd. Pan gyrhaeddon ni Heol y Bont-faen yn Nhreganna, cawsom ein tynnu i ganol yr orymdaith. Dyna lle roeddan ni, yng nghar Alun, yng nghanol cerbydau a loriau wedi eu haddurno â phob un o liwiau'r enfys, cerddoriaeth yn atsain ar hyd y strydoedd a phobol wedi eu gwisgo mewn gwisgoedd llachar ac anarferol – a finna yn un swp crynedig, yn ddifrifol wael yn sedd flaen y car. Roedd pen Sbard allan drwy'r ffenest yn gweiddi ar y gorymdeithwyr i fynd o'n ffordd ni oherwydd bod dyn gwael iawn yn y car, ac ar ôl cryn drafferth mi lwyddon ni i gyrraedd y feddygfa. Mi ges i dawelyddion gan y meddyg cyn cael fy ngyrru adra.

Ar ôl cyrraedd yn ôl i dŷ Alun a Gwenno, ro'n i'n dal i fod yn bur simsan. Roedd Sbard, chwarae teg iddo fo, wedi trio pob dim fedrai o, ond sylweddolodd 'mod i wirioneddol angen cymorth arbenigol. Gwyddai Sbard am ganolfan oedd yn cynnig triniaeth i alcoholigion a rhai oedd yn gaeth i gyffuriau eraill yn Weston-super-Mare yng Ngwlad yr Haf. Gofynnodd i mi a oedd gen i awydd y math yma o driniaeth. Ro'n i'n sylweddoli 'mod i wedi cyrraedd y gwaelod, ac yn fodlon gwneud unrhyw beth i wella fy nghyflwr truenus. Cysylltodd Sbard â'r ganolfan ac roedd ganddyn nhw wely sbâr, diolch byth. Gallwn fynd yno'n syth petawn i'n talu'r costau fy hun, neu fel arall mi fysa'n rhaid i mi aros am ryw fis i gael fy ngyrru yno drwy'r gwasanaeth iechyd. Doedd gen i ddim mis i'w sbario, ac yn ffodus, gan fy mod wedi bod yn ennill arian da ers dwy flynedd roedd gen i ddigon i dalu am fy nhriniaeth am ddau fis. Paciwyd bag bychan, ac aeth Alun a Gwenno â fi yn syth i Weston-super-Mare.

Ar ôl cyrraedd aethpwyd â fi yn syth i'r feddygfa, ond roedd yn rhaid talu am fis ymlaen llaw. Wrth gwrs, doedd gen i ddim llyfr sieciau efo fi, a bu'n rhaid i Gwenno dalu drosta i, nes i mi fedru cael gafael ar fy llyfr sieciau i dalu'n ôl iddi. Gadawyd fi yn y lle dieithr hwnnw, ond doedd dim gwahaniaeth gen i lle ro'n i gan fy mod yn fwy na pharod i ddechrau gwella. Tristwch mawr i mi oedd derbyn y newydd fod fy ffrind annwyl Alun Sbardun Huws wedi ein gadael ni tra o'n i'n sgwennu'r llyfr yma. Mae fy nyled yn enfawr iddo – heb unrhyw amheuaeth na gormodiaith fo achubodd fy mywyd i. Boed i ti orffwys yn dawel, fy ngwas annwyl i.

Roedd Mam ac Einion wedi cael clywed gan Sbard ble ro'n i, ac ymhen ychydig ddyddiau, ar ôl i mi ddod ataf fy hun yn weddol ac ar ôl i'r cryndod gilio o fy llais a'm dwylo, mi ffoniais eu cartref nhw yn Nhywyn. Do'n i ddim yn saff iawn be fyddai eu hymateb, ond wrth gwrs mi ddylwn i fod wedi gwybod yn well. Ches i ddim ond cefnogaeth anhygoel gan y ddau, a chynigion i dalu costau'r ganolfan, ond gwrthodais. Ro'n i'n teimlo'n gryf fod yn rhaid i mi wneud y cyfan ar fy liwt fy hun os oedd y driniaeth yn mynd i lwyddo.

Byddai Sbard a Gwenno, Mam ac Einion yn dod draw i Wlad yr Haf i edrych amdanaf ar bnawniau Sul. Daeth Huw Chiswell draw ar ei foto beic hefyd sawl gwaith, chwarae teg iddo fo.

Teimlwn fod y driniaeth yn un anodd. Am y tro cyntaf yn fy mywyd roedd yn rhaid i mi fy wynebu fy hun a chydnabod fy holl ddiffygion a'm gwendidau. Dim ond ar ôl cael fy mhlicio'n emosiynol i lawr i'r byw gan y therapyddion ro'n i'n cael fy nghodi yn ôl ganddyn nhw. Roeddan nhw'n gwneud i mi sylweddoli nad person drwg o'n i, ond person gwael oedd yn dioddef o glefyd oedd yn siŵr o'm lladd i os na fyswn i'n gwneud ymdrech i'w gadw draw, un dydd ar y tro. Sylweddolais hefyd nad oes ffiniau i ddibyniaeth nac alcoholiaeth – gall ddigwydd i unrhyw un, waeth beth ydi ei sefyllfa na'i allu. Roedd llawer o'r rhai oedd yn derbyn triniaeth yr un adeg â fi yn feddygon, cyfreithwyr, darlithwyr ac offeiriaid; roedd rhai yn byw mewn plastai ac eraill yn byw ar y stryd, ac amryw wedi bod yn y carchar oherwydd eu hafiechyd. Dechreuais sylweddoli nad oedd gwahaniaeth rhyngdda i, yn yfed ar fy soffa yn fy lolfa ym Mhontcanna, a rhywun digartref oedd yn yfed ar fainc mewn parc.

Aeth y naw wythnos heibio'n rhyfeddol o gyflym o ystyried cymaint y gwnes i ei ddysgu yno. Ar ddiwedd y driniaeth ro'n i'n gwybod yn union beth oedd fy newis: mynd yn ôl at y botel a phrofi marwolaeth erchyll yn fuan iawn, neu fyw yn sobor, un dydd ar y tro, a dechrau bywyd o'r newydd.

Ar fy niwrnod olaf daeth fy nghyfaill Elin Edwards draw i fy nôl i, a mynd â fi adra. Ro'n i'n teimlo'n ofnus iawn ar ôl cyrraedd Caerdydd – ro'n i allan yn y byd mawr am y tro cyntaf, ymhell o ddiogelwch y ganolfan a chefnogaeth fy nghyd-ddioddefwyr. Doedd gen i 'run geiniog yn y banc ond o leia roedd gen i gyfle i ailddechrau byw a throi tudalen lân. Diolch i gyfeillion a chyd-alcoholigion, dwi'n dal yn sobor dair blynedd ar hugain yn ddiweddarach, ond yn dal i sylweddoli nad ydw i ond hyd braich i ffwrdd o ddinistr.

PENNOD XIX

Camu i'r Goleuni a Newid Byd

Y bore Llun ar ôl gadael y ganolfan driniaeth, ro'n i'n gyrru i'r gogledd i ddechrau ffilmio *Midffîld y Mŵfi* ar gyfer y Nadolig canlynol. Ro'n i'n dal i fod yn eitha bregus, ac yn llawn ofnau wrth ddechrau ffilmio. Teimlwn 'mod i'n wahanol, rywsut, a bod pawb yn gwybod lle ro'n i wedi bod. Soniodd Anti Alice ddim am y peth, ond ro'n i'n synhwyro ei bod yn gwybod yn iawn. Yn raddol, dechreuais gael blas o'r newydd ar fywyd, a mwynhau fy mywyd sobor. Roedd yn rhaid i mi newid fy ffordd o fyw yn gyfan gwbwl, ac am y blynyddoedd cynta roedd yn rhaid i mi osgoi sefyllfaoedd a llefydd ro'n i'n eu mynychu cyn hynny. O dipyn i beth hefyd, bron yn ddiarwybod i mi fy hun, cefais gylch newydd o ffrindiau – y rhan fwya ohonyn nhw'n alcoholigion oedd yn gwella fel fi fy hun. Roedd Sbard, wrth gwrs, yno i mi bob cam o'r ffordd yn y blynyddoedd cynnar rheini o sobrwydd.

Gan fy mod i'n credu bod alcohol yn ganolog i bob

sbort a sbri, ro'n i'n disgwyl y byddai fy mywyd newydd yn un sych a diflas. I'r gwrthwyneb – cefais sbort garw a llawer o hwyl, gan ddeffro bob bore heb ddifaru dim ac yn cofio popeth. Diolchwn fod gen i waith i fynd iddo'n syth, yn enwedig oherwydd stad fy nghyfri banc. Gwnaethpwyd ffilm *C'mon Midffîld* ac un gyfres arall, a thaith lwyfan i orffen y cyfan.

Roedd gorffen *Midffîld* hefyd yn drobwynt i mi gan fod y gyfres wedi chwarae cymaint o ran yn fy mywyd hyd hynny. Teimlais chwithdod a rhyw fwlch mawr yn fy mywyd ar ôl blynyddoedd o fod yn rhan o griw mor wych, yn actio deunydd mor anhygoel. Rhwng 1992 a 1994 daeth *Pelydr X* a *Teulu'r Mans* hefyd i ben. Ro'n i wedi bod yn rhan o dîm ysgrifennu *Pobol y Cwm* ers tair blynedd ar ddeg, a heb unrhyw esboniad – dros nos, megis – ches i ddim cynnig ysgrifennu 'run bennod arall i'r gyfres. Felly roedd fy hen fywyd, fel petai, yn diflannu, a wyddwn i ddim beth fyddai o 'mlaen. Cyn cael y driniaeth mi fyswn i wedi poeni nad oedd gen i waith a suddo'n ddwfn i'r botel fodca; ond y tro yma roedd gen i ffydd y byswn i'n iawn, dim ond i mi aros yn sobor o ddydd i ddydd. Roedd rhywbeth, neu rywun, yn edrych ar f'ôl.

Ro'n i a William Owen Roberts wedi dechrau datblygu syniad am gyfres radio am Aelod Seneddol yn oes Fictoria, o'r enw *Yr Aelod*. Comedi oedd hi, a doedd y prif gymeriad ddim yn annhebyg i Lloyd George! Roedd Aled Jones, cynhyrchydd drama Radio Cymru, yn hoff o'r syniad a chomisiynwyd cyfres o chwech. Roedd Wil yn rhy brysur ar y pryd i gydysgrifennu, felly gofynnais i Wynford Ellis Owen ysgwyddo'r baich efo fi, ac yn wir bu'r gyfres yn llwyddiannus, a chawsom ail gyfres. Flynyddoedd yn ddiweddarach gofynnodd Aled i mi atgyfodi'r syniad, gan ail-leoli'r cymeriadau yn oes Tony Blair a'r rhyfeloedd yn y

Dwyrain Canol. Cafodd y rhain eto dderbyniad gwresog, ac ysgrifennais dair cyfres arall.

Er hynny, doedd y gwaith ddim yn llifo i mewn, ac mi fûm yn segur am gyfnodau eitha maith yng nghanol y naw degau. Hysbysebodd S4C am rywun i lenwi swydd Comisiynydd Adloniant Ysgafn y sianel – chymerais i fawr o sylw nes i Huw Eirug ddod ataf a cheisio dwyn perswâd arnaf i gyflwyno cais am y swydd. Dywedais wrtho nad o'n i wedi ystyried y peth, ond pwysleisiodd Huw fod y cymwysterau i gyd gen i, ac y byswn yn gallu gwneud fy marc ar y byd adloniant. Fy ymateb cyntaf oedd holi pam na fysa Huw ei hun yn ymgeisio amdani, ond eglurodd nad oedd ganddo unrhyw awydd i wneud y swydd, a'i fod isio dechrau cyfarwyddo drama. Cawsom drafodaeth hir am y peth, ond roedd Huw yn sicr mai fi oedd y person iawn ar gyfer y swydd. Ymhen dim, daeth Huw â'r ffurflenni cais heibio i'r tŷ – roedd hyn ryw ddeuddydd cyn y dyddiad cau, oedd am hanner dydd ar y dydd Gwener canlynol. Ro'n i'n dal yn ansicr, ond perswadiodd fi i gyflwyno'r cais – fo lenwodd y rhan fwyaf o'r ffurflen. Roedd yn rhaid i mi ei phostio y diwrnod wedyn er mwyn iddi gyrraedd S4C mewn pryd. Y bore wedyn ro'n i'n dal yn ansicr pan ffoniodd Huw i f'atgoffa i yrru'r ffurflen, ond mi wnes i ei gyrru yn y diwedd. Rhyw awr cyn yr amser cau ffoniodd Huw eto, i ddweud ei fod wedi newid i feddwl ar y funud ola ynglŷn â thrio am y swydd, a'i fod wedi mynd i nôl ffurflenni cais a'u cyflwyno ychydig cyn yr amser cau. Ro'n i'n gwybod i sicrwydd fod rhywun, neu rywrai, wedi dwyn perswâd arno i ymgeisio, ac nad oedd gen i obaith caneri o gael y swydd. Roedd hynny'n rhyw fath o ryddhad a dweud y gwir. Rhoddwyd fi ar y rhestr fer, ac mi es i'r cyfweliad o ran diawlineb, ac atebais bob cwestiwn yn gwbwl onest heb unrhyw nerfusrwydd – gan nad o'n i wir yn cystadlu am y swydd. Ffoniodd Deryk Williams fi efo canlyniad y cyfweliad, ond cyn iddo gael siawns i ddweud wrtha i nad fi oedd wedi cael y swydd rhannais fy namcaniaeth efo fo. Chwerthin wnaeth o, a chytuno.

Un arall a fu'n gefnogol iawn i mi yn ystod blynyddoedd cynnar fy sobrwydd oedd y cyfarwyddwr Karl Francis. Ro'n i wedi bod yn cydweithio efo fo, ac mi fu'r ddau ohonan ni'n cydyfed llawer hefyd yn nhafarndai Llundain yn y saith degau. Roedd o wedi bod yn sobor am gyfnod hir a bu ei gyfeillgarwch a'i gyngor yn amhrisiadwy i mi. Yng nghanol y naw degau rhoddodd ran i mi yn *Streetlife,* ei ffilm odidog i'r BBC, yn chwarae tad y brif actores, Helen McCrory. Rhys Ifans oedd yn chwarae'r brif ran arall. Roedd fy rhan yn un amlwg, a'r ffilm yn un dda a wnaeth gryn argraff yng Ngŵyl Ffilmiau Llundain. Ro'n i'n teimlo ers amser fy mod angen cynrychiolaeth newydd yn Llundain ac yn sgil llwyddiant *Streetlife* cefais fy nerbyn gan asiantaeth weddol bwerus yn Llundain. Roedd Rhys Ifans eisoes ar eu llyfrau. Rhoddodd hyn ryw obaith i mi am fywyd newydd.

Roedd y gwaith yn ysbeidiol iawn. Mi wnes i ddwy gyfres o *Pengelli* a thaith o ddramâu Wil Sam i Theatr Bara Caws. Yn anffodus, dyna'r tro olaf i mi gael cynnig gwaith theatr yn y Gymraeg – do'n i ddim digon da m'wn! Llwyddais hefyd i gael rhan mewn cyfres Saesneg i'r BBC yng Nghymru o'r enw *Drover's Gold,* cyfres a ffilmiwyd ar hyd a lled de Cymru. Hon oedd y gyfres gyntaf i'r actores Ruth Jones gael gwaith arni. Bu'r gyfres yn lled broffidiol i mi – nid y gwaith ei hun, ond yn hytrach y camgymeriadau! Roedd gen i un olygfa pan oedd fy nghymeriad i, Gurney, yn ymladd efo cymeriad Ray Stevenson – roedd Ray i fod i afael yn fy ffon i a'i thorri'n ddwy ar ei lin. Ar gyfer y ffilmio roedd un o'r criw wedi llifio'r ffon ond heb fynd drwyddi'n llwyr, er mwyn hwyluso'r torri, ond bob tro roedd Ray yn gafael ynddi

Ar set Pengelli

roedd y ffon un ai yn torri'n ddwy neu yn gwrthod torri. Dangoswyd y darn hwnnw ddegau o weithiau ar *Auntie's Bloomers* ac *It'll Be Alright on the Night.*

Roedd popeth yn dechrau mynd yn dda, ond daeth un cwmwl i dduo fy ffurfafen. Trawyd Evelyn, gwraig fy ffrind Bill, yn ddifrifol wael, a chollodd y frwydr. Bu hyn yn golled fawr i'r gymuned gyfan, yn ogystal â Bill a'r plant. Ysgydwodd hyn fi braidd – roedd gen i feddwl mawr iawn o Evelyn, bu'n ffrind triw a braint yn wir oedd cael ei hadnabod.

Dechreuais deimlo y byswn i'n hoffi treulio ychydig o amser mewn gwlad arall. Roedd rhywbeth na allwn ei esbonio yn fy nhynnu at yr Unol Daleithiau – efallai am fy mod wedi gweld a chlywed cymaint am y lle ar y teledu ac mewn ffilmiau. Ro'n i wedi bod yno sawl gwaith o'r blaen, ond dim ond am gyfnodau byr o wyliau, a theimlais y byswn i'n hoffi treulio ychydig mwy o amser yno, yn enwedig gan fy mod bellach yn sobor, ac y cawn gyfle i weld tipyn mwy na thu fewn bariau yfed. Ro'n i wedi bod yng Nghalifformia unwaith yn 1980, dim ond am ysbaid fer, ac roedd gen i awydd gweld mwy ar orllewin y wlad ac yn enwedig felly prifddinas y diwydiant ro'n i ynddo: Los Angeles.

Cefais wybod gan Karl Francis fod cwpwl roedd o'n ffrindiau efo nhw yn byw yn Los Angeles, a'u bod angen rhywun i warchod eu fflat tra oedden nhw'n gweithio yn Ewrop am ddeufis. Deallais fod y gŵr, Josh Elbaum, yn gweithio i MGM a'i wraig, Erica, yn gynhyrchydd teledu yn y ddinas. Awgrymodd Karl iddyn nhw y byswn i'n berson cymwys i warchod eu cartref am y cyfnod, a chytunwyd ar hynny. Ar 17 Ionawr 1994 bu daeargryn enfawr yn Los Angeles, oedd yn drychineb ar raddfa enfawr. Lladdwyd 57 o bobol, clwyfwyd miloedd a chollodd cannoedd lawer eu cartrefi. Ro'n i i fod i hedfan i LA dridiau ar ôl y ddaeargryn – ddwy flynedd ynghynt fyswn i ddim wedi ystyried mentro yno, ond bellach roedd gen i ryw ffydd newydd ac ro'n i'n llawer llai ofnus, felly es ar yr awyren a hedfan i ddinas yr angylion.

Ym maes awyr Los Angeles, sy'n cael ei alw'n LAX am ryw reswm, roedd Karl wedi trefnu y byddai rhywun yno i'm derbyn a mynd â fi i'r fflat yn West Hollywood. Roedd merch ifanc olygus benfelen o'r enw Pat yno i 'nghyfarfod i, a gyrrodd fi i fy nghartref dros dro. Doeddwn i ddim wedi sylweddoli fod yr ôl-ddaeargryn, sef cryniadau bychan (*aftershocks*) yn parhau am rai wythnosau. Es i 'ngwely'n gynnar y noson gyntaf honno, ac yng nghanol y nos dechreuodd yr adeilad grynu'n orffwyll. Dychrynais am fy mywyd! Gorweddais ar y llawr, wn i ddim yn iawn pam, ond ro'n i'n dychmygu gweld fy niwedd, yn unig mewn fflat yn West Hollywood a neb yn gwybod pwy o'n i. Deallais yn y man be oedd yn digwydd, a chynefino â'r tirgrynu – er bod ambell un ohonyn nhw'n bur ddychrynllyd. Dwi'n cofio un yn digwydd mewn lifft mewn sinema, a phawb oedd ynddo yn sgrechian.

Roedd Karl wedi fy rhoi mewn cysylltiad hefyd â Chymro o Abertawe o'r enw Jeremy Howell oedd wedi ymgartrefu yn y ddinas. Daeth y ddau ohonon ni'n gyfeillion agos, a chefais groeso anhygoel yng nghartref Jeremy a'i wraig, Barbera. Seiciatrydd oedd Barbera, a Jeremy'n gweithio yn y diwydiant adloniant fel actor ac ysgrifennwr – mae bellach yn gweithio y tu ôl i'r camerâu. Daeth Pat, y ferch a ddaeth i'r maes awyr i 'nghyfarfod, a finnau'n ffrindiau agos hefyd; am gyfnod ro'n i'n credu y gallen ni fod yn fwy na ffrindiau, ond doedd hynny ddim i fod. Drwy'r bobol hyn y des i adnabod llawer yn y ddinas, ac ar wahân i un penwythnos a dreuliais yn San Fransisco, yn LA yr arhosais i, a dod i adnabod y ddinas yn dda hefyd. Llogais hen gar i fynd â fi o gwmpas y ddinas gan gwmni o'r enw Rent a Wreck!

Roedd Los Angeles yn ddinas ddelfrydol i rywun oedd yn dechrau ail-fyw bywyd yn sobor. Synnais faint o bobol yno oedd yn gwella o fod yn gaeth i gyffuriau neu alcohol, a llawer iawn ohonyn nhw'n sengl ac yn ifanc, neu yn nechrau eu canol oed fel ro'n i ar y pryd. A dweud y gwir, roedd hi'n ffasiynol i fod 'in recovery' a dilyn rhaglen deuddeg cam fel AA. Felly, roedd bywyd cymdeithasol y ddinas yn anhygoel i rywun fel fi. Erbyn diwedd fy nghyfnod yn LA roedd gen i lawer iawn o ffrindiau newydd, ac ro'n i wedi syrthio mewn cariad â'r ddinas.

Am gyfnod ro'n i'n mynd yn ôl a blaen i Galiffornia. Yn y cyfnod hwnw roedd hi'n weddol rad i hedfan yno, a bargeinion anhygoel i'w cael ar y we. Ond rhaid oedd dychwelyd i Gymru – roedd y cwpwl oedd yn berchen ar y fflat ro'n i'n ei warchod yn dod adra. Gadewais flodau a llythyr o ddiolch, ond wnes i ddim eu cyfarfod. Ychydig a wyddwn ar y pryd y byddwn, yn y man, yn dod i'w hadnabod yn dda iawn.

Yn ffodus, roedd gen i waith yn fy nisgwyl. Cefais fy nghastio mewn ffilm o'r enw *The James Gang*, yn cydweithio unwaith eto efo Helen McCrory. Y prif actor arall oedd John Hannah. Cymerodd y ffilm honno ryw ddwy flynedd i gael ei rhyddhau i'r sinemâu, a dim ond am ychydig ddyddiau y cafodd ei dangos cyn i'r cwmni cynhyrchu ei thynnu'n ôl a'i rhyddhau ar fideo. Doedd hi ddim yn un o lwyddiannau mawr fy ngyrfa felly!

Erbyn hyn roedd Karl Francis wedi symud i Los Angeles am gyfnod tra oedd o'n gweithio ar sgript ei ffilm ddiweddaraf, oedd yn ymwneud â hanes y diwydiant ffilmiau yn Hollywood. Mi es i draw yno i rannu fflat efo fo dros haf 1995. Yn y fflat uwch ein pennau roedd actor o'r enw Joe Carafello yn byw, a des i'w adnabod yn dda. Cyflwynodd fi i lawer iawn o'i ffrindiau a bellach ro'n i'n teimlo'n rhan o'r lle, efo cylch eang o ffrindiau. Mae Joe a finnau'n gyfeillion agos iawn hyd heddiw ac mae o wedi

Efo fy ffrind, yr actor Joe Carafello, yn L.A.

Yn L.A., lle gwelais siop goffi Starbucks am y tro cyntaf

ymweld â Chymru droeon ac wedi gwirioni ar y wlad.

Ro'n i'n cael chydig o waith gan Karl, yn ei helpu i ymchwilio i'w brosiect, ac yn sgil hyn mi ges i dipyn o dripiau i ogledd Califfornia a San Ffransisco. Yn ystod y cyfnod yma ro'n i'n dal i weld llawer iawn ar fy ffrindiau Jeremy a Barbera. Cafodd Jeremy a finna syniad am sgript ffilm, a bu'r ddau ohonon ni'n gweithio'n ddiwyd arni am rai wythnosau. Bu i ni lunio braslun a'i anfon i'r BBC yng Nghaerdydd i gael ei ystyried. Dychwelodd Karl i Gymru ond arhosais i yn yr UDA, a chael aros yn nhŷ Jeremy a Barbera. Cawsom y comisiwn i ysgrifennu'r sgript, a bu Jeremy a finna'n gweithio arni am fisoedd. Yn y diwedd, penderfynwyd y byddai'n rhy ddrud i gynhyrchu'r ffilm heb gwmni o wlad arall i fod yn bartner ynddi – methwyd â sicrhau partneriaeth, felly dyna fu diwedd y sgript honno.

Treuliais Nadolig a blwyddyn newydd 1995/96 yn yr Unol Daleithiau. Gwahoddwyd fi i ddarllen am ran yn *Under Milk Wood* Dylan Thomas, a chynigwyd rhan Llais 1 i mi. Bûm yn ymarfer dros y Nadolig ar gyfer y perfformiad ddiwedd Ionawr yn Theatr y Celfyddydau Celtaidd ar Fairfax Avenue. Dim ond tri Chymro oedd yn y cast: fi, Brendan Hughes o Glwyd fel Llais 2, a chefais ran i Jeremy fel y Parchedig Ely Jenkins. Heblaw un actor o Wyddel, Americanwyr oedd gweddill y cast, i gyd wedi gwirioni efo Dylan Thomas ond ag ychydig iawn o wybodaeth am Gymru. Daeth un actores i'r ymarfer un bore a datgan yn falch ei bod yn gwybod yn iawn beth oedd ystyr y llinell, 'Is there tiddlers in a jam jar?' Meddai: 'My friend used to live in London and he says that line means: "Is there small children in an automobile?"' Roedd hi'n meddwl mai 'toddlers' oedd 'tiddlers', a'r slang Cocni am gar ydi 'jam jar'!

Bûm yn y ddinas am gyfnod go sylweddol y tro hwnnw, ac mi ddes yn gyfeillgar ag Alexander Rufus Isaacs, neu Xan i bawb o'i ffrindiau. Roedd Xan yn Arglwydd, ond doedd o ddim yn defnyddio'r teitl. Gwraig Xan ar y pryd oedd Marjorie Bach, chwaer yng nghyfraith Ringo Starr, felly am ryw gyfnod mi ges y fraint o ddod yn gyfeillgar efo'r drymiwr enwog. Cefais wahoddiad i dreulio dydd San Steffan a nos Galan yn nhŷ Ringo (neu Richie fel mae'n hoffi cael ei alw). Roedd hyn yn anrhydedd yn wir – cael cymdeithasu efo un o'r Beatles, rhai ro'n i wedi bod yn dawnsio nes fy mod yn chwys diferol i'w cerddoriaeth yng nghlwb ieuenctid Niwbwrch ers talwm! Yn ystod yr un cyfnod dechreuais fynychu capel Cymraeg Los Angeles, oedd i lawr yng nghanol y dref, a dechrau cymryd diddordeb yn hanes rhai Cymry a fu'n eitha dylanwadol yn y ddinas, yn enwedig Griffith Jenkins Griffith o'r Betws ger Pen-y-bont ar Ogwr, a gyfrannodd barc enfawr i'r ddinas yn ogystal â bryniau enwog Hollywood efo'i arwydd eiconig. Griffith hefyd fu'n gyfrifol am adeiladu ffordd enwog y Sunset Boulevard. Arweiniodd y diddordeb hwn fi i ymchwilio i hanes Cymry eraill a wnaeth eu marc ar yr Unol Daleithiau ond na wyddon ni yng Nghymru ddim amdanyn nhw.

Bu'n rhaid i mi ddychwelyd i Walia wen gan fy mod wedi cael rhan barhaol mewn cyfres o'r enw *Y Parc* a ysgrifennwyd gan fy ffrind William Owen Roberts. Cefais haf a hydref bendigedig yn ffilmio yn Eryri, a chyfle eto i aros yn Llangaffo efo Anti Alice. Ro'n i wedi rhyw hanner meddwl symud yn barhaol i America ond newidiodd y cyfnod yma fy meddwl, a phenderfynais aros yn fy nghynefin. Yn *Y Parc* ro'n i'n chwarae dyn diog iawn oedd yn gweithio i'r Parc Cenedlaethol ond a oedd yn smocio a gorweddian yn fwy na gweithio. Roedd yr oriau yn rhai hir – cychwyn yn fore a chyrraedd adra'n hwyr – ac ro'n i'n aml mor flinedig fel 'mod i'n mynd yn syth i 'ngwely ar ôl cyrraedd y tŷ. Pan ddarlledwyd y gyfres, dywedodd Anti Alice wrth Mam: 'Ma'r John 'ma 'di mynd yn un diog iawn hefyd, yn cwyno a chwyno, pan o'dd o'n aros yma dros y ffilmio, 'i fod o 'di blino ac yn gweithio'n galed, ond dim ond gorweddian a smocio oedd o'n neud drwy'r dydd!'

Cefais alwad wedyn gan fy ffrind Ronw Protheroe, yn gofyn i mi fynd i gwrdd ag o a'i wraig, Liz Lloyd-Griffiths, yn swyddfa'u cwmni, Alfresco, yn Heol y Gadeirlan, Caerdydd. Gofynnodd y ddau i mi a oedd gen i ddiddordeb mewn mynd i weithio atyn nhw fel cynhyrchydd teledu. Roedd hyn yn dipyn o sialens, ac ystyriais y cynnig yn ddwys. Do'n i ddim isio gollwng fy ngafael yn llwyr ar actio – wedi'r cyfan, ro'n i wedi gwireddu fy mreuddwyd fawr o wneud bywoliaeth fel actor, a daethom i ddealltwriaeth: petawn i'n cael cynnig gwaith actio gan fy asiant ro'n i'n awyddus i'w dderbyn, mi fyswn yn rhydd i gymryd y gwaith hwnnw. Felly y bu, ac ro'n i wrth fy modd. Y prosiect cynta ges i oedd cynhyrchu'r gyfres camera cudd *Y Brodyr Bach* efo'r brodyr Gregory. Bûm yn cynhyrchu sawl cyfres o'r rhaglen hon efo criw anhygoel o gyd-weithwyr a thechnegwyr.

Yr haf canlynol, cefais waith ar ffilm i LWT o'r enw

Dandelion Dead, oedd yn cael ei chyfarwyddo gan Mike Hodges, a gyfarwyddodd un o fy hoff ffilmiau, sef *Get Carter*. Roedd iddi gast anhygoel, yn cynnwys Michael Kitchen, Sarah Miles, David Thewlis, Robert Stephenson a Roger Lloyd Pack. Ffilm oedd hi wedi ei seilio ar stori wir am gyfreithiwr o'r Gelli Gandryll a wenwynodd ei wraig. Ro'n i'n chwarae rhan Superintendent Weaver, pennaeth yr heddlu cudd lleol, a'r dyn a arestiodd y llofrudd (oedd yn cael ei chwarae gan Michael Kitchen). Yn ystod y ffilmio daeth gorwyres Weaver ata i a chyflwyno'i hun i mi, a chefais lawer o wybodaeth ganddi am y cymeriad ro'n i'n ei chwarae. Ro'n i wedi edmygu gwaith Sarah Miles ers blynyddoedd, ac yn hoff iawn o'i ffilm *Ryan's Daughter*. Difyr oedd cael ei chwmni ar y ffilm yma – roedd hi'n ddynes llawn bywyd; ychydig yn ecsentrig, ond roedd hynny'n ychwanegu at bleser ei chwmnïaeth. Ar y llaw arall, fyswn i ddim yn hoffi tynnu blewyn o'i thrwyn hi. Un pnawn Sul roedd y cyfarwyddwr wedi gofyn iddi hi baratoi ar gyfer golygfa arbennig, ond gan ei bod wedi dechrau glawio gofynnodd iddi newid ar gyfer golygfa arall. Peidiodd y glaw a gofynnwyd iddi newid yn ôl drachefn – chlywais i erioed y fath araith! Roedd hi'n galw Mike Hodges druan yn bob enw ffiaidd allwch chi ei ddychmygu.

Y Gelli Gandryll oedd prif leoliad y ffilm, ond ro'n i'n ffilmio rhai golygfeydd yn Chiswick a Stiwdio Ffilm Twickenham yn Llundain hefyd. Trwy un haf roedd gen i ystafell barhaol yng ngwesty'r Swan yn y Gelli. Gan nad o'n i'n gweithio bob dydd byddwn weithiau yn teithio adra i Gaerdydd i gael newid byd. Haf braf oedd hwnnw ac, yn wir, roedd bywyd bellach yn braf a phopeth fel petai'n disgyn i'w le. Ro'n i'n dal i wneud gwaith cynhyrchu i Alfresco, ac yn cael cyfle i wneud dipyn o actio yn awr ac yn y man. Penderfynais ailwampio fy nghartref ym Mhontcanna, a phrynais gar newydd i mi fy hun fel rhyw fath o anrheg am droi dalen newydd a llwyddo i fyw bywyd sobor a dedwydd. Ro'n i wir yn ddedwydd fy myd ac wedi setlo i fywyd arafach a thawel – ac wedi derbyn mai fel hyn y byddai pethau o hynny ymlaen.

Yn nechrau haf 1997, cefais alwad ffôn a newidiodd fy mywyd am byth. Karl Francis oedd ar y ffôn, yn gofyn i mi a fyswn i'n mynd draw i'w gartref yn Llandaf gan ei fod isio gofyn ffafr i mi. Pan gyrhaeddais ei dŷ, eglurodd Karl fod rhieni gwraig y cwpwl y bûm i'n gwarchod eu tŷ yn Los Angeles ryw ddwy flynedd ynghynt, yn awyddus i drefnu taith drwy Gymru a chroesi i'r Iwerddon o Gaergybi. Gofynnodd Karl fyswn i'n fodlon gwneud rhyw fraslun o daith iddyn nhw, ac awgrymu pethau i'w gweld a llefydd i aros ar y daith. Rhoddodd bapur a beiro i mi ac mi es ati'n syth. Ysgrifennais dair tudalen ar ddeg o gyfarwyddiadau a ffacsiodd Karl y tudalennau i'r cwpwl yn America.

Ymhen rhyw fis roedd y cwpwl Americanaidd wedi cyrraedd Cymru ac yn aros efo ffrindiau yng Nghrughywel. Cefais wahoddiad i ginio efo nhw, fel gwerthfawrogiad o 'ngwaith yn llunio'r cynllun taith. Es i Grughywel i gwrdd â'r ddau un amser cinio Sul, a chefais nhw'n gwpwl hynaws a hynod ddiddorol. Roedd y gŵr, Thor, yn Llyngesydd wedi ymddeol o lynges yr Unol Daleithiau a'r wraig, Charlotte, wedi bod yn gweithio ym myd addysg gydol ei hoes. Hanson oedd eu cyfenw. Rhaid i mi gyfaddef, pan glywais fod Thor yn gyn-lyngesydd, 'mod i wedi meddwl y byddwn yn cwrdd â rhywun ceidwadol, asgell dde, ond buan y gwelais ei fod yn gwbwl groes i'm disgwyliadau. Roedd y ddau yn hynod ddeallus ac yn rhyddfrydol iawn eu daliadau. Cawsom sgwrs ddifyr yn ystod y cinio Sul arbennig hwnnw, a chan ein bod yn amlwg yn mwynhau cwmni'n gilydd, gwahoddwyd fi draw i'w cartref yn Long Island, Efrog Newydd, yr Hydref canlynol gan eu bod yn

Inge a fi yn Efrog Newydd

cynnal parti i ddathlu eu pen-blwydd priodas. Yn anffodus, ro'n i ar fin dechrau gweithio ar y gyfres *Pengelli,* ac roedd y dyddiadau ffilmio yn cydredeg â'r parti yn Efrog Newydd.

Roedd Alun Ffred wedi cynnig rhan barhaol i mi yn nwy gyfres olaf *Pengelli,* ac roedd y gwaith ffilmio yn dechrau yn wythnos gyntaf Hydref 1997. Pan gefais y cytundebau a'r amserlen waith sylweddolais nad oedd fy angen ar gyfer dwy wythnos agoriadol y ffilmio, felly ffoniais Efrog Newydd a derbyn y gwahoddiad i aros ar Long Island. Cefais e-bost gan Thor yn rhoi cyfarwyddiadau i mi, ac eglurodd y byddai ei ferch hynaf, Inge, yn dod i gwrdd â fi yn ninas Efrog Newydd. Felly y bu, ac i ddyfynnu'r hen ystrydeb, mae'r gweddill yn hanes! Roedd Inge newydd adael ei swydd fel asiant llenyddol er mwyn mynd i weithio yn Harlem – roedd hi'n rhan o dîm oedd yn gweithio yn ysgol East Harlem yn cynnig addysg i blant na fyddent wedi cael eu haddysgu fel arall. Bu i mi fwynhau ei chwmni'n fawr, ac ymhen rhyw ddeuddydd aethom i gartref ei rhieni ym mhen pellaf fforch ogleddol Long Island. Roedden nhw'n byw mewn pentref bach, bach o'r enw Orient, ryw ddau gan milltir o Efrog Newydd. O'r diwedd cefais gwrdd â Josh ac Erica – y cwpwl y bûm yn aros yn eu cartref yn Los Angeles – ynghyd â dau frawd Inge, efeilliaid o'r enw Lars ac Ivor, a'r chwaer fach, Ursula. Fel yr âi'r dyddiau yn eu blaenau roedd hi'n amlwg fod Inge a finna'n closio'n arw, ac yn dod yn hoff iawn o gwmni'n gilydd. Fy mwriad i oedd mynd ymlaen i weld tipyn ar arfordir dwyreiniol America, ond yn ôl i Fanhattan efo Inge es i, ac erbyn diwedd fy mhythefnos o wyliau roeddan ni'n dau isio i'r berthynas ddatblygu.

Dychwelais i ogledd Cymru i ffilmio *Pengelli*, ond ro'n i'n ffonio Inge yn Efrog Newydd yn ddyddiol. Roedd fy mil ffôn yn enfawr. Daeth Inge draw ym mis Tachwedd am wythnos, ac mi es â hi i gwrdd â Mam ac Einion yn Nhywyn, ac Anti Alice ym Môn. Roedd y teulu i gyd wedi gwirioni arni, a finnau i'w canlyn, ac ro'n i bron yn siŵr mai hon fyddai'r 'un'. Er mwyn dod i adnabod ein gilydd yn well, penderfynais symud i fyw yn Efrog Newydd o Nadolig 1997 hyd at wanwyn 1998. Cefais amser gwych yno, yn dod i adnabod Inge a'i chyfeillion yn ogystal â dod i adnabod a mwynhau dinas Efrog Newydd. Roedd gen i dipyn o waith ysgrifennu i'w wneud, a chefais drefnu dwy raglen deledu efo Ray Gravell yn America yn y cyfnod hwnnw hefyd. Dychwelais i Gymru yn Ebrill 1998 i ddechrau cynhyrchu *Brodyr Bach*. Erbyn hyn roedd Inge a finna'n bendant mai efo'n gilydd roeddan ni am fod – fel dywedodd Anti Alice ar y pryd: 'Ti 'di bod yn ddigon hir yn cael gwraig, ond o leia ti 'di ca'l un werth chweil yn y diwedd.' Yn niwedd haf 1998 symudodd Inge i fyw i Gaerdydd, iddi hithau fedru dod i adnabod fy nghynefin a'm teulu inna. Yn Hydref y flwyddyn honno ymunodd Inge â chwrs Wlpan ym mhrifysgol Caerdydd, ac roedd hi'n mynd yno bob dydd. Cafodd lwyddiant rhyfeddol, ac ymhen ychydig roeddan ni'n gallu cynnal sgwrs yn y Gymraeg. O fewn blwyddyn neu ddwy roedd yn gwbwl rugl. Gadewais Inge yng Nghaerdydd bron yn syth gan fod yn rhaid i mi fynd i'r gogledd i ffilmio cyfres arall o *Pengelli*.

Ro'n i'n dal i weithio i Alfresco hefyd, a chefais gomisiwn gan HTV i wneud cyfres yn Los Angeles o'r enw *The Welsh in Hollywood* gan dynnu ar yr ymchwil a'r cysylltiadau ro'n i wedi eu gwneud yn y ddinas ychydig ynghynt. Felly bu'n rhaid i Inge a finnau godi pac a symud i Los Angeles yn Ionawr 1999. Ro'n i'n cynhyrchu a Ronw

Protheroe yn cyfarwyddo; ac Inge oedd ymchwilydd a threfnydd y gyfres. Mi gawson ni fflat yn ardal Los Feliz yn y ddinas, drwy ffrind i Inge yn Efrog Newydd, a rhoddodd hynny gyfle i ni dreulio dipyn o amser yng nghwmni Erica, chwaer Inge, a'i gŵr, Josh. Bellach roeddan nhw wedi cael mab bach o'r enw Zach.

Roedd Inge a finnau, erbyn hynny, wedi penderfynu priodi. Roedd gen i ofn y bysa 'na sbloets yn y wasg ac ati petawn i'n priodi yng Nghymru, felly penderfynwyd priodi'n ddistaw yn Los Angeles a mynd adre a chyhoeddi'r ffaith wedyn – ond wrth gwrs roedd pawb yng Nghymru yn gwybod am y peth wythnosau cyn y seremoni. Ar 27 Chwefror 1999, priodwyd Inge a finna yng Nghapel Cymraeg Los Angeles heb neb yn bresennol ond y gweinidog, Josh ac Erica, a fy ffrind Jeremy oedd yn tynnu'r lluniau.

Chawson ni mo'r wledd briodas tan Awst 1999, pan ddaeth fy nheulu a'm ffrindiau agos draw i gartref rhieni Inge yn Orient, Efrog Newydd, i ddathlu efo ni. Roedd y Gymraeg yn atseinio ar hyd ffyrdd y pentre bryd hynny!

Bu Mam ac Einion yn teithio tipyn o gwmpas yr ardal efo fi ac Inge tra oeddan nhw draw, a braf iawn oedd cael treulio'r amser gwerthfawr hwnnw yn eu cwmni. Yn fuan iawn wedyn, torrodd iechyd Mam a bu'n gaeth i'r tŷ am flynyddoedd, ac Einion yr un mor gaeth yn gofalu'n dyner amdani.

Aethom yn ôl i Gymru a dechreuodd Inge weithio i Alfresco fel ymchwilydd, ac o dipyn i beth aeth yn llawrydd, gan fynychu cyrsiau cyfarwyddo a gwaith camera yng nghanolfan hyfforddi'r BBC yn Evesham. Cefais innau waith yma ac acw, gan gynnwys un cyfnod hir yn ffilmio yn Sbaen. Ro'n i'n actio Tad Pabyddol Americanaidd / Gwyddelig o'r enw Father Devlin mewn ffilm o'r enw *One of the Hollywood Ten*, ffilm am gyfarwyddwr o Hollywood a gafodd ei gyhuddo o fod yn

Fi a Jeff Goldblum

gomiwnydd yng nghyfnod McCarthy ac a garcharwyd, a'r trafferthion a wynebodd wrth geisio gwneud ffilm wleidyddol ei natur ar ôl hynny. Jeff Goldblum oedd yn chwarae'r brif ran a Greta Scacchi yn chwarae ei wraig. Roeddan ni i gyd yn cyd-fyw mewn hen *ranch* yn ne Sbaen, pawb yn ei dŷ ei hun, a bu i mi fwynhau'r profiad o weithio ar y ffilm honno yn fawr iawn. Roedd Jeff Goldblum yn gymeriad hynod a difyr i fod yn ei gwmni, ond roedd yn rhaid i rywun fod ar flaena'i draed wrth actio efo fo – doedd wybod beth wnâi o nesa. Roedd yr actores Wyddelig Sorcha Cusack yn chwarae gyferbyn â mi – actores aruthrol. Flynyddoedd ynghynt, yn 1976, roedd Alun Ffred a finna wedi ei gweld yn chwarae gyferbyn â'i thad, Cyril Cusack, yn nrama enwog Sean O'Casey, *The Plough and the Stars*, yn Theatr yr Abbey yn Nulyn.

Daeth mileniwm newydd a finna bellach yn ŵr priod, parchus. Ro'n i wrth fy modd yn y gwaith ac Inge bellach wedi dechrau cyfarwyddo rhaglenni dogfen, ond roedd un peth nad o'n i wedi ei wneud yn fy ngyrfa, sef actio mewn drama o waith Shakespeare. Fu gen i ddim digon o hyder i ymgymryd â'r fath dasg cyn hynny, ond bellach ro'n i'n fwy hyderus, ac yn wir, cefais gynnig chwarae'r tywysog yng nghynhyrchiad Theatr Clwyd o *Romeo & Juliet* dan arweiniad un o'r prif arbenigwyr ar ddramâu Shakespeare, Terry Hands. Dyma beth oedd bedydd tan go iawn, ond mae'n rhaid i mi ddweud, ar ôl yr wythnosau cyntaf o ymarferion dechreuais fwynhau'r ddrama. Profiad a hanner oedd cael fy nghyfarwyddo gan rywun o galibr Terry. Mi ges i gynnig rhan mewn drama Shakespearaidd arall ganddo, ond yn anffodus doeddwn i ddim yn rhydd i'w derbyn.

Erbyn 2001 roedd pethau'n llewyrchus iawn o safbwynt gwaith. Es am gyfweliad i stiwdio ffilm Ealing yn Llundain, i gwrdd â'r cyfarwyddwr Peter Cattaneo, oedd newydd gael llwyddiant mawr efo'r ffilm *The Full Monty*. Roedd o a pherchnogion stiwdio Ealing yn ceisio hel criw at ei gilydd i greu comedïau newydd yn null hen gomedïau Ealing, ac mi fûm yn ffodus iawn i gael cynnig rhan yn y ffilm *Lucky Break* – ffilm am griw mewn carchar yn ceisio cael pennaeth y carchar i roi caniatâd iddyn nhw wneud sioe gerdd am fywyd Nelson, a fyddai'n gyfle i'r carcharorion gael gafael ar raffau ac offer i ddianc. Roedd yr actorion yn rhyw fath o *ensemble*, ac ro'n i'n teimlo'n freintiedig yn cael bod yn rhan o griw oedd yn cynnwys Jimmy Nesbitt, Bill Nighy, Olivia Williams, Timothy Spall a Christopher Plummer. Mad Lenny oedd enw fy nghymeriad i, carcharor gwallgof oedd wedi gwirioni ar dyfu tomatos. Cefais fy nerbyn yn llwyr gan weddill y cast, a ffilmio mewn carchardai o Rydychen i Dartmoor dros gyfnod o dri mis.

Fi a John Sessions ar set yn Sbaen

Cefais andros o hwyl a dod yn ffrindiau da efo Bill Nighy. Roedd yn rhaid i mi dorri fy ngwallt yn steil Mohican ar gyfer y rhan, a chael peintio tatŵs dros fy nghorff – wrth gwrs roeddan ni'r cast yn aros mewn gwestai moethus, a byddai'r gwesteion eraill yn edrych yn amheus iawn arna i pan fyddwn yn cerdded i mewn i fwytai'r gwestai i gael bwyd gyda'r nos.

Allwn i ddim credu fy lwc pan ges i ran mewn ffilm arall yn syth ar ôl *Lucky Break*. Y ffilm oedd *Charlotte Gray* – ffilm wedi ei gosod yn Ffrainc yn ystod yr Ail Ryfel Byd, oedd yn cael ei chynhyrchu gan Warner Bros. Fy rhan oedd i oedd Monsieur Monceau, un o arweinwyr y fyddin danddaearol yn Ffrainc. Ro'n i ymysg cast o enwogion unwaith eto – yn cynnwys Cate Blanchett, Michael Gambon a Billy Crudup. Bûm yn ffilmio am fis yn y Pyrenees yn Ffrainc, wedyn yng nghefn stiwdio Pinewood yn Llundain am wythnos. Tua diwedd y ffilmio cefais gynnig rhan reolaidd mewn cyfres o'r enw *The Bench* gan y BBC. Roedd gen i un olygfa ar ôl i'w ffilmio ar *Charlotte Gray*, a fyddai'n cydredeg â dechrau ffilmio *The Bench*.

Gwrthododd Warner Bros fy rhyddhau, gan fynnu fy mod yn gwneud yr un olygfa honno – oedd yn cael ei saethu o awyren, ac yn fy nangos i a chriw o bobol eraill yn bentwr o gyrff marw ar y llawr. Mi allai unrhyw un fod wedi gwneud yr olygfa honno yn fy lle. Aeth *The Bench* ymlaen am dair cyfres, felly collais dair blynedd o waith. I roi halen ar y briw, torrwyd y stori ro'n i'n rhan ohoni allan o'r ffilm orffenedig bron yn gyfan gwbwl. Yn anffodus hefyd, ychydig iawn o waith ges i am y tair blynedd ganlynol.

Yn 2002 trawyd Anti Alice yn wael, a bu'n rhaid iddi symud i fyw i gartref preswyl y Rhos ym Malltraeth, Môn – oedd yn lle arbennig iawn, ac ro'n i'n dawel fy meddwl ei bod yn mynd i gael pob chwarae teg yno. Roedd ymysg y trigolion amryw o bobol roedd hi yn eu nabod; y rhan fwyaf ohonyn nhw yn gyfeillion oes. Doedd y Rhos chwaith ond rhyw ddwy filltir o'i chartref a'r ardal y bu hi'n byw ynddi ar hyd ei hoes. Os bydd raid i mi fynd i gartre'r henoed ryw dro, i'r Rhos dwi isio mynd. Roedd fy modryb wedi bod yn byw am flynyddoedd cyn hynny mewn bwthyn oedd wedi ei adeiladu'n arbennig ar gyfer rhywun oedrannus ym mhentre Llangaffo, felly ar ôl iddi hi adael doedd gen i, am y tro cyntaf yn fy mywyd, 'run cysylltiad â bro fy mebyd. Penderfynodd Inge a finna mai ym Môn yr ydan ni am ymgartrefu ar ôl ymddeol, felly'r peth callaf oedd chwilio am dŷ i'w brynu tra oedd y prisiau yn lled resymol. Mi fu'r ddau ohonan ni'n edrych ar amryw o dai, ond welson ni 'run oedd yn addas.

Un bore ro'n i'n edrych ar wefannau gwerthwyr tai ym Môn a gwelais fwthyn bychan ar werth. Y cyfan a ddywedai am gyfeiriad y lle oedd 'rural Llangaffo'. Wel, mae Llangaffo i gyd yn 'rural'! Ffoniais y gwerthwr tai a gofyn yn syth ble oedd o, ond pan ddywedon nhw enw'r lle, sef Tafarn Tywysog Bach, do'n i ddim yn siŵr ble oedd o. Mi ddeallais

Diwrnod ein priodas, gydag Erica a Josh a'r gweinidog, Charmaine Houlahan

toc mai'r tŷ roeddan ni'n ei alw'n Dafarn Tusw oedd o, a churodd fy nghalon yn gyflymach. Hwn fyddai'r lle delfrydol – dim ond lled ychydig gaeau o Gefn Mawr, y ffarm y cefais i fy magu arni. Ro'n i'n gwybod yn iawn am y lle, a gwyddwn fod oddi yno olygfa odidog o Eryri a bae Caernarfon – yr un olygfa ag a welais bob dydd pan o'n i'n blentyn. Roedd rhaid i mi ddweud wrth y gwerthwr tai, er fy mod i'n siarad efo hi o Gaerdydd, 'mod i'n gwybod nad yn 'rural Llangaffo' oedd Tafarn Tusw, ond yn Niwbwrch!

Y Sadwrn canlynol aeth Inge a finna i weld y tŷ. Ro'n i wedi penderfynu yn barod 'mod i isio prynu'r lle, ac ar ôl yr ymweliad roedd Inge hefyd yn sicr y byddai'n ddelfrydol i ni. Roedd wedi bod yn dŷ haf ers 1975, a'i berchnogion yn deulu o Loegr oedd â'u gwreiddiau yn Nant Gwynant. Dechreuais sgwrsio efo nhw am yr ardal a'r cymeriadau roeddan nhw'n eu cofio pan ddaethon nhw yno gyntaf – pobol fel Frank Jones, Caeau Brychion ac Ethel Jones, Cefnbodengan oedd, wrth gwrs, yn gyfarwydd iawn i minna hefyd. Rhoddais i ac Inge gynnig i mewn yn syth, ond roedd rhywun arall wedi cynnig mwy, ac felly am bythefnos bu cystadleuaeth rhyngddon ni a'r darpar brynwr arall. Cyn gynted ag y byddwn i'n gwneud cynnig uwch roedd y llall yn cynnig mwy, ac yn y diwedd bu'n rhaid i mi ddatgan na allwn fynd yn ddim uwch. Ymhen dwy awr cefais alwad ffôn o swyddfa'r gwerthwyr tai yn Llangefni yn cadarnhau bod Richard Latham, y perchennog, am i mi gael y tŷ, er nad gen i y daeth y cynnig uchaf. Roedd o'n gwybod y byswn i'n parchu'r hen le ac na fyswn i'n ei chwalu i'r llawr ac adeiladu hasienda yn ei le. Deallais wedyn fod y sawl oedd yn cynnig yn fy erbyn wedi gofyn i Mr Latham enwi ei bris, a bod ganddo 'bottomless cheque book'. Mae fy nyled i'n fawr i Richard Latham.

Felly symudais ddodrefn Anti Alice i gyd i Dafarn Tusw, a symud yno ym Medi 2002. Roedd Anti Alice hefyd wrth ei bodd, yn enwedig pan ddeallodd fod ei dodrefn yn cael cartref yno, a byddai'n dod i ymweld â ni ambell waith, er mwyn eu gweld yn eu lle. Roedd yn gwneud synnwyr i mi gael cartref yn y gogledd, gan fy mod yn gweithio yno am gyfnodau hir bob blwyddyn. Pan symudais i mewn ro'n i'n ffilmio cyfres o *Porc Peis Bach*, ac ymhen rhyw flwyddyn wedyn daeth *Talcen Caled*. Braf oedd cael mynd adra bob nos yn hytrach na gorfod aros mewn gwesty, ac rydw i'n dal i dreulio cyfnodau sylweddol yno bob blwyddyn. Cefais gyfle hefyd i roi ychydig yn ôl i'r fro a phentre Niwbwrch, ardal y mae gen i feddwl y byd ohoni, a braf oedd cael gwneud ychydig o gyfraniad i'r sefydliadau rheini a wnaeth gymaint o argraff ar fy natblygiad i, sefydliadau fel Capel Ebeneser a Sefydliad Pritchard Jones.

Beichiogodd Inge, ond collodd y babi ar ôl rhai wythnosau yn unig o feichiogrwydd. Roeddan ni ein dau wedi bwriadu cael plant, ond roedd yr hen gloc biolegol yn tician yn rhy gyflym. Mabwysiadu oedd yr unig opsiwn arall – roedd

Inge yn awyddus iawn i ddilyn y trywydd yma, ond mae'n rhaid i mi gyfaddef 'mod i'n anfodlon ar y dechrau, ac yn gweld bwganod ym mhobman. Fy ofn mwyaf oedd fy oed – ro'n i bellach wedi cyrraedd fy mhum degau. Bu hwn yn gyfnod anodd yn ein perthynas, ond yn y diwedd, er mor styfnig ydw i, cytunais i ddechrau ar y broses o gael ein derbyn fel rhieni addas i fabwysiadu. Yn ei ffordd nodweddiadol ei hun, gwnaeth Inge ymchwil fanwl i hyn i gyd, a daethom i'r casgliad y byddai mabwysiadu drwy'r broses Brydeinig yn cymryd gormod o amser. Felly mabwysiadu drwy'r broses Americanaidd oedd ein dewis – oedd yn union yr un broses ond y byddai'r cyfnod o brosesu'r cais yn llawer iawn byrrach. Daeth gweithwyr cymdeithasol a seiciatryddion i'n gweld, ac yn y diwedd cyrhaeddodd llythyr gan lysgenhadaeth yr UDA yn Llundain yn dweud eu bod wedi penderfynu ein bod yn addas i fabwysiadu plentyn.

Roedd Inge wedi bod yn darllen am yr angen am deuluoedd i fabwysiadu plant o Haiti, a rhoddodd ei bryd ar fabwysiadu plentyn o'r wlad honno. Llugoer, unwaith eto, oedd fy ymateb i. Bu Inge mewn cysylltiad â merch o Aspen, Colorado, a oedd yn arfer bod yn un o fodelau'r cylchgrawn *Playboy*, ond a oedd bellach wedi cysegru ei bywyd i elusen oedd yn cynnal cartrefi plant ac ysgolion yn Haiti, y wlad dlotaf yn y Gorllewin. Enw'r elusen oedd Mercy & Sharing. Perswadiodd Inge fi i fynd i Haiti i weld y lle a'r plant, felly dyna wnes i.

Teithiodd y ddau ohonan ni o Efrog Newydd i Port au Prince, prifddinas y wlad. Y peth a'm trawodd i yn syth oedd y tlodi; ro'n i wedi gweld tlodi o'r blaen yng Ngogledd Affrica a'r India ond doedd y sefyllfa yn y gwledydd rheini yn ddim o'i gymharu â thlodi enbyd Haiti. Roedd pobol wir yn llwgu yno, a hynny er nad oedd y wlad ond awr i ffwrdd mewn awyren o'r Unol Daleithiau, un o wledydd cyfoethocaf y byd. Ond er y caledi, roedd y bobol yn hynaws, â gwên fawr ar eu hwynebau. Roedd rhyw falchder yn perthyn iddynt – y balchder hwn oedd yn gyfrifol am lwyddiant caethweision y wlad i orchfygu eu meistri a gwladwriaeth Ffrainc yn 1801, gan greu'r weriniaeth ddu gyntaf yn y Caribî. Mae rhai'n mynnu na faddeuodd pwerau mawr y byd i drigolion y wlad am hynny, ac mai dyna, yn rhannol, sy'n gyfrifol am y tlodi enbyd hyd heddiw.

Clywsom fod babi bach newydd-anedig wedi ei adael ym mhrif ysbyty'r ddinas, felly aeth Inge a finna yno. Mewn ward gefn hynod o boeth, efo gwter agored yn rhedeg drwy'r ystafell, roedd y bachgen, yn fach iawn ac yn bryfaid drosto. Wn i ddim hyd heddiw beth achosodd y teimlad, ond ro'n i'n sicr mai'r bychan hwn ro'n i isio'i fabwysiadu. Roedd y bachgen yn wael iawn, yn dioddef o ryw haint a diffyg maeth. Doedd o ond swp bach o esgyrn, ac yn rhy wan i symud. Codais o, ac roedd o'n gorffwys yng nghledr fy llaw. Dywedais wrth Inge: 'Hwn ydi'r un.' Roedd Inge'n betrusgar am safon ei iechyd, ond gwyddai'r ddau ohonon ni y byddai ganddo siawns go dda petaen ni'n medru ei symud i gartref Mercy & Sharing, gan fod ganddynt system feddygol dda iawn o'i chymharu â llawer lle arall yn Port au Prince. Aethom yno ato y diwrnod canlynol hefyd, a dechreuodd y babi grio'n uchel pan godais i o. Roedd Inge a finna'n hollol bendant fod ganddo siawns. Clywsom cyn gadael ei fod yn cael ei symud i'r cartref plant, felly dechreuwyd ar y gwaith o'i fabwysiadu. Roedd hynny'n dipyn o strach gan nad oes llysgennad o Haiti yn Llundain – yr agosaf oedd Paris – ond yn ffodus, roedd gan Inge ffrind yn byw yn y ddinas a wnaeth lawer o'r gwaith gweinyddol drostan ni. Bu'n rhaid i mi hedfan unwaith i Efrog Newydd i gael arwyddo un ffurflen, ond erbyn Ionawr 2004 roedd y gwaith i gyd wedi ei gwbwlhau. Ni oedd rhieni Iwan Pyrs.

Roedd Iwan wedi bod yn ddifrifol wael ac yn hynod wan am chwe mis cyntaf ei fywyd yn y cartref plant, ac roeddan ni'n gobeithio am y gorau un dydd ar y tro. Roedd lluniau ohono'n cael eu gyrru i ni dros y we, ac roedd ei gyflwr yn peri pryder mawr i ni. Ar ôl chwe mis cawsom adroddiad cadarnhaol fod Iwan yn dechrau cryfhau a bywiogi. Roeddan ni bellach yn rhieni iddo, ond oherwydd bod chwyldro gwaedlyd wedi dechrau yn Haiti roedd hi'n amhosib ei gael o allan o'r wlad. Roedd yr Arlywydd Aristide wedi cael ei yrru o'r wlad gan derfysgwyr, oedd yn cael cefnogaeth gan yr Arlywydd Bush – roedd hyn yn eironig gan fod Bush newydd gyhoeddi rhyfel yn erbyn terfysgwyr eraill – am fod Aristide yn rhy asgell chwith, mae'n debyg. Felly doedd dim llywodraeth yn y wlad, ac o ganlyniad, doedd neb i roi pasbort i Iwan i fedru gadael.

Roedd hi'n sefyllfa rwystredig iawn i ni, gan na allen ni wneud dim. Yn ffodus, mi ges i waith ar ffilm i Sianel 4 yn Llundain a Llandudno o'r enw *The Secret Life of Michael Fry*. Ro'n i'n chwarae arolygydd yr heddlu o'r enw Chief Sizer yn y ffilm, oedd wedi ei lleoli mewn tref fechan ar arfordir gogledd Cymru. Roedd gen i olygfa ble ro'n i'n arestio cymeriad Michael Kitchen, ac nid am y tro cyntaf, am gadw puteindy ar y rhyngrwyd. Lleoliad yr olygfa oedd gwesty'r Grand yn Llandudno. Roedd yn rhaid i mi daflu cymeriad Michael Kitchen, yn ogystal â llu o ecstras oedd yn hollol noeth neu'n gwisgo offer a dillad ffiaidd (roedd nifer ohonyn nhw mewn mygydau rwber ac ati), allan o'r gwesty. Roedd y camerâu ar y Gogarth yn edrych i lawr ar yr olygfa yma. Gaeaf oedd hi, felly roedd y gwesty'n llawn o hen bobol ar eu gwyliau. Wrth iddynt ddychwelyd i'r gwesty ar ôl cerdded y prom y diwrnod hwnnw, roedd y sefyllfa erchyll yma yn eu disgwyl, a bu'n rhaid gyrru am gymorth meddygol i rai ohonyn nhw, i drin y sioc. Bore trannoeth roedd papurau'r gogledd yn llawn straeon am bobol yn cwyno bod uned ffilmio o Lundain wedi gostwng safonau tref Llandudno i'r gwter. Ychwanegwyd fy mod i wedi gadael Llandudno'n gwnstabl a dychwelyd yno'n arolygydd!

Roedd Inge'n gweithio yng Nghaerdydd ar y pryd ac yn trio'i gorau i gael rhywfaint o oleuni o Haiti, ond roedd hi'n anodd iawn. Y cyfan glywson ni oedd bod y sefyllfa'n un beryglus ac yn gwaethygu bob dydd, felly roedd yn gyfnod o bryder mawr i ni, yn meddwl am ein mab yn y fath sefyllfa a ninnau'n methu â gwneud dim. Yng nghanol hyn i gyd, cefais gynnig gwaith yn Theatr Northcott yn Exeter, sy'n rhan o'r brifysgol yno. Doedd gen i ddim dewis ond mynd – wedi'r cwbwl, roeddan ni angen yr arian rhag ofn y byddai siawns i ni fynd i nôl Iwan i Haiti. Rhan mewn drama i ddau actor oedd hi o'r enw *The Mentalist* gan Richard Bean, roedd hi newydd fod yn Theatr Genedlaethol Lloegr, ond roedd yr awdur isio cael cynhyrchiad arall ohoni. Enw fy nghymeriad i oedd Morrie – Cocni go iawn – ac roedd y rhan arall yn cael ei chwarae gan Peter Johnsfield. Rhaid i mi ddweud mai dyna'r sialens fwya i mi ei chael erioed fel actor – bod ar y llwyfan am ddwy awr gyfan, yn chwarae rhan oedd yn gofyn am lu o emosiynau. Hon hefyd oedd y rhan a ddaeth â'r mwynhad mwyaf i mi, ac i goroni popeth cefais adolygiadau gwych yn y papurau Saesneg, a llawer wedi rhyfeddu fy mod i'n Gymro gan fod gen i acen Gocni berffaith.

Ar ôl tri mis yn Exeter dychwelais i Gaerdydd. Roedd Inge wedi clywed fod y sefyllfa'n dechrau lleddfu yn Haiti gan fod lluoedd y Cenhedloedd Unedig yno bellach, ac yn ceisio cael heddwch a rhywfaint o drefn ar y wlad. Roedd hi'n dal yn hynod beryglus yno, ond o leiaf roedd hi'n bosib teithio i'r wlad bellach er bod hynny'n gostus iawn, iawn. Roedd yn rhaid i ni aros mewn gwestai oedd yn hollol ddiogel ac a oedd yn mewnforio'u bwyd o'r Unol

Daleithiau. Roedd Inge yn gweithio ar y pryd i gwmni teledu Green Bay yng Nghaerdydd, a chafodd gomisiwn i wneud ffilm am yr holl sefyllfa o'r enw *Fy Mab yn Haiti*. Byddai'r cyflog roedd Inge'n mynd i'w gael am y gwaith yn ein galluogi ni i fynd allan yno i weld Iwan ar ei ben-blwydd yn flwydd oed ym Mai 2004.

Mi gychwynnon ni'r daith ar y cyntaf o Fai, ac Inge'n ffilmio'r cyfan. Doeddan ni ddim yn saff beth fyddai'n ein hwynebu, ond un fantais o fod yn ffilmio'r daith oedd ein bod yn cael car a gyrrwr lleol oedd yn gwybod ei ffordd o gwmpas Port au Prince, ac yn gwybod hefyd beth a ble oedd y peryglon. Pan gyrhaeddon ni, roedd milwyr arfog ym mhob man, gan gynnwys gwesty'r Villa Creole gan fod swyddogion byddin Brasil yn aros yno.

Roeddan ni'n clywed y saethu a'r ffrwydradau yn ystod ein noson gyntaf yno, ond ben bore trannoeth aethom i gartref Mercy & Sharing ac yno, mewn cot bach yng nghornel un ystafell wely, roedd y bwndel bach annwyl yma – Iwan. Estynnais fy nwylo allan tuag ato a chododd yntau ei freichiau bach ataf yn barod i mi ei godi. Anghofia i byth y profiad hwnnw, dyna'r wefr fwyaf a ges i erioed. Rhoddodd staff y cartref fag bychan o bethau Iwan i ni, er mwyn iddo gael dod yn ôl i'r gwesty efo ni. Roedd yn bur wael erbyn deall; ei frest yn wan a dolur rhydd enbyd arno, ac roedd ei gorff wedi'i orchuddio â phothellau rhedegog. Ar ôl noson ddi-gwsg mi aethon ni ag Iwan at arbenigwr plant, meddyg o Ffrainc oedd yn gysylltiedig â Llysgenhadaeth America. Rhoddodd foddion gwrthfiotig cryf iawn iddo, ac fel yr âi'r dyddiau yn eu blaenau roedd y bychan yn bywiogi ac yn gwenu, ac yn dechrau mwynhau bywyd. Roedd dydd Gwener olaf ein harhosiad yn nesáu, pan fyddai'n rhaid i ni fynd ag Iwan yn ôl i'r cartref. Erbyn hyn roedd Inge a finna dros ein pennau mewn cariad efo'r peth bach annwyl. Mi benderfynon ni newid ein trefniadau er mwyn aros am wythnos arall efo Iwan.

Drwy ryw drugaredd roedd lle i ni yn y gwesty, ac roedd yn brofiad anhygoel bod yno efo Iwan, oedd bellach yn dipyn o ffefryn efo'r staff; ond yng nghefn ein meddyliau roedd y cwmwl du o ffarwelio ag o ymhen rhai dyddiau. Ar fore Mawrth ein hail wythnos yn y gwesty roeddan ni'n cael brecwast y tu allan, ac Iwan yn cropian o'n cwmpas ni. Tynnodd hyn sylw gŵr tal, golygus, wedi ei wisgo'n hynod drwsiadus oedd gerllaw. Roedd pawb yn y gwesty i'w weld yn gwybod pwy oedd o, ac roedd yn amlwg ei fod yn frodor o'r wlad. Gofynnodd i ni a oeddan ni am fabwysiadu Iwan, ac eglurodd Inge a finna ein bod eisoes wedi gwneud hynny, ond ein bod yn methu cael pasbort i'w alluogi i adael y wlad efo ni. Dywedodd y dyn wrthan ni am beidio â phoeni – ac y bysa fo'n trefnu pasbort i Iwan y diwrnod hwnnw. Erbyn deall, Stanley Lucas oedd enw'r gŵr, aelod o deulu dylanwadol iawn yn Haiti, ond bod Aristide wedi ei alltudio o'r wlad. Roedd wedi bod yn gweithio yn y cyfamser yn Washington DC, yn gwneud rhywbeth i lywodraeth yr UDA, ond es i ddim i'w holi'n fanwl. Roedd o bellach wedi dychwelyd i'r wlad i geisio ffurfio llywodraeth dros dro yno. Felly aethom i swyddfeydd y llywodraeth mewn cerbyd efo dynion arfog, gan alw yn nhŷ'r Prif Weinidog ar y ffordd. Ymhen deuddydd cawsom basbort Iwan, ond roedd yn rhaid i ni aros am wythnos arall i bapurau a dogfennau'r mabwysiadu gael eu gyrru o lysgenhadaeth America yn Llundain i un Haiti. Roedd yn rhaid i mi ddychwelyd i Gymru – ro'n i'n beirniadu yn Eisteddfod Genedlaethol yr Urdd ym Môn y flwyddyn honno. Aeth Inge ac Iwan i aros efo rhieni Inge nes y byddai Iwan yn cael ei wneud yn ddinesydd Americanaidd fel y gallai ddod i Brydain. Ymhen tair wythnos roeddan ni'n un teulu dedwydd yng Nghaerdydd.

Inge yn ffilmio yn America ar gyfer y rhaglen Fy Mab yn Haiti. *Roedd hyn cyn cychwyn i nôl Iwan o'r wlad.*

Rhaid i mi ddweud, dyma yn sicr ddigwyddiad pwysicaf fy mywyd. Roedd gen i deulu cyflawn ac Iwan Pyrs yn goron ar y cyfan. Mae bod yn dad iddo wedi codi rhyw deimladau ynddo i na wyddwn eu bod yn bodoli cynt, a dangos i mi wir ystyr cariad pur, diamod. Rydw i'n rhyfeddu'n ddyddiol at y wyrth yma o fachgen oedd yn ymladd yn ddyddiol am ei fywyd am chwe mis cyntaf ei fywyd, ac a dyfodd yn fachgen cryf, hawddgar a hynod ddymunol. Fy hoff bleser i bellach ydi ei ddilyn o gae pêl-droed i gae rygbi i stadiwm athletau i'w wylio'n chwarae a chystadlu. Diolchaf yn ddyddiol amdano.

Yn ystod misoedd cyntaf Iwan efo ni roeddan ni'n byw yn Niwbwrch gan fy mod yn gweithio ar y gyfres *Talcen Caled*. Roedd hyn yn gyfle gwych i Anti Alice, Mam ac Einion ddod i adnabod Iwan, ac wrth gwrs roedd y teulu wedi gwirioni efo fo, yn arbennig felly Einion. Daeth y ddau yn hoff iawn, iawn o'i gilydd. Yn anffodus, ymhen ychydig flynyddoedd collais fy annwyl Anti Alice ac yn fuan iawn

Yn ôl yng Nghaerdydd

wedyn mi gollais Mam ar ôl cystudd hir. Dair blynedd yn ddiweddarach collais Einion hefyd. Roedd y rhain yn golledion enfawr i mi, gan fod y tri wedi bod yn gefn i mi ar hyd y blynyddoedd. Diolch i'r nefoedd eu bod, cyn marw, wedi fy ngweld yn sobor ac yn rhan o deulu bach dedwydd.

Ar ôl i Iwan gyrraedd doeddan ni ddim yn gwybod yn iawn ble roeddan ni am ymgartrefu – yn Niwbwrch ynteu yng Nghaerdydd. Wedi i ni fod ym Môn am y chwe mis cyntaf mi ges i gynnig gwaith a'n gorfododd ni i symud i Gaerdydd. Cefais gynnig rhan Shamrayev yn nrama enwog Chekhov, *Yr Wylan*, yn Theatr yr Old Vic ym Mryste. Roedd yn rhaid i mi fynd er mwyn cael dweud fy mod wedi perfformio yn y theatr fyd-enwog yma – teimlwn ei bod yn fraint cael gweithio yno.

Felly i Gaerdydd yr aethon ni, ac roedd Inge'n cael mwy o waith yn y ddinas nag ym Môn. Ar ôl i mi ddychwelyd o Fryste cefais gyfnod llwm iawn o ran gwaith unwaith yn rhagor. Mewn dwy flynedd a mwy yr unig beth wnes i oedd actio mewn rhyw ddwy bennod o gyfres o'r enw *The*

Rotters' Club ar gyfer BBC 2 a ffilmiwyd yn Ynys Manaw, a dwy bennod o *Casualty* ym Mryste. Teimlwn ei bod yn straen yn ariannol cynnal dau dŷ, ond do'n i ddim isio gwerthu Tafarn Tusw, felly yn 2007 penderfynodd Inge a finna werthu'r tŷ ym Mhontcanna a symud i dŷ mwy ond rhatach yn ardal Grangetown yn y ddinas, felly ar ôl 30 o flynyddoedd gadewais 67 Stryd Pontcanna. Ro'n i'n meddwl y buaswn yn hiraethu am yr hen dŷ ond a dweud y gwir wnes i ddim o gwbwl! Dwi wrth fy modd yma yn Grangetown, sy'n ardal hynod dawel a digonedd o le i barcio fy nghar! Yn fwy na dim mae cymuned anhygoel o bobol yma – mae Inge yn dweud ei bod hi wedi byw mewn amryw o ddinasoedd ledled y byd ond dydi hi erioed wedi gweld cymdeithas gystal ac mor amlddiwylliannol â Grangetown.

Ar ôl y cyfnod llwm dechreuodd y gwaith lifo i'm cyfeiriad unwaith eto. Cefais ran mewn ffilm arall yn Llundain efo James Corden a Mathew Horne, ac iddi'r enw chwaethus *Lesbian Vampire Killers*, ac wedyn es yn syth i ffilm arall oedd y cael ei ffilmio yn Stiwdio'r Ddraig – stiwdio ffilmiau newydd de Cymru. *Ironclad* oedd y ffilm honno, efo Brian Cox, Derek Jacobi a Paul Giamotti. Ar ôl hynny cefais ran barhaol yn *Gwaith Cartref*. Cefais gyfle i deithio tipyn rhwng y cyfnodau ffilmio, yn cynnwys teithio'n ôl i Haiti efo'r *Byd ar Bedwar*. Braf oedd cael gweld fod rhai o'r plant a oedd yn y cartref efo Iwan yn saff ar ôl daeargryn enbyd 2010. Bûm hefyd yn ffilmio hysbyseb ar gyfer y teledu yn Cape Town, De Affrica, a phrofi taith anhygoel i anialwch yr Atacama yn Chile a chael gweld y porthladd yr hwyliodd brawd Nain ohono ar ei fordaith olaf ar fwrdd y *Pengwern*.

Ro'n i wedi addo i Nain nad awn i byth i'r môr, ond roedd rhywbeth yn fy nenu i at y môr a chychod. Penderfynais brynu cwch bach i'w ddefnyddio yn

Iwan, a'i dîm newydd ennill Cwpan Pêl-droed Ysgolion Cymru

Niwbwrch, a chytunodd Inge ar yr amod mai cwch hwylio fyddai o. Dyna sut y daeth y *Mistress Willful*, cwch hwylio saith troedfedd ar hugain a lle i bedwar gysgu arno, i fy meddiant. Do'n i ddim wedi hwylio ers blynyddoedd maith felly penderfynais fynd am wersi, a sylweddolodd Inge y bysa'r holl broses o'm dysgu i i hwylio yn gwneud rhaglenni teledu da. Cofiais fod Dilwyn Morgan yn hwyliwr arbennig – ro'n i wedi cydweithio efo fo ar y radio ac yn edmygydd mawr o'i waith fel comedïwr a chyflwynydd, felly gofynnais iddo a fyddai ganddo ddiddordeb mewn bod yn rhan o'r peth. Cytunodd, cafwyd comisiwn gan S4C a bellach dwi'n treulio pob haf yng nghwmni Dilwyn, yn hwylio cannoedd o filltiroedd ar gyfer y rhaglen *Codi Hwyl*. Yr hyn sy'n dda ydi mai Inge sy'n cyfarwyddo, ac mae Iwan yn cael dod efo'r criw, sy'n golygu ein bod yn cael gwyliau gweithio bendigedig.

Felly dwi'n un o'r rhai ffodus rheini sydd wedi cael gwireddu breuddwyd ei blentyndod, ac mae ffawd neu ragluniaeth wedi f'arwain i ar hyd y ffordd, sydd ymhell o gyrraedd ei therfyn, gobeithio. I gloi, dwi am fynd yn ôl i ddiwrnod fy mhriodas yng nghapel Cymraeg Los Angeles. Roedd y briodas ar ddydd Sadwrn, a fyddai'r capel byth yn agored ond ar y Sul. Roedd y lle hefyd yn anodd iawn i ddod o hyd iddo os nad oedd rhywun yn gyfarwydd â'r ardal. Pan oeddan ni'n dod at derfyn y gwasanaeth priodas clywais sŵn drws yn cael ei agor yn y festri y tu ôl i'r sêt fawr, a daeth pedwar penwyn i mewn i'r capel. Meddai'r cyntaf ohonynt: 'Jiw, jiw: Mr Picton!' Ychwanegodd y ddynes tu ôl iddo: 'O'dd e'n priodi ar *Pengelli* nos Fawrth, 'ed!' Roedd y pedwar wedi teithio saith mil o filltiroedd o Lambed i Galiffornia ar eu gwyliau, a thra aeth gweddill criw'r trip i weld Universal Studios mi ddaethon nhw i weld y capel Cymraeg. Felly, pan adawa i'r fuchedd hon, mi gewch chi sgwennu ar fy ngharreg fedd: 'Jiw, jiw: Mr Picton!'